PATRICIA CAMMARATA

MUSTER BRUCH

Mit Illustrationen von
Frollein Motte

PATRICIA CAMMARATA

MUSTERBRUCH

ÜBERRASCHENDE LÖSUNGEN FÜR WIRKLICHE GLEICHBERECHTIGUNG

BELTZ

FSC www.fsc.org MIX Papier aus verantwortungsvollen Quellen FSC® C089473

Klimaneutral Papier ClimatePartner.com/13732-1910-1001

Dieses Buch ist erhältlich als:
ISBN 978-3-407-86775-9 Print
ISBN 978-3-407-86776-6 E-Book (EPUB)

1. Auflage 2024

Illustration: Teresa Holtmann, frolleinmotte.com
Lektorat: Dr. Daniela Gasteiger
Einbandgestaltung: FAVORITBUERO, München

Herstellung und Layout: Sarah Veith
Satz: Publikations Atelier, Weiterstadt
Druck und Bindung: Beltz Grafische Betriebe, Bad Langensalza
Beltz Grafische Betriebe ist ein klimaneutrales Unternehmen (ID 15985-2104-100).
Printed in Germany

Weitere Informationen zu unseren Autor:innen und Titeln
finden Sie unter: www.beltz.de

Marcus, seit ich mit Dir zusammen bin, weiß ich:
Wahre Liebe muss nicht wehtun,
wahre Liebe weiß, wo das U-Heft liegt.

INHALT

DIE MEISTEN WEGE
UNSER WEG

EINLEITUNG

»Wege entstehen dadurch, dass man sie geht.«

Franz Kafka

Auf Konferenzen zum Thema Equal Care sagt früher oder später jemand: »Wir haben kein Wissensdefizit, sondern ein Handlungsdefizit.« Mein Vorgängerbuch *Raus aus der Mental Load-Falle* ist genau aus dieser Motivation entstanden. Wenn doch schon seit mehreren Jahrzehnten bekannt ist, was Mental Load und Emotionsarbeit sind, warum sind vor allem Frauen davon belastet und warum sehen viele Männer den Wert dieser Arbeit nicht – ja, nicht mal die Belastung? Noch wichtiger: Wie lässt sich das ändern?

Seit dem Erscheinen des Buchs habe ich viele Vorträge gehalten und mir wurde klar: Es sind noch viele Fragen zu beantworten. Und außerhalb der Blase der Menschen, die sich intensiv mit dem Thema Sorgearbeit beschäftigen, gibt es durchaus ein Wissensdefizit. Mit *Musterbruch* möchte ich dem entgegenwirken. Ich möchte die komplexen Mechanismen, die hinter der Ungleichverteilung von Sorgearbeit stehen, näher beleuchten, möglichst einfach erklären und dann gleich Ansätze in die Hand geben, wie wir dieses Wissen im Alltag umsetzen können. Dabei soll berücksichtigt sein, dass gerade diejenigen, die durch Sorgearbeit stark belastet sind, nur selten die Zeit haben, lange, komplizierte Abhandlungen zu lesen.

Zu meinem allerersten Buch *Sehr gerne, Mama, du Arschbombe* erhielt ich oft die Rückmeldung, es sei eine super Klolektüre. Anfangs war ich etwas empört, was sollte das heißen? Ein Buch fürs Klo? Doch dann ging es mir auf. Die kurzen Geschichten waren bestens geeignet, sie zwischen Tür und Angel zu lesen – oder eben, auch wenn es ein bisschen unhygienisch klingt: auf dem Klo. Das Klo als kleine Alltagsflucht also. Der Ort, an dem man mal fünf Minuten für sich hat.

Das Buch, das ihr jetzt in der Hand haltet, soll auch ein Klobuch sein. Eines, das gelesen und nicht nur gekauft wird. Eines, das Ansätze liefert, wie man auf individueller Ebene Dinge so verändern kann, dass unsere Welt gerechter wird – für uns, für unsere Kinder, für alle. Der erste Schritt ist stets, Verständnis für einen bestimmten Zusammenhang zu schaffen. Nicht immer gibt es im bestehenden System eine Lösung. Oft aber doch.

Auf der individuellen Ebene anzusetzen, kann man kritisieren. Bekannte Sprüche wie »Don't fix women, fix the system«* sind natürlich wahr. Unsere Gesellschaft macht den Menschen vor, dass sie alles erreichen können, vorausgesetzt natürlich, sie strengen sich *richtig* an. Wenn man dann doch nicht erreicht, was man möchte, ist man eben selbst schuld. In Wahrheit gibt es einen festgesteckten Rahmen, an dessen Grenzen Menschen an unterschiedlichsten Stellen aus unterschiedlichsten Gründen stoßen. Spricht man das laut aus, muss man sich schnell anhören, man nehme eine Opferhaltung ein. Und wer will schon ein Opfer sein? Wenn es irgendwie geht, freunden sich Menschen dann lieber mit den Ungerechtigkeiten an und deuten sie um. Es liegt zudem in der menschlichen Natur, lieber das bereits Bekannte hinzunehmen, als sich auf Neues einzulassen. Vor Veränderungen fürchten sich viele. Diejenigen, denen es im bestehenden System gut geht, natürlich am meisten.

Ich bin absolut dafür, Ungerechtigkeiten zu benennen und an deren Abbau aktiv zu arbeiten. Auf der anderen Seite bin ich aber auch der Überzeugung, dass es viele Menschen gibt, die Handlungsspielräume haben, die sie noch nicht vollständig nutzen (schlicht: weil

* »Nicht die Frauen, sondern das System muss repariert werden.«

sie eben doch ein *Wissensdefizit* haben). Nicht jede*r, aber viele können auf der individuellen Ebene Verbesserungen erzielen. Arbeit an beiden Ebenen schließt sich nicht gegenseitig aus. Wir können auch durch unsere Wahlentscheidung oder unser eigenes politisches Engagement Veränderungen anstoßen. Der Nachteil an Änderungen auf der systemischen Ebene ist der, dass sie nur sehr langsam passieren. Bis sie wirken, kann es Jahre oder sogar Jahrzehnte dauern. So lange können wir nicht warten.

Nils Pickert schreibt in seinem wunderbaren Buch *Lebenskomplize*innen*: »Gleichberechtigte Elternschaft kriegen Sie nur gegen das System hin. Gegen politische Entscheidungen, gegen die Nachbarschaft, gegen das Geflüster beim Kuchenbasar.«[1] Dieser Satz hat ein großes Echo in mir hervorgerufen. Denn natürlich kann ich, Patricia, mit meinem Partner Marcus Dinge anders machen als andere Paare und Eltern. Aber wir tun das gegen Widerstände. Der Mensch ist ein Gruppentier. Was wir tun und denken, wird wesentlich davon bestimmt, was unser Umfeld tut und denkt.

Vielleicht kennt ihr das: Man steht an einer roten Ampel und links und rechts neben einem strömen die Menschen über die Straße. Sie alle ignorieren das rote Licht, nur man selbst steht beharrlich vor dem Verkehrssignal und wartet. Eigentlich hat man keinen Zeitdruck, aber die innerliche Unruhe steigt, je mehr Menschen sich anders verhalten als man selbst. Das Herdentier in einem scharrt mit den Hufen. Die Sekunden, bis die Ampel auf Grün schaltet, kommen einem unendlich lange vor, man fühlt sich falsch, obwohl man weiß, dass es eigentlich richtig ist, an einer roten Ampel zu warten. So ist es auch, wenn man versucht, gleichberechtigt zu leben – und zwar gegen alle äußeren Kräfte, denn Gleichberechtigung ist im Patriarchat gar nicht vorgesehen.

Immerhin wollen viele Paare* gleichberechtigt leben und wir distanzieren uns geistig von den traditionellen Rollen. Schon 2017 lehnten knapp drei Viertel der Deutschen die Aussage ab, dass es die wichtigste Aufgabe der Frau sei, sich um Haushalt und Familie zu kümmern. Hinzu kommt, dass fast zwei Drittel der Auffassung widersprachen, dass es die wichtigste Aufgabe des Mannes sei, Geld zu verdienen.[2] Doch Wunsch und Wirklichkeit klaffen immer noch weit auseinander. Das belegen die Zahlen zur Sorgelücke (dem Gender Care Gap). Meine Lieblingszahl dazu: Das größte Ungleichgewicht zeigt sich bei 34-Jährigen, hier übernehmen die Frauen 110,6 Prozent mehr Sorgearbeit.[3] Prozentangaben können ja alles Mögliche heißen, deswegen noch mal in Minuten: Die Frauen verbringen täglich durchschnittlich fünf Stunden und 18 Minuten mit Sorgearbeit, die Männer dagegen nur zwei Stunden und 31 Minuten. Wer in Mathe aufgepasst hat, könnte einwenden, dass eine solche Zahl auch zustande kommen könnte, wenn es einige wenige Haushalte gibt, bei denen das Ungleichgewicht extrem ausgeprägt ist, während ein Großteil ein ganz ausgewogenes Verhältnis hat. Spoiler – dem ist nicht so. Egalität leben nur rund 15 Prozent der Paare in Deutschland. Die ungleiche Verteilung ist »keine Randerscheinung, sondern weit verbreitet«.[4] Uff! Bis »Wir teilen uns die Arbeit gerecht auf« ist es noch ein langer Weg.

Erich Kästner (okay, ich dachte, es war Pumuckl) hat gesagt: »Es gibt nichts Gutes, außer man tut es«, und das stimmt auch beim Thema Gleichberechtigung. Doch die Schwierigkeit liegt eben im

* Meistens sind im Buch heteronormative Beziehungen gemeint und die Rede ist von Frauen und Männern. Das bedeutet aber nicht, dass diese zur Norm erhoben werden. Es bedeutet vielmehr, dass dies Konstellationen sind, in denen viele Menschen leben und die gleichzeitig auch der Ort sind, an dem Ungleichberechtigung beinahe automatisch entsteht.

Gegendruck des Systems. Wir stehen vereinzelt an der roten Ampel und alle anderen rennen an uns vorbei.

Die gesellschaftlichen Vorstellungen davon, was eine gute Mutter tut (und was ein guter Vater), begegnen uns im Alltag bei den kleinsten Lappalien. Während mein Partner es zum Beispiel völlig normal findet, dass ich gerne alleine in den Urlaub fahre, ernte ich in anderen Kreisen dafür immer noch besorgte Fragen: »Aber wer kümmert sich dann um die Kinder?« Es fällt mir dann immer sehr schwer, nicht sarkastisch zu antworten: »Wieso? Die kette ich mit ausreichend Wasser und Brot an die Heizung«, sondern zu erläutern, dass meine armen Kinder sehr gut von meinem Partner, ihrem Bonus-Papa, versorgt werden.

Musterbruch soll die Muster beschreiben, die uns das gleichberechtigte Leben schwer machen, weil wir, wenn wir diese Muster brechen, gegen den Strom schwimmen. Ich möchte auch dazu beitragen, Verständnis zu schaffen, warum manche Dinge so sind, wie sie sind. Den Status quo zu verstehen und Ursachen zu kennen, halte ich für eine Voraussetzung, Änderungen überhaupt angehen zu können. Oft entwickelt sich eine Stärke allein aus der Erkenntnis: Ich bin nicht schuld. Ich bin nicht alleine. Gerade Letzteres hat für mich eine nicht zu vernachlässigende Kraft. Deswegen gehe ich gerne auf Demos. Denn wenn ich zu Hause sitze und mir den Kopf zerbreche, wie meine Kinder später mal ein gutes Leben leben sollen, fühle ich mich schwach und ohnmächtig. Stehe und gehe ich mit Hunderten, ja, manchmal Tausenden und Zehntausenden von Menschen, erfüllt mich das mit Kraft und Glück. Dieses Buch soll euer Weggefährte sein, sodass ihr euch nicht als Außenseiter*innen fühlt, weil ihr anders leben wollt, als es die meisten auch heute noch tun.

WO DAS UNGLEICHGEWICHT NICHT HERKOMMT

»Keiner klagt über Ungerechtigkeiten, die ihn begünstigen.«

Ernst Hohenemser

Dass Frauen in den meisten Fällen mehr Sorgearbeit übernehmen als Männer, wird von einem Großteil der Gesellschaft als normal angesehen. Zum einen, weil viele davon ausgehen, dass Frauen das durchaus freiwillig tun, weil sie eine Art Kümmerinstinkt haben. Zum anderen, und das gilt vor allem, wenn es Kinder in den Paarbeziehungen gibt: Es erscheint den meisten Menschen logisch, weil Männer in ihrem Umfeld öfter Vollzeit erwerbsarbeiten als Frauen, die ihre Erwerbsarbeit einschränken, um sich um den Haushalt und die Kinder zu kümmern.

Es gilt also die These: Wer viel erwerbsarbeitet, leistet wenig Sorgearbeit, und umgekehrt, wer viel Sorgearbeit leistet, der erwerbsarbeitet wenig. Daraus ließe sich vielleicht logisch ableiten, dass beide, wenn sie gleich viel erwerbsarbeiten, auch gleich viel Sorgearbeit leisten. Das müsste sich in bestimmten Zahlen entsprechend widerspiegeln.

Dem ist jedoch nicht so. Es gibt starke Indizien, dass der gesellschaftlich behauptete Zusammenhang zwischen der Verteilung von Erwerbs- und Sorgearbeit so nicht stimmt.

- Sonntags leisten Frauen mehr Sorgearbeit als Männer.[5] Die Lücke vergrößert sich, wenn Kinder im Haushalt leben. Das ist insofern relevant, weil zu erwarten wäre, dass an einem Tag, an dem die meisten Paare nicht erwerbsarbeiten, die Sorgearbeit gleichmäßig verteilt ist.

- Im gleichen Umfang einer Erwerbstätigkeit nachzugehen, führt nicht dazu, dass die Sorgearbeit gleich verteilt ist. Besonders deutlich wird das in Paarbeziehungen mit Kindern: Arbeiten die Eltern beide Vollzeit, leisten Frauen mehr Sorgearbeit als Männer. Die Sorgelücke beträgt dann 41,3 Prozent. Das gilt auch, wenn beide Teilzeit arbeiten und sogar, wenn beide nicht erwerbsarbeiten.[6]
- Ist die Frau Alleinverdienerin, leistet sie mehr Sorgearbeit als der nicht erwerbstätige Partner.[7]

Überraschend, oder? Ich teile diese Zahlen gleich zu Beginn, denn da ist der Kopf noch frisch und aufnahmefähig. Macht euch also einen ersten Strich auf der Liste der Musterbrüche. Wenn ihr bislang gedacht habt, dass Frauen ausschließlich mehr Sorgearbeit leisten, weil sie weniger erwerbsarbeiten: Nö. Es ist sehr viel komplexer. Und ob es einen Kümmerinstinkt gibt oder nicht, darauf werden wir auch noch eingehen.

WEIBLICHE MINDERWERTIGKEITS-GEFÜHLE ABBAUEN

»[A]s a woman you're always either too old or too young for things, because the perfect age is when you're a man.«

@cassrattray

Eine wichtige Voraussetzung für Gleichberechtigung ist, dass wir uns gleich*wertig* fühlen. Nur dann können wir uns auf Augenhöhe begegnen. In allen anderen Fällen bleiben wir in einem Machtgefälle, das Aushandlungsprozesse erschwert. Bedauerlicherweise fühlen sich viele Frauen mindestens unbewusst den Männern gegenüber alles andere als gleichwertig. Dabei basieren die weiblichen Minderwertigkeitsgefühle auf zwei zentralen Pfeilern: Erstens bringen wir in unserer Gesellschaft den Frauen bei, dass ihr Aussehen zentral für ihren Wert ist, und zweitens, darauf gehen wir später noch ein, bringen wir Frauen bei, dass sie nicht annähernd so relevant wie Männer sind.

Beginnen wir mit dem Thema Schönheit. Eine meiner Lieblingsszenen in der großartigen BBC-Kurzserie *Fleabag* geht so: Fleabag und ihre Schwester sitzen in einem Vortrag einer renommierten Feministin. Es geht um gesellschaftliche Schönheitsideale. Die Rednerin fragt als Warm-up das Publikum: »Wer von Ihnen würde zwei Jahre ihres Lebens für den perfekten Körper opfern?« Fleabag und ihre Schwester haben die Arme schneller oben, als die Kamera auf sie schwenken kann. Alle anderen schauen entsetzt in ihre Richtung und schütteln den Kopf. Darf man als Feministin einem Schönheitsideal nachhecheln? Ganz ehrlich, ich hätte mich auch gemeldet. So bitter und widersprüchlich das zu meiner inneren Haltung ist.

Mädchen wachsen auch heute immer noch mit der Ausrichtung auf, dass ihr Aussehen eine Art Kapital ist. Gleichzeitig definieren sich Mädchen und Frauen viel mehr über andere, sie sind interdependent, denn sie bekommen von klein auf beigebracht, ihren Fokus nicht auf sich selbst, sondern auf andere zu legen. Das hat aber auch eine Kehrseite, denn deswegen hat sowohl reales als auch imaginiertes Feedback mehr Gewicht für sie, berichtet die Psychologin Astrid Schütz in einem Interview.[8] Ihr Selbstbewusstsein ist damit eher von anderen abhängig. Interessant ist in diesem Zusammenhang, dass Mädchen und Frauen sich eher mit einem Ideal vergleichen. Jungs und Männer beziehen sich dementgegen eher auf eine reale Gruppe, also ihr direktes Umfeld.

Viele Frauen haben ein sehr schwieriges Verhältnis zu ihrem Körper. Wer das nicht glaubt oder nachvollziehen kann (etwa, weil er ein Mann ist), dem empfehle ich den Dokumentarfilm *Embrace*, in dem die australische Fotografin Taryn Brumfitt der Frage nachgeht, warum so viele Frauen mit ihrem Körper unzufrieden sind. Brumfitts Botschaft lautet: »Liebe deinen Körper, wie er ist, er ist der einzige, den du hast!«[9]

Der Film schockiert, denn er zeigt sehr gut auf, wie schlecht das Verhältnis vieler Frauen zu ihrem Körper ist – und zwar völlig unabhängig davon, wie normschön er tatsächlich ist. Mehrere Frauen antworten auf die Frage: »How would you describe your body?« mit »Disgusting«,* und das sind keine bedauerlichen Einzelfälle. Auch auf Plattformen wie Instagram ist immer wieder zu lesen, dass viele Frauen sehr mit ihrem Aussehen kämpfen.

Als junge Frau war ich auch nicht mit meinem Körper zufrieden. Aber ich kann wenigstens sagen, dass ich ihn nie gehasst habe. Es gab allerdings eine lange Phase, in der ich mich viel mit der Menge an Kalorien beschäftigt habe, die ich aufnehme, und überzeugt war, dass alles jenseits von Kleidungsgröße 36 nicht attraktiv ist. Wenn mich heute jemand wie im Film fragen würde: »Wie würdest du deinen Körper beschreiben?«, lautete meine Antwort in etwa so: »Ein bisschen moppelig, aber insgesamt sehr zweckmäßig. Mein Körper kann nämlich sehr gut kuscheln, mit viel Freude Kuchen essen und einfach so mit einem Schraubendreher Rigips-Dübel in die Wand drehen. Top Körper! Gerne wieder!«

Älterwerden ist eine echte Chance, ein besseres Verhältnis zu seinem Körper zu bekommen. Ich habe mir den Prozess so erklärt: Solange man noch nah am Jugend-, Schönheits- und Schlankheitsideal ist, sind Abweichungen schmerzhaft. Mit einigen Tricks, ein

* »Wie würdest du deinen Körper beschreiben?« »Abstoßend.«

bisschen Diät und Schminke robbt man sich dann weiter an den Idealzustand heran.

Dann wird man vierzig und älter, und irgendwann sind es nicht fünf graue Haare, sondern so viele, dass man sie nicht zählen kann, und so viele Falten, dass man sie nicht wegschminken kann. Dieser Übergang tut kurz weh und dann ist man zu weit weg von den Magazin-Schönheitsansprüchen und dann ist es einem (weitgehend) herzlich egal.

Jedenfalls: Je weniger mir all die Äußerlichkeiten an mir wichtig sind, desto egaler sind sie mir auch an anderen. Denn was zur Hölle geht mich der Körper anderer Menschen an? Mir ist irgendwann auch klar geworden, dass ich mich noch nie aufgrund eines bestimmten Aussehens in jemanden verliebt habe, und ich empfinde wirklich Mitleid für Menschen, denen das so wichtig ist, dass sie ihre Partnerwahl extrem einschränken müssen, weil sie eben beispielsweise nur blonde Frauen mit Kleidergröße 36 attraktiv finden können oder nur Sex haben können mit Frauen, die sich ihre Schamhaare rasieren.[10]

Jax-Flashmob zum Song
I know Victoria's Secret[11]

Schönheit ist ohnehin vergänglich. Wir müssen deswegen weg von der Vorstellung, dass Schönheit überhaupt ein Kriterium ist, das uns liebenswert macht. Diese Love-your-Body-alle-Menschen-sind-schön-Appelle sind, wenn man genauer darüber nachdenkt, nicht zielführend. Warum sollen alle schön sein müssen? Wenn man ständig dazu aufruft, dass alle Menschen schön sind, dann folgt man weiter einem Schönheitsparadigma. Denn es geht offenbar nicht, dass man nicht schön ist. Alle sind schön, nur divers schön oder individuell schön, aber eben auf jeden Fall schön. Ohne das Schönsein geht es offenbar nicht. Die Dimension ist schön/hässlich. Was anderes kommt nicht infrage.

Bezogen auf mein Aussehen fühle ich in der Zwischenzeit eher so was wie eine Egalness. Deswegen rufe ich zur Aussehen-Egalness auf! Eine Aussehen-Egalness-Bewegung würde insgesamt helfen, ein entspannteres Verhältnis zum eigenen Körper zu bekommen. Gelingen kann das vielleicht, indem man sich stärker auf das fokussiert, was ein Körper einem ermöglicht, als darauf, wie ein Körper aussieht. Und auch da sollten Höchstleistung oder Perfektion kein Kriterium sein. Denn spätestens mit zunehmendem Alter (oft aus verschiedensten Gründen weit vorher) wird auch die Funktionsfähigkeit eingeschränkt sein.

Vielleicht helfen euch diese zwei Gedanken, um zukünftig liebevoller auf euch zu blicken:

- Wie schaut ihr auf Menschen, die ihr liebt? Wie wichtig sind euch Äußerlichkeiten bei anderen? Müssen Freund*innen und Partner*innen für euch perfekt aussehen? Wenn ihr diese Antworten habt, behaltet sie im Kopf, und traut den Menschen in eurem Umfeld zu, dass sie ebenso auf euch blicken, wie ihr liebevoll auf sie blicken könnt.
- Kennt ihr folgendes Phänomen: Ihr seht ein älteres Foto von euch von vor – sagen wir – drei Jahren: Denkt ihr manchmal: »Oh, da sehe ich eigentlich ganz gut/jung/schlank/erholt/fröhlich aus!« Ja? Ihr werdet genau dasselbe in drei Jahren von einem Foto denken, das heute jemand von euch macht. Und in drei Jahren wieder und dann wieder. Also könnt ihr das auch gleich von euch denken, und zwar heute und jetzt.

FRAUEN SICHTBAR MACHEN

Die Soziologin Franziska Schutzbach leitet die empfundene weibliche Minderwertigkeit auch historisch ab. Ganze Wissenschaftszweige wie die Evolutionsbiologie, die Philosophie, die Psychologie und die Medizin haben sich jahrhundertelang damit beschäftigt nachzuweisen, dass Frauen bestenfalls so etwas wie unvollkommene Männer sind. So kommt es, dass das »Weibliche also nicht als etwas *Eigenes* betrachtet [wurde], sondern es existierte nur *im Verhältnis* zum Männlichen, als dessen Abweichung«.[12]

Diese Denkweise ist uns bis heute erhalten geblieben und beeinflusst unsere Sicht auf Frauen als etwas Mangelhaftes. Geht es um die großen Leistungen der Geschichte, fallen uns kaum Frauen ein. Probiert es aus:

- Nennt mir je fünf bekannte Philosoph*innen.
- Nennt mir fünf historisch relevante Politiker*innen.
- Nennt fünf Komponist*innen.
- Nennt fünf Millionär*innen.

Ich habe Chat GPT stellvertretend befragt. Denn die arme KI ist nicht wirklich intelligent, sondern kann nur antworten, was die Mehrheitsmeinung ist. Sie nennt deswegen *zufällig* ausschließlich Männer:

- Sokrates, Aristoteles, Immanuel Kant, Friedrich Nietzsche, Jean-Paul Sartre
- Nelson Mandela, Winston Churchill, Mohandas Karamchand Gandhi, Abraham Lincoln, Mao Zedong
- Johann Sebastian Bach, Ludwig van Beethoven, Wolfgang Amadeus Mozart, Johann Strauss, Pyotr Tchaikovsky
- Jeff Bezos, Elon Musk, Bernard Arnault, Bill Gates, Mark Zuckerberg

Was hier eine lustige Spielerei ist, ist das, was Mädchen in der Schule lernen: Es gibt eigentlich keine relevanten Frauen, welche die Geschichte beeinflusst haben. Frauen sind nicht genial, sie erfinden nichts, sie bestimmen nichts, sie komponieren nichts, sie haben keine relevante Literatur verfasst. Männer hingegen schon. Das prägt enorm und begegnet uns überall. Beim Stadtspaziergang, wenn wir auf Plätzen und in Parks hauptsächlich Statuen von Männern sehen, und in Museen. Der letzten Auswertung der Künstlerinnengruppe Guerrilla Girls für das Metropolitan Museum in New York zufolge gilt: »Weniger als 4 Prozent der Künstlerinnen in den Abteilungen für moderne Kunst sind Frauen, aber 76 Prozent der Nackten sind weiblich.«[13]

In Filmen könnt ihr per Bechdel-Test herausfinden, ob Frauen im Film nicht nur hübsch anzuschauendes Beiwerk sind. Nämlich

dann, wenn diese drei Fragen mit »Ja« beantwortet werden können: Gibt es mindestens zwei Frauenrollen? Sprechen sie miteinander? Unterhalten sie sich über etwas anderes als einen Mann?

Auch Männer sollten sich klarmachen, wie Frauen in der Geschichte, im Kino, in der Kunst und sonst überall stattfinden (oder eben nicht stattfinden). Denn sonst gewinnen sie vielleicht den Eindruck, dass sie wichtiger und relevanter sind. Sie müssen also selbst den Schritt aus der eindimensionalen Männerwelt wagen.

Dabei sollten wir im Kopf behalten, dass Männer in der Geschichte der Welt nicht nur deswegen sichtbar sind, weil die Geschichtsschreiber selbst Männer sind.

Wir sollten auch daran denken, dass Frauen aufgrund ihrer gesellschaftlich verankerten Sorgepflichten viel schwierigere Voraussetzungen haben, überhaupt die Zeit und Muße zu finden, in einen kreativen Prozess einzusteigen. Sie sind es schließlich, von denen erwartet wird, sich um *andere* zu kümmern. Frauen halten Männern den Rücken frei.

Nur selten ist das umgekehrt. Wann also zwischen Kinderversorgung und Wäschebergen komponieren, literarische Werke schaffen, ein Gemälde malen, eine Skulptur bildhauen? Wahrscheinlich ist es kein Zufall, dass Berühmtheiten wie Simone de Beauvoir, Cindy Sherman, Katharine Hepburn oder Condoleezza Rice keine Kinder haben oder hatten.

Frühe Strömungen der Philosophie, die bis heute in unsere Weltsicht wirken, messen dem autonomen Wesen viel Bedeutung bei, übersehen aber, dass völlige Autonomie mindestens psychologisch gesehen keine Entsprechung in der Realität hat. Wir sind als Wesen nicht unabhängig von unseren Bedürfnissen und wir sind als Mitglied einer Gesellschaft ebenfalls nicht unabhängig, weil die Rahmenbedingungen uns vorgeben, was wir tun können und was nicht – und auch, was von uns erwartet wird. »Diese vermeintliche individuelle Autonomie müsste eigentlich ehrlicherweise als unabgesprochenes Ausleben individualisierter Vorstellungen zu Lasten anderer bezeichnet werden«, schreibt der Autor Paul in *Links leben mit Kindern.*[14] Das gilt eben vor allem für Männer, da Autonomie einen der zentralen Männlichkeitsaspekte darstellt. Ihre Freiheit und Autonomie, große Werke zu schaffen, wird durch unsichtbare Sorgearbeit im Hintergrund erst ermöglicht. Sie sind *carefree,* also sorglos, weil ihre Mütter oder Partnerinnen ihre Bedürfnisse erfüllen, für sie kochen, ihre Wäsche waschen, ihnen Anerkennung und Liebe schenken.

Für ein patriarchales System ist es außerdem von großem Vorteil, Frauen mit Nebenschauplätzen beschäftigt zu halten. Damit kommen wir wieder zum ersten Pfeiler der weiblichen Minderwertigkeitsgefühle – der Fixierung auf das Aussehen. Wenn Frauen sich damit beschäftigen, wie sie schön, schlank, rasiert und frizzfrei sein und Männern gefallen können, haben sie, plakativ gesagt, keine Zeit, sich mit anderen Fragen zu beschäftigen. Man stelle sich vor, was mit der Welt geschehen würde, wenn ein weibliches Morgen- oder Ausgehritual lediglich duschen und Haare durchkämmen bedeuten würde. Wenn all diese Zeit alternativ in Denken investiert würde … Ich vermute, wir wären dann deutlich schneller als in den vom Weltwirtschaftsforum 2022 errechneten 130 Jahren[15] bei der Gleichberechtigung angelangt.

Es wäre also ein ungeahnt machtvoller Hebel, wenn Frauen sich nicht latent minderwertig fühlen würden – denn diese Minderwertigkeitsgefühle sind nicht nur in Sachen Körper- und Schönheitsempfinden relevant.

Frauen würden sich anders fühlen, wenn ihnen ad hoc nicht männlich gelesene Repräsentant*innen zu den weiter oben genannten Fragen einfallen würden. Denn: Es gibt diese Frauen – nur leider kennen sie wenige.

- fünf bekannte Philosoph*innen:
  Hannah Arendt, bell hooks, Patricia Hill Collins, Mary Wollstonecraft, Martha Nussbaum
- fünf historisch relevante Politiker*innen:
  Angela Merkel, Kamala Harris, Jacinda Ardern, Alexandria Ocasio-Cortez, Benazir Bhutto
- fünf Komponist*innen:
  Clara Schumann, Fanny Mendelssohn, Ethel Smyth, Sofia Gubaidulina, Joan Tower
- fünf Millionär*innen:
  Oprah Winfrey, Rihanna, Alice Walton, MacKenzie Scott, Zhou Qunfei

Bei Frauen werden immer noch Schönheit und Aussehen betont und bei Männern die Leistung. Das fängt mit kleinsten Banalitäten an wie der, dass wir Mädchen mit »Na, du Schöne?« und Jungs mit »Na, kleiner Mann?« ansprechen. In Kinderbüchern, -filmen und -serien lernen die Kinder, dass männliche Protagonisten Abenteuer erleben und weibliche Charaktere als netter Sidekick vorkommen.[16] In der Schule sieht es nicht besser aus. Schlagt einfach mal ein Schulbuch auf und zählt, wie viele Frauen beziehungsweise Männer genannt werden. Katharina Herrmann hat das für das Magazin *54 Books* in ihrem Artikel *Auch ein Land der Dichterinnen und Denkerinnen* getan: 2015 zählte sie in ihrem Deutschbuch von der Antike bis in die Gegenwart 17 Frauen und 125 Männer.[17] Sieht es in den Büchern eurer Kinder besser aus? In den Lehrbüchern meiner Kinder leider nicht.

Dieses Ungleichverhältnis wirkt, und wenn wir selbstbewusste(re) Mädchen und Frauen haben wollen, müssen wir gegensteuern. Hier gilt: »Mühsam ernährt sich das Eichhörnchen«, aber wir können schon im Kleinen Verbesserungen erzielen:

- Lest euren Kindern Bücher vor, in denen es auch weibliche Hauptcharaktere gibt, die ihr Schicksal bestimmen.
- Sprecht Lehrer*innen an, ob nicht auch mal Frauen in Kunst, Literatur oder Mathematik genannt werden könnten.
- Lest selbst Bücher von Autorinnen. Egal, welches Genre ihr liebt: Es gibt sie!
- Sucht explizit Ausstellungen von Künstlerinnen (und schleppt eure Kinder mit).
- Schaut Serien, in denen Frauen handlungsleitend sind.

Was fällt euch selbst noch ein? Wie kann der Alltag euch und euren Kindern vermitteln: Frauen sind relevant? Als kleine Anregung habe ich euch einige Empfehlungen zusammengestellt:

Kinderbücher
- Pija Lindenbaum: Franziska und … die Wölfe, die Elchbrüder, die dusseligen Schafe
- Luke Pearson: Hilda-Comics
- Nils Pickert: Seeräubermädchen und Prinzessinnenjunge

Serien
- The Good Fight
- Happy Valley
- Mare of Easttown

Autorinnen
- Berit Glanz
- Pia Ziefle
- Mareike Fallwickl

Mehr Beispiele findet ihr auf dasnuf.de/frauenwelten.

Bis Frauen in unserer Gesellschaft und damit in der Breite sichtbar sein werden, ist es noch ein langer Weg. So lange könnt ihr aber euer eigenes Umfeld und das Umfeld der Kinder beeinflussen. Das mag zunächst banal erscheinen, wirkt aber. Und irgendwo muss man schließlich anfangen. Die Pädagogin Susanne Mierau schreibt in *New Moms for Rebel Girls*, dass unsere Töchter ein Bild von sich brauchen, gut, wertvoll und selbstständig zu sein: »[Dann] bin ich weniger anfällig für den Druck des Schönheitsideals, weniger anfällig für das Impostor-Syndrom, habe ich weniger das Gefühl, immer mehr geben zu müssen, damit andere mich wirklich mögen.«[*] [18]

Um die nächste Generation aus dem unendlichen Kreislauf zu befreien, kommentieren wir keine Körper mehr. Nicht den eigenen und nicht die anderen Körper. Nie. Auch nicht positiv. Ernährungsweisen und Sport als Mittel, um Gewicht zu verlieren, sind ebenfalls tabu.

MÄRCHENPRINZ ALS ZUGABE, NICHT ZIEL

Fragt man, wie eigentlich die ungleiche Verteilung von Sorgearbeit zustande kommt, lautet die Antwort: Sozialisation. Ein weiteres Problem liegt im Thema romantische Liebe. Die Welt der Gefühle und somit auch die der romantischen Liebe wird den Frauen zugeordnet. Obwohl es keine ernst zu nehmenden Studien gibt, die belegen könnten, dass diese Unterschiede in unseren Genen angelegt sind, halten wir weiter daran fest. Wir glauben, dass Frauen gut im

* Das Impostor- oder Hochstapler-Syndrom meint das psychologische Phänomen, dass Menschen aufgrund ihres geringen Selbstwertgefühls ihre objektiven Erfolge nicht auf ihre Leistung und ihr Können zurückführen, sondern das Gefühl haben, sie seien Hochstapler*innen.

Kümmern sind, dass sie besondere Fähigkeiten haben, Beziehungen zu pflegen, dass sie emotional sind und gerne geben. Frauen wird zudem früh eingetrichtert, dass sie alleine nicht vollständig sind. Um komplett zu sein, brauchen Frauen einen Partner. Überspitzt gesagt: Wer es bis vierzig nicht geschafft hat, einen zu ergattern, dem bleibt nur noch das Konzept Crazy Cat Lady, um nicht an Einsamkeit zu sterben. Dass eine Frau für sich alleine komplett ist, dafür ist in unseren Köpfen gemeinhin nicht so viel Platz. Persönlich stelle ich es mir jedenfalls toll vor, eine Cat Lady zu sein, und frage mich, wie diese Formulierung je abwertend gemeint sein kann.

Oft geht es auch nicht nur darum, dass man ohne Mann nicht komplett ist, sondern wir haben eine Vorstellung davon, dass sich das Weibliche mit dem Männlichen ergänzt. Dass wir prinzipiell gegensätzlich sind und wenigstens gemeinsam etwas Rundes ergeben. bell hooks schreibt dazu, dass Frauen in der patriarchalen Gesellschaft nicht selbst über ihren Wert bestimmen können und beigebracht bekommen, sich über Beziehungen zu anderen zu definieren. »Was wir gelten und ob wir der Liebe würdig sind oder nicht, wird immer von anderen festgelegt. Ohne die Möglichkeit, Selbstliebe zu praktizieren, schauen wir auf andere, damit sie uns als liebenswert befinden; wir sehnen uns nach Liebe und suchen danach.«[19] Das bezeichnet sie als die »emotionale Ungewissheit, der alle Angehörigen des weiblichen Geschlechts in der patriarchalen Gesellschaft ausgesetzt sind«.[20]

Ich fühlte mich bei der Lektüre von bell hooks unangenehm ertappt. Bestand doch meine komplette Jugend und frühe Adoleszenz darin, dass ich mich jede Woche unsterblich in einen Jungen verliebte und dann todtraurig war, dass es ihm nicht genauso ging. hooks schreibt: »Jugendliche Schwärmereien, obsessives Verlangen, das zwanghafte Streben nach männlicher Aufmerksamkeit und

Anerkennung sind Verweise darauf, dass ein Mädchen der Bestimmung seines Geschlechts nachkommt und sich zu einer Frau entwickelt, die ohne Mann nicht sein kann.«[21]

Bis vor Kurzem konnte ich über mein früheres Verhalten lediglich verständnislos den Kopf schütteln. Woher kommt dieser Drang, alles auf einen möglichen Partner auszurichten? Wieso war mir je daran gelegen, eine *bessere Hälfte* zu sein?

Die Ausführungen der Psychoanalytikerin Jessica Benjamin in *Fesseln der Liebe*[22] haben mir dazu ein großes Aha-Erlebnis beschert. Auch sie geht davon aus, dass die Rollen von Frauen und Männern und damit von Müttern und Vätern sich in zwei Sphären aufteilen. Frauen stehen für das Emotionale und die Sphäre des Privaten, Männer für Autonomie und Eigenständigkeit. Kinder, die aufwachsen, sehen sich – solange Mütter den Hauptteil der Kindererziehung und Sorgearbeit übernehmen – erst mal als der Mutter zugehörig, da hier zunächst eine enge Bindung entsteht, denn schließlich ist es die Mutter, die sich hauptsächlich um die Befriedigung der kindlichen Bedürfnisse kümmert.

Es gehört zur kindlichen Entwicklung, sich von dieser Bindung lösen zu wollen und sich zu einem eigenständigen, autonomen Wesen zu entwickeln. Deswegen ist es nur logisch, dass Kinder sich eher mit dem Vater identifizieren. Er repräsentiert die Außenwelt, das Eigenständige. Er stellt für Töchter und Söhne gleichermaßen die Möglichkeit dar, sich aus der engen Mutter-Kind-Beziehung zu lösen (witzigerweise gibt es ja wirklich das Ritual, dass Väter bei der Geburt die Nabelschnur durchschneiden). Suchen die Kinder nun die Nähe zum Vater, passiert etwas Erstaunliches. Der Vater nimmt den Sohn an seine Seite und signalisiert ihm: »Du bist wie ich, du gehörst zu mir.« Den Töchtern wird oft jedoch die gegenteilige Botschaft gegeben: »Du bist nicht wie ich, du gehörst nicht zu mir.« Diese Abgrenzung des Vaters drängt die Tochter notgedrungen zur Mutter zurück. Die Mädchen retten ihren Wunsch nach väterlicher Anerkennung und Autonomie, indem sie sich auf andere Männer ausrichten. Sie erkennen, dass sie nicht so wie ein Mann (ihr Vater) sein können, sie finden aber den Kompromiss: Wenn ich nicht wie ein Mann *sein* kann, dann kann ich vielleicht wenigstens einen Mann *haben*.

Heide Lutosch, über die ich auf diese Erklärung gestoßen bin, schreibt dazu: »So werden also durch die starre Rollenverteilung zwischen den Eltern zukünftige Frauen produziert, die sich selbst wegen der erzwungenen Identifikation mit der [...] Mutter hauptsächlich über die Beziehungen zu anderen Menschen definieren und sich Autonomie sozusagen nur von dem Mann leihen, mit dem sie zusammen sind.«[23]

Das erklärt zum einen, warum manche Frauen ein Faible haben, sich in Männer zu verlieben, die Frauen gewohnheitsmäßig zurückweisen, weil sie sich durch eine Beziehung in ihrer eigenen Autonomie bedroht sehen. Zum anderen erklärt die väterliche Abweisung der Tochter gut, warum in der Pubertät bei vielen Mädchen die Suche nach einem Partner oder zumindest nach Anerkennung durch einen Jungen/Mann so eine große Rolle spielt. Klingt alles sehr binär und heteronormativ – ist es auch, zeigt aber gleichzeitig, wie stark heteronormative Kleinfamilien, in denen sich Paare per Geschlechterrolle in eine Sorge- und eine Erwerbsperson organisieren, das bestehende System aufrechterhalten.

Man könnte sich sogar fragen, ob die einseitige Ausrichtung auf Männer in unserer Gesellschaft dazu führt, dass viele Frauen gar nicht erst auf die Idee kommen, die volle Bandbreite ihrer sexuellen Orientierung zu erkunden. Spätestens seit den Kinsey-Reports in den 1950er-Jahren wissen wir, dass sexuelle Orientierung nicht dichotom, sondern für viele Menschen eher ein Spektrum ist. Vielleicht ist der äußere Druck jedoch so groß, dass einige Frauen ihre

Homosexualität sogar unterdrücken oder leugnen? Mit dieser Frage setzt sich das Konzept der Zwangsheterosexualität (*compulsory heterosexuality*) der US-amerikanischen Essayistin Adrienne Rich seit den 1980er-Jahren auseinander.[24] Es verweist auf den Druck, sich frühzeitig auf Heterosexualität festzulegen, weil wir lernen, uns so stark an Männern auszurichten und jedes positive Gefühl als romantische Liebe zu interpretieren.

Der Text *Am I a Lesbian?* der Tumblr-Userin Angeli Luz wurde 2018 sehr bekannt und führt diese Gedanken aus: »Women are taught from a very early age that making men happy is our job. We're supposed to be pretty for men, we're supposed to change the way we talk so men will take us more seriously, we're supposed to want a man's love more than anything else. Our magazines are full of sex tips on how to better please men, our movies are about how we're supposed to fall in love with men. We literally cannot exist in public without men loudly grading us on how well we're pleasing them visually.«[*] Aber bei solchen Thesen kippen Markus Söder und seine konservativen Konsorten ja gleich wieder aus den Latschen.

* »Frauen wird von klein auf beigebracht, dass es ihre Aufgabe ist, Männer glücklich zu machen. Wir sollen für Männer hübsch sein, wir sollen unsere Art zu reden ändern, damit Männer uns ernster nehmen, wir sollen die Liebe eines Mannes mehr als alles andere wollen. Unsere Zeitschriften sind voll von Sex-Tipps, wie man Männer besser befriedigen kann, unsere Filme handeln davon, wie wir uns in Männer verlieben sollen. Wir können buchstäblich nicht in der Öffentlichkeit existieren, ohne dass Männer uns lautstark bewerten, wie gut wir ihnen optisch gefallen.«[a]

SELBSTLIEBE UND GEMEINSCHAFT

Ein Mensch kann alleine nicht existieren, denn Menschen sind abhängige Wesen. Der Denkfehler der romantischen Liebe liegt aber darin, davon auszugehen, dass jeweils ein einziger Mensch einen anderen komplettieren kann. Dabei ist es nicht ein Mensch, sondern es sind viele Menschen, die uns komplettieren und bereichern. Liebe und Komplettierung können wir in Gemeinschaften erfahren. Provokant formuliert können wir sagen: Frauen müssen sich nicht den Männern unterwerfen, um sich geliebt zu fühlen.

In meiner Vergangenheit habe ich nun oft den Satz gehört: »Nur wer sich selbst liebt, kann andere lieben.« Puh. Diese Aussage beschert zahlreiche Ambivalenzen. Sich selbst lieben zu wollen, ist sicherlich ein sinnvolles Vorhaben. Liegt dem doch der Gedanke zugrunde, dass man dadurch unabhängig von anderen wird. In einem begrenzten Umfang stimmt das sicherlich. Es ist mindestens hilfreich, sich selbst gut zu kennen und zu wissen, wie man in Interaktion mit anderen funktioniert. Warum mich Themen oder Verhaltensweisen reizen oder verletzen. Warum bestimmte Dinge mir Freude bereiten und andere nicht. Aber das Ziel, völlig unabhängig von anderen zu werden, ist ein Ziel, an dem man nur scheitern kann. Per se ist das nämlich nicht in uns angelegt. Wir sind alle mehr oder minder von anderen abhängige Lebewesen. Es gibt in uns beispielsweise ein Bedürfnis nach Anerkennung und Liebe, das wir nicht zu 100 Prozent selbst stillen können. Das zu akzeptieren, bringt uns – auch wenn das paradox klingen mag – dem Ziel, uns selbst zu lieben, näher.

Nichtsdestotrotz ist Selbstakzeptanz ein wichtiger Baustein in Sachen emotionaler Unabhängigkeit. bell hooks schreibt: »Keine Frau, die sich für die Selbstliebe entscheidet, bereut ihre Wahl jemals. Selbstliebe verschafft uns mehr Macht und Freiheit. Sie verbessert jede einzelne unserer Beziehungen. Doch vor allem erlaubt sie uns, in Gemeinschaft mit anderen Frauen zu leben, uns solidarisch und schwesterlich zu verhalten.«[25]

Şeyda Kurt knüpft in ihrem aufwühlenden Buch *Radikale Zärtlichkeit*[26] an den Gedanken an: »Radikale Zärtlichkeit bedeutet für mich, mir selbst gegenüber zärtlich und nachsichtig zu sein, meine Abhängigkeiten anzuerkennen, mich selbst anzuerkennen, mit all den Widersprüchen, den Ängsten und dem vermeintlichen Scheitern an mir selbst und an den Verhältnissen, die es mir schwer machen.« Gleichzeitig will sie radikal sein in ihren Forderungen an die Dominanzgesellschaft und in der positiven Gestaltung der Abhängigkeit voneinander: »In einer Welt, in der Marginalisierten beigebracht wird, dass der Hass gegen sie legitim ist und sie diesen Hass verinnerlichen, ist der gemeinsame Kampf für eine andere Welt vielleicht die größte Zärtlichkeit, die ich mir und anderen Menschen entgegenbringen kann.«[27]

Mein Vater hat mir als Jugendliche immer Bücher mit schlauen Lebensweisheiten geschenkt. Ich weiß leider nicht mehr den Namen des Buches, aber mir ist ein darin verwendetes Bild im Kopf geblieben. Der oder die Autor*in empfahl, im Leben nichts Essenzielles an Ketten zu hängen. Zerbricht ein Glied, ist die ganze Kette kaputt. Es entgleitet uns alles. Viel besser sollte man Seile knüpfen. Denn reißt dort ein Strang, bleibt der Rest erhalten. Die Gewissheit eines Netzwerks zu haben, ermöglicht es, viel angstfreier in Beziehungen zu gehen und uns auf Augenhöhe auszutauschen. Im Kapitel *Solidarität ist eine Waffe* werden wir uns näher damit beschäftigen.

KINDERFREUNDSCHAFTEN STELLEN WEICHEN

Damit sich Netzwerke bilden können, ist es wichtig, dass wir nicht schon Kinderfreundschaften romantisieren und so tun, als sei jede freundschaftliche Begegnung zwischen den Geschlechtern die Anbahnung einer Paarbeziehung. Leider ist es gang und gäbe, jedes Interesse am anderen Geschlecht als Verliebtheit zu interpretieren. Die Politologin Emilia Roig schreibt in ihrem Essay *unlearn liebe* dazu, dass gemischtgeschlechtliche Freundschaften von früh an nicht begünstigt, sondern sogar abgewertet werden. Den Grund sieht sie unter anderem darin, weil in diesen Freundschaften, die nicht zu Sex führen, die Fortpflanzungsfunktion der Frau indirekt minimiert werden könnte.[28]

Freundschaften beruhen oft auf ähnlichen Interessen und Einstellungen. Es ist doch schade, wenn wir diese verbindenden Grundlagen nur unter dem Gesichtspunkt einer möglichen Partnerschaft beurteilen. Denn Jungen und Männer können wichtige Verbündete im Kampf für Gleichberechtigung sein.

Deswegen sollten wir uns als Eltern gegenüber Kinderfreundschaften zwischen den Geschlechtern nicht anders verhalten als bei Kinderfreundschaften innerhalb des gleichen Geschlechts. Wir können uns fragen: Was verbindet die Kinder? Welche Interessen einen sie? Um dann Möglichkeiten zu schaffen, damit die Kinder ihre gemeinsame Basis ausbauen können. Zum Beispiel durch Spielplatzverabredungen oder Einladungen zum Kindergeburtstag.

Im Miteinander von Kindern gibt es aber noch einen anderen Aspekt, der viel zu wenig beachtet wird: Es geht um das Normalisieren toxischer Verhaltensweisen. Auch heute wird vor allem im Grundschulalter mit dem Satz »Was sich liebt, das neckt sich« schlechtes Benehmen gerechtfertigt. Manche Erwachsene finden

das süß oder mindestens harmlos und argumentieren: »Der ist ja nur gemein, weil er in Nele verknallt ist.«

Wie romantisch! Sören zieht Pauline an den Haaren. Weil er verknallt ist! Chris schubst Merle. Weil … er mag das Mädchen eben? Umgekehrt habe ich es übrigens noch nie gehört. Mädchen drücken ihre Zuneigung offenbar nicht mit Kinnhaken aus. Der Lerneffekt ist jedenfalls fatal. Wir bringen den Kindern bei, verbale und auch körperliche Grenzüberschreitungen mit Zuneigung zu verbinden. Kinder interpretieren sie im schlimmsten Fall als Ausdruck von Liebe und lernen so für ihre Erwachsenenbeziehungen, was okay ist. Dabei müsste es eigentlich heißen: »Was sich liebt, das achtet aufeinander« oder »Was sich liebt, das geht respektvoll miteinander um«. Das wäre angemessener.

Es ist grundlegend falsch, Aggressionen – seien es nun körperliche oder verbale – mit Zuneigung zu verknüpfen. Richtig wäre es, Kindern, die schlecht behandelt werden, einzubläuen: »Wenn dich jemand so behandelt, dann halte dich fern.« Wer sich je gefragt hat, warum Frauen in Beziehungen bleiben, die ihnen offensichtlich nicht guttun: Das ist einer der Gründe. Sie haben gelernt, dass es akzeptabel ist, schlecht behandelt zu werden.

Es ist deswegen wichtig, Mädchen beizubringen, dass sie ein Recht darauf haben, ihre Grenzen zu wahren, und dass selbst kleine Übergriffe wie die berühmte Brennnessel am Handgelenk nichts mit Zuneigung zu tun haben. Sie sollen lernen, auf ihre Gefühle zu vertrauen. Löst jemand negative Gefühle aus, ist das nichts Gutes. Punkt. Andersherum stellt das die eigenen Gefühle infrage: Es fühlt sich nicht gut an, ist aber lieb gemeint? Das priorisiert das Gegenüber vor einem selbst. Lassen wir das durchgehen, schaffen wir die Grundlage, dass toxisches Verhalten nicht eindeutig als solches erkannt werden kann. Deswegen ist es wichtig, Mädchen darin zu bestärken, dass unangenehme Gefühle genau das und nicht das Gegenteil sind. Was sich nicht gut anfühlt, ist nicht gut. Statt schlechte Erfahrungen kleinzureden, sollten wir unsere Kinder ermutigen: »Diese Bemerkung hat dich verletzt. Das verstehe ich. Sag ihm, dass dir das nicht gefällt. Wenn du Unterstützung brauchst, ich bin da!«

Zum anderen können wir unseren Kindern positive Wege der Kontaktanbahnung zeigen und ihnen beibringen, dass ein *Nein* akzeptiert werden muss: »Wenn du möchtest, dass Nele dich beachtet, denk darüber nach, ob es Sachen gibt, die euch beide interessieren, und wir finden einen Anknüpfungspunkt. Wenn sie aber nicht mag, dann musst du das akzeptieren.«

Treueschwur, missbräuchliches Verhalten als solches zu behandeln[29]

Statt schlechtes Verhalten bei unseren Kindern zu tolerieren oder wegzulächeln, sollten uns andauernde (Mikro-)Aggressionen alarmieren oder zumindest Anlass geben, mit den Betroffenen zu reflektieren, was der Ursprung dieses Verhaltens ist. Nur so können wir besprechen, ob es nicht angemessenere Wege gibt, Gefühle zum Ausdruck zu bringen. Wir müssen Kindern auch beibringen, dass die Opfer ihrer Übergriffe gelegentlich lächeln oder das schlechte Verhalten selbst runterspielen, weil sie versuchen, weitere Eskalationen zu vermeiden. Nicht, weil sie die Übergriffe okay oder amüsant finden.

Gute Beziehungen beruhen darauf, dass wir einander auf Augenhöhe begegnen. Deswegen sollten schon Kinder lernen, dass Machtgefälle in unseren persönlichen Beziehungen nichts zu suchen haben und dass sie selbst entscheiden, was sie mögen und was nicht.

DES PUDELS KERN

- Frauen lernen von klein auf, dass Aussehen ihr Kapital ist. Da sich dieses Aussehen an einem unerreichbaren Ideal ausrichtet, leiden viele Frauen unter Minderwertigkeitskomplexen. Ein möglicher Ausweg lautet, Schönheit schlicht von der Liste relevanter Eigenschaften zu streichen.
- Weibliche Minderwertigkeitsgefühle werden außerdem befeuert, weil wir alle in einer Welt aufwachsen, die den Eindruck vermittelt, dass nur Männer Relevantes für die Gesellschaft leisten. Das können wir ändern, indem wir unsere Welt bewusst von männlichen Monokulturen befreien und sie um weibliche und non-binäre Perspektiven ergänzen.
- Speziell Frauen wachsen mit der Idee auf, dass sie alleine nicht vollständig sind und nur der eine, passende Partner sie zu einem

vollständigen Menschen macht. Deshalb gilt auch heute noch für viele der Tag der Hochzeit als der wichtigste Tag im Leben einer Frau. Die romantische Liebe hilft aber nicht, die menschliche Unvollkommenheit und Bedürftigkeit zu überwinden. Vielfältige Freundschaften zu unterschiedlichen Menschen hingegen schon.

- Als Eltern können wir auch dazu beitragen, dass unsere Kinder lernen, Beziehungen auf Augenhöhe zu führen. Zum einen, indem wir zwischengeschlechtliche Freundschaften nicht romantisieren, und zum anderen, indem wir toxisches Verhalten nicht als ein Zeichen von Zuneigung framen.

SOLIDARITÄT IST EINE WAFFE

»Kämpfe für die Dinge, die dir wichtig sind, aber kämpfe so, dass sich dir andere anschließen wollen.«

Ruth Bader Ginsburg

Während eines Interviews für einen Zeitungsartikel fragte mich eine Journalistin: »Mit all dem Wissen, das Sie jetzt über die Ungleichverteilung von Sorgearbeit und Mental Load haben, was würden Sie anders machen, wenn Sie noch mal in ihre Jugend zurückreisen könnten?«

Tatsächlich war ich von der Spontaneität meiner Antwort selbst überrascht: »Ich würde nicht so viel Zeit darauf verwenden, einen Lebenspartner zu finden, und mich stattdessen auf die Beziehung zu anderen Frauen konzentrieren.« Die Interviewpartnerin reagierte seltsam bedrückt. Sie sagte sinngemäß so etwas wie: »Oh, wie schade.«

Das hat mich wiederum irritiert, aber wir haben das Thema nicht weiter vertieft. Erst im Nachgang habe ich länger darüber nachgedacht, warum ich von meiner eigenen Antwort erstaunt war und warum sie die Antwort irgendwie – traurig? – fand.

Tatsächlich hat sich ein Großteil meines Teenagerlebens und meiner frühen Adoleszenz sehr auf Männer konzentriert. Was konnte ich tun, damit Ronny mich attraktiv fand? Wie konnte ich erreichen, dass Sven mich überhaupt wahrnahm? Stunden habe ich in Zeitschriften wie *Bravo Girl* gelesen und versucht herauszufinden, was ich tun musste, um zu gefallen. Dünn sein, na klar. Blond wäre irgendwie auch gut. Lange Haare sowieso. Immer gut zuhören, wenn ein Junge etwas zu erzählen hatte. Nicht so verkrampft sein.

Auch mal mitlachen, wenn Bemerkungen fielen, die mir unangenehm waren. Bloß nicht so anstrengend sein!

Die Liste lässt sich unendlich fortführen. Irgendwann hatte ich das alles verinnerlicht, und wenn andere Mädchen sich nicht so verhalten haben, dann fand ich das ätzend. Meine Güte, wieso konnte Annette denn nicht über Blondinenwitze lachen? Was war eigentlich mit Jutta los, die sich so anstellte, weil ihr mal einer im Schwimmbad an den Po gefasst hatte?

Meine Tagebücher aus dieser Zeit sind bedrückende Zeugnisse dieser Gedanken und Reaktionen. Ich habe Tage und Nächte damit verbracht, über mich nachzudenken und wie ich XY gefallen könnte, und ich habe viel über andere Mädchen gelästert. Boah, hat die Cellulite, ihhh, kann die sich nicht die Beine rasieren, die muss mal zum Friseur, sieht die denn nicht, dass sie Spliss hat?

Später im Arbeitsleben war ich gerne in reinen Männerteams. Frauen sind ja so zickig und stutenbissig. Vor allem die weiblichen Führungskräfte. Ne, da habe ich schon lieber einen Chef. Weitere zwanzig Jahre später schaue ich voller Scham auf mein Vergangenheits-Ich zurück.

Was ich hier als persönliche Erfahrung schildere, ist kein Einzelschicksal. Auch heute ist das noch ein gängiges Muster. Nur dass Heranwachsende natürlich keine Zeitschriften mehr lesen, sondern sich auf Social Media informieren, wie sie bestenfalls zu sein haben, um dem Partner in spe zu gefallen. Aber was heißt das genau?

Das Wort Patriarchat stammt aus dem Altgriechischen und bedeutet wörtlich übersetzt Vaterherrschaft. Weiter gefasst ist damit gemeint, dass Männer eine übergeordnete Rolle in der Machtverteilung innehaben und Frauen systematisch untergeordnet sind. Diesen Umstand kann man unendlich genau aufdröseln. Unzählige Bücher tun genau das. Für uns ist an der Stelle ein spezieller Mechanismus interessant: Weil es um Macht – besser gesagt um Machterhalt – geht, greifen im Alltagsleben Mechanismen, die Frauen kleinhalten. So bleibt die Übermacht bei den Männern, obwohl Frauen gut 49,55 Prozent der Menschheit[30] stellen. Mit Einzelkämpferinnen kommt man im Wettbewerb viel leichter zurecht als mit einer großen, geschlossenen Gruppe.

SEI KEINE PATRIARCHATSKOMPLIZIN

Das Kleinhalten von Frauen geht interessanterweise nicht nur von Männern aus, sondern es gibt auch zahlreiche Frauen, die andere Frauen *im Zaum* halten, sodass es nach Möglichkeit zu keiner Umverteilung der Herrschaftsverhältnisse kommt. Diese Frauen kann man Patriarchatskomplizinnen oder Patriarchatshüterinnen nennen. Ich war eine davon und das natürlich nicht ohne Grund. Patriarchatskomplizinnen bekommen ein kleines Stück vom Kuchen ab. Sie dürfen sich über andere Frauen erheben – aber natürlich nicht über Männer. Ein kleines bisschen Anerkennung zu bekommen und auch mal etwas sagen oder bestimmen zu können, das motiviert natürlich. Überspitzt formuliert ist es eine Art Überlebensstrategie im Patriarchat, sich bei den Männern anzubiedern.

Es greifen also ähnliche Prinzipien wie beim Mobbing. Dort gibt es nicht nur Täter*innen und Opfer, sondern unter anderem auch die Assistent*innen und Claqueur*innen. Erstere unterstützen Täter*innen aktiv. Claqueur*innen beteiligen sich nicht aktiv, billigen das Verhalten der Täter*innen aber oder verstärken es sogar durch Lachen und Applaudieren. Ohne Assistent*innen und Claqueur*innen haben es Täter*innen tatsächlich sehr viel schwerer, ihre Mobbingattacken auszuführen.

Stellt euch einfach mal eine Männerrunde vor, in der sexistische Witzchen gemacht werden, irgendwas auf Mario-Barth-Niveau.

Zwei Frauen sind auch in der Runde. Eine, die mitlacht, und eine, die es eben nicht tut. Letztere hat keinen Humordefekt, sondern keine Lust, das Machtgefälle weiter zu unterstützen. Nicht mitlachen ist ein wichtiger erster Schritt. Missstände aktiv ansprechen ein weiterer.

Die Formel ist einfach: Nicht Betroffene müssen sich für Betroffene (die oft keine Privilegien haben und Konsequenzen fürchten müssen) starkmachen. Deswegen ist es in solchen Situationen besonders wichtig, dass sich auch Männer solidarisch zeigen. Sie stützen das System oft unbewusst durch Passivität. Ein Mann, der in so einer Situation sein Unbehagen überwindet und laut ausspricht, dass er sexistische Witze und Bemerkungen nicht lustig findet, hat einen viel größeren Hebel als eine Frau in so einer Runde.

Romesh Ranganathan:
Manchmal braucht es nur ein einziges Wort[31]

Natürlich ändert das nicht gleich die ganze Welt, aber es unterbindet in bestimmten Kreisen diskriminierende Witze. Mein Umfeld weiß, dass ich bei sexistischen, rassistischen und Menschen mit Behinderung diskriminierenden Witzen nicht mitlache und (aus ihrer Sicht) schlimmstenfalls einen Vortrag zu dieser Art Witze halte. Das ändert bei den meisten nicht deren Einstellung, aber es hält erst mal gewisse Runden frei von solchen Sprüchen, weil: »... sonst rollt die Cammarata wieder mit den Augen!«

Was ich hier als winzig kleines Alltagsbeispiel geschildert habe, gibt es in Varianten tausendfach. Ein erster Schritt ist immer das Nicht-Mitmachen. Ein nächster Schritt ist das Anders-Machen. So banal es klingt, das kann eine große Erleichterung sein. Stellt euch beispielsweise vor, es wäre üblich, sich in der anstrengenden Babyzeit ehrlich auszutauschen. Wenn wir uns nicht genötigt sähen, glücklich zu sein, weil wir uns den Nachwuchs schließlich gewünscht haben, sondern offen über Schlafmangel, das ständige mühsame Windelwechseln und die permanente Unsicherheit, die einen in dieser Phase begleitet, sprechen könnten. Wie entlastend wäre es außerdem, andere Mütter nicht permanent zu beurteilen? »Hast du gesehen, Silke parkt ihr Kleinkind vor dem F e r n s e h e r!!!« – »Immer, wenn ich Frederike am Spielplatz sehe, starrt die in ihr Handy. Die beachtet den kleinen Dave überhaupt nicht.« – »Entschuldigung, aber so viel Süßkram, wie Anne ihrem Kind in die Brotbox packt, das geht ja gar nicht!« Stop Mommy Wars!

Heide Lutosch schreibt in ihrem Essay *Kinderhaben*[32]: »Wer gelassen, ausgeruht und ohne größere Konflikte Kinder großziehen möchte, sollte sich dringend eine andere Gesellschaft suchen.« Sie meint es wirklich im großen Rahmen im Sinne der gesamten Gesellschaft – mir ist aber beim Lesen gleich in den Sinn gekommen, dass man es auch kleiner denken kann. Das direkte Umfeld kann man sich oft einigermaßen frei auswählen. Ich habe mich zwar auch in gängigen Kreisen aufgehalten, wo Mütter sich gegenseitig Diättipps gegeben haben, weil sie zehn Wochen nach der Geburt noch nicht ihr Ausgangsgewicht erreicht hatten, oder wo erklärt wurde, dass alles unter sechs Monate Stillen nicht gut für das Kind ist … aber ich hatte das Glück, das humoristisch in meinem eigenen Blog aufarbeiten zu können und so auf eine Internetblase zu stoßen, in der Mütter über ihre Erschöpfung geschrieben haben und nicht beschönigten, wie es ist, ein Baby zu haben. Ich war in heilsamer Gesellschaft unter Eltern, die Elternabende hassen, deren Kinder auch nur nackte Nudeln essen und nicht acht Stunden am Stück schlafen.

Sehr wohltuend waren auch meine Nachmittage in einem nahe gelegenen feministischen Frauenzentrum, in dem niemand absurde gesellschaftliche Ansprüche an Mütter unreflektiert stehen gelassen hat.

RIVALITÄTEN BEENDEN

Ein weiterer wichtiger Punkt in dem ganzen Komplex ist das Thema Konkurrenz, womit wir beim Schlumpfine-Prinzip wären. Mit Schlumpfine ist tatsächlich das kleine blaue Wesen gemeint, das als einzige Frau – natürlich mit langem blondem Haar im niedlichen weißen Kleidchen – in Schlumpfhausen lebt. Die Essayistin Katha Pollitt prägte den Begriff Schlumpfine-Prinzip. Er umschreibt, dass es in Film und Fernsehen zahlreiche Protagonisten-Gruppen gibt, die bis auf eine einzige Ausnahme aus Männern bestehen. Diese Ausnahme bei den Schlümpfen ist Schlumpfine. Andere Beispiele waren in der Vergangenheit Prinzessin Leia in *Star Wars*, Gaby in *TKKG* oder Dana Barrett bei den *Ghostbusters*.

Es darf also Frauen geben, aber eben nur eine. (Tatsächlich wünsche ich mir immer, dass der *Highlander*, unsterblicher Protagonist eines Films aus den 1980er-Jahren, eine Frau wäre, denn der Spruch »Es kann nur einen geben!« wäre in dem Zusammenhang natürlich so wunderbar passend. In der in den 1990er-Jahren folgenden Serie gibt es weibliche Highlander, aber wer weiß das schon.)

Daraus lässt sich ableiten: Wenn nur Platz für *eine* Frau ist, dann sind Frauen sich gegenseitig natürlich Konkurrenz. Diese Idee steckt in vielen Frauenköpfen. Eingangs habe ich es beschrieben. Auch ich bin aufgewachsen mit dem Gedanken, dass andere Frauen irgendwie meine Konkurrenz sind. Ich muss besser, schöner, schlauer, bescheidener, witziger, *whatsoever* sein als die anderen. Ich muss also diäten, mich stylen, Sport machen, mich fortbilden, *up to date* sein – damit ich irgendwie heraussteche und wahrgenommen werde. Mangelware Mann. Hauptsache, ich bekomme einen ab! Wenn neben mir auf der Strecke eine andere Frau liegen blieb: »Ja, sorry. Nur die Harten kommen in den Garten.«

Die väterliche Abweisung der Tochter, um die es im Kapitel *Weibliche Minderwertigkeitsgefühle abbauen* ging, und das Gefühl, sich männliche Aufmerksamkeit verdienen zu müssen, tragen ebenfalls zum weiblichen Rivalitätsdenken bei.

Mona Chollet geht in ihrem Buch *Wir müssen die Liebe neu erfinden* auf dieses Denken ein: »[Die Rivalität ergibt sich] eindeutig aus der Geschichte der untergeordneten Stellung der Frau, die sie seit jeher einnehmen muss. Sie stammt aus der – wahrscheinlich noch nicht ganz überwundenen – Zeit, da unser Schicksal von unserer Fähigkeit abhing, sich von einer absoluten und launenhaften Macht *auserwählen* zu lassen und dabei alle anderen Frauen in den Hintergrund zu drängen.«[33] Formate wie *Germany's Next Topmodel* und *The Bachelor* bauen genau auf diesem Rivalitätsdenken auf. Auf X, ehemals Twitter, bringt Franziska Schutzbach es auf den Punkt: »Frauenerniedrigung gehört zum kulturell etablierten Unterhaltungsnarrativ.«[34]

Frauen sind Meisterinnen darin, die Schwachstellen anderer Frauen zu finden. Egal, was diese tatsächlich leisten. Es heißt nicht umsonst, der größte Feind der Frauen seien sie selbst. bell hooks erklärt das mit einem Phänomen, das sie Pappbechermentalität nennt. Damit meint sie die sexistische Auffassung, dass alle Frauen gleich seien. Deshalb spiele es keine Rolle, welche man auswähle. Um die Gewinnerin zu sein, zeigen Frauen auf die Schwächen und Fehler der anderen. Denn das sei viel einfacher, als eigene Besonderheiten zu entwickeln. bell hooks resümiert: »Der Kern weiblicher Unfähigkeit, die *Exzellenz* anderer Frauen anzuerkennen, ist die Furcht vor Auslöschung.«[35]

Wie praktisch für das Patriarchat. Statt dass Frauen bestehende Machtverhältnisse kritisch hinterfragen, stabilisieren sie sie, indem sie Mitglieder der eigenen Gruppe schwächen und dafür sorgen, dass sich keine Gemeinschaften ergeben, sondern alle gegeneinanderstehen. Es ist so tief in uns drin: Wenn man einen Raum betritt, checkt man erst mal die anderen Frauen. Wer sitzt da? Wie sehen die aus? Wer lacht laut (wie unangenehm!)?

Damit Gleichberechtigung erreicht werden kann, muss das Machtgefälle zwischen den Geschlechtern aufgehoben werden. Das kann erreicht werden, wenn Frauen (wie Männer) nicht mehr ihre Energie darauf verwenden, die männliche Vormachtstellung zu erhalten. Dafür ist es von Vorteil, wenn Frauen sich nicht gegen Frauen stellen, sondern sich mit ihnen verbünden. Wenn sie frei nach dem Motto »Bildet Banden!« ihre Energien in Freundinnennetzwerke stecken, die es zulassen, gesellschaftliche Idealvorstellungen zu hinterfragen und zu ändern. So wie beispielsweise unter Müttern, die sich gemeinsam gegen überhöhte Mutterideale stellen.

Banden kann man überall bilden. Nicht nur im Privatbereich, sondern auch im Job, etwa wenn in einer Sitzung ein Mann sich die Idee einer anderen Frau aneignet, die sie kurz zuvor aufgebracht hat (*he-peating*), indem man einfach laut sagt: »Kommt es nur mir so vor, als ob genau das gerade eben Frau Schmidt gesagt hat?« Auch spontan in der Öffentlichkeit kann man sich solidarisieren, indem man gestressten Müttern von Kleinkindern in der Autonomiephase aufmunternd zulächelt oder auch, indem man Idioten in ihre Grenzen weist, die andere Frauen *catcallen*. Wer es nicht weiß: *Catcalling* nennt man sexuelle Belästigung im öffentlichen Raum, die meist ohne Körperkontakt auskommt. Gemeint sind zum Beispiel lautes Pfeifen, anzügliche Bemerkungen, Verfolgen und obszöne Gesten.

Die Möglichkeiten sind endlos und man kann mit vielen kleinen Gesten schon Dinge bewegen: zum Beispiel, indem man im Internet auf seine Quellen verweist, den Namen von Urheberinnen nennt und andere Frauen sichtbar macht. Mehr Beispiele, euch solidarisch zu zeigen, findet ihr ganz am Ende dieses Kapitels. Weitere fallen euch bestimmt selbst ein.

Solidarität und Sichtbarkeit zu erfahren, stärkt ungemein. Wir alle haben männliche Dominanzstrukturen so verinnerlicht, dass wir Gefahr laufen, sie mit unserem individuellen Verhalten zu unterstützen. Damit werden wir zu wichtigen Säulen eines Systems, das alles abwertet und benachteiligt, das nicht klassischen Männlichkeitsvorstellungen entspricht. Uns dafür zu sensibilisieren und dieses Muster zu brechen, kann ein großer Motor für Veränderung sein.

Wie geht das konkret? Bei jeder Kritik, die uns in den Kopf schießt, müssen wir uns fragen:

- Würde ich einen Mann auch so kritisieren?
- Wenn nein, warum tue ich das bei einer Frau?
- Was verliere ich, wenn ich die Frau nicht kritisiere?
- Wie komme ich auf die Idee, dass ich in Konkurrenz zu der Frau stehe?
- Wie wichtig ist es, die Kritik öffentlich auszusprechen?
- Und: Haben wir vielleicht gemeinsame Ziele? Ist es sinnvoll, sich strategisch zusammenzutun, um die Ziele zu erreichen? Was haben wir gemeinsam?

SCHNEEWITTCHENKOMPLEX ÜBERWINDEN

Vor mehr als zehn Jahren habe ich einen Blogeintrag verfasst, der wie folgt beginnt: »Kaum hat man die Jugend überstanden, befindet man sich in der Postadoleszenz. Nur einmal den Lebenswecker gesnoozt und schon ist alles dahin. Zumindest die Schönheit. Die Haare grau, die Haut schlaff, die Aura schwächlich, man schrumpft ein und gleichzeitig erhöht sich das Gesamtvolumen. Älterwerden ist kein Spaß. Es kommt das Alter der Zipperlein. Der nie endende Schnupfen, die große Erschöpfung. Alles siecht dahin.

Während ich so dastehe und mich mitleidig begutachte, hüpft eines meiner Kinder ins Badezimmer. Es wirft sich mir an den Hals und ich spüre die blütenzarte Haut. Wie Rosenblätter, weiß und makellos. Das Kind küsst mich überschwänglich und sein seidenes Haar streift mein Gesicht. Es riecht so frisch und jung, so kraftstrotzend und wach. Kein Gramm Fett, der Körper so muskulös wie der einer Gazelle. Straff und wunder-, wunderschön.

Ich halte meinen Kopf unter kaltes Wasser und fühle mich wieder normal. Am Frühstückstisch habe ich mich wieder gefangen. So ist das Leben.«[36]

Wir werden älter, kämpfen uns durch die Rushhour des Lebens, die Kinder werden geboren, wir versuchen, Beruf und Familie unter einen Hut zu bekommen, und steuern auf die Lebensmitte zu. Die Midlife-Crisis naht. Viele Paare trennen sich – fast die Hälfte aller Ehen werden geschieden. Frauen sind durchschnittlich 44, Männer 47 Jahre.[37] Die Welt der Klischees wird echt. Der Mann sucht sich eine neue Partnerin, die halbes Alter plus sieben Jahre alt ist.

Im Patriarchat ist es normal, dass ein Mann mit hohem sozialem Status eine jüngere Frau haben kann – was im Übrigen auch von den Frauen getragen wird. Befragungen auf Dating-Plattformen haben ergeben, dass jüngere Frauen es durchaus attraktiv finden, einen älteren Mann zu daten. Viele orientieren sich an höheren Bildungsabschlüssen und wünschen sich jemanden, der finanziell besser dasteht als sie selbst.

In der Film- und Serienwelt ist es jedenfalls normal: Die älteren Herren haben jugendliche Partnerinnen. Ich jedenfalls konnte kaum glauben, dass in den ersten Folgen der Serie *The Last of Us* die Partnerin Tess des Protagonisten Joel Tränensäcke und graue

Strähnen hatte. Ich habe sofort das Geburtsjahr der Schauspielerin gegoogelt: Anna Torv ist 43 Jahre alt – Pedro Pascal ist 48.

Wenn ein begehrter Mann jenseits der Fünfzig in Wirklichkeit eine Partnerin hat, die nicht mehr wie unter dreißig aussieht, dann ist das noch krasser. Die Medien rasten regelmäßig aus, wenn sie Keanu Reeves und Alexandra Grant sehen. Warum? Sie ist Jahrgang 1973 (er ist 1964 geboren), färbt ihre grauen Haare nicht und wagt es, mit ihren 1,84 m auch noch hohe Schuhe neben dem 1,86 m großen Reeves zu tragen.

Die ewige Jugend ist ein unerreichbares Ideal, das vor allem Druck auf Frauen macht. So stehen viele von uns im Patriarchat nicht nur untereinander in Konkurrenz, sondern bedauerlicherweise auch innerhalb unserer eigenen Familien. bell hooks beschreibt diesen traurigen Zusammenhang für die Beziehung zwischen Müttern und Töchtern. Erfolgreiche Frauen hätten Angst vor dem Altern in der patriarchalen Gesellschaft, denn dort sinkt dann ihr Wert. »So kommt es, dass eine begabte, erfolgreiche, attraktive Frau sich davon bedroht fühlt, dass ihre Tochter, selbst wenn sie weniger begabt und gar nicht erfolgreich oder attraktiv ist, trotzdem *gewinnt*, weil ihr Ansehen aufgrund ihrer Jugend höher ist.«[38]

Die Urform dieses Mechanismus kennen wir alle als das Märchen von Schneewittchen, die von ihrer Stiefmutter als Konkurrenz gesehen wird. Auch in der realen Welt kann es tatsächlich einen Konkurrenzdruck zwischen der alternden Mutter und einer heranwachsenden Tochter geben, wenn der Selbstwert der Mutter stark an ihr Aussehen geknüpft ist. Genauer gesagt an ein Schönheitsideal, das Schönheit auch sehr stark mit Jugend verknüpft.

Vermutlich denkt ihr jetzt, das sei reichlich übertrieben, aber schaut man genauer auf das, was Mütter gelegentlich sagen und tun, scheint das Motiv doch durch. Zum einen maßregeln Mütter ihre Töchter und versuchen sie so zu beeinflussen, dass sie gut in eine patriarchale Gesellschaft passen. Sie bringen ihnen bei, fürsorglich, lieblich und aufmerksam zu sein. Zeigt ein Mädchen zu viel Temperament, ist zu laut oder zu wild, wird ihm vermittelt, dass dies unerwünschte Verhaltensweisen sind. Gleichzeitig bekommen die Töchter Tipps, wie sie sich zu kleiden haben, das Gewicht wird kommentiert. Die Mütter sind sehr darauf bedacht, dass die Töchter zum Beispiel in der Schule Leistung zeigen oder in anderen Gebieten glänzen, indem sie etwa besonders sportlich sind, im Chor singen oder ein bestimmtes Musikinstrument spielen. Kommt das Kind in die Pubertät, werden Maßregelungen Alltag: »Haare abschneiden? Das wirst du bereuen! Dieser Mullet sieht doch unmöglich aus!« oder: »Willst du das wirklich anziehen?! Das ist nicht gerade vorteilhaft für deine Figur.«

Für viele Mütter, die ihre Töchter als kleine Mädchen als besonderes Aushängeschild präsentieren konnten, kommt es in der Pubertät zum Beziehungsbruch. Aus dem süßen Mädchen mit den langen Haaren im niedlichen Kleidchen wird eine Jugendliche mit eigenen Vorstellungen. Die Töchter versuchen, dem Korsett der Mutter-Kind-Dyade zu entkommen.

Vielen ist nicht bewusst, warum es plötzlich so knallt. Es hängt auch am Konkurrenzdruck, der ein widersprüchliches Verhältnis schafft: Einerseits schmerzt es die Mütter, dass sich die gesellschaftliche Aufmerksamkeit auf ihre Töchter verlagert, andererseits haben sie feste Ansichten darüber, wie ihre Töchter im Patriarchat überleben können, und versuchen, diese durchzusetzen.

Natürlich ist das nicht bei allen so, aber es lohnt, bestimmte Verhaltensweisen zu hinterfragen. Woher kommen die andauernden Konflikte? Warum hat man so viel an der Tochter zu nörgeln? Was motiviert einen, ihr ständig Tipps zu geben, und warum macht es einen wütend, dass die Tochter eigene Vorstellungen hat?

Und weil wir gerade von Jugend sprechen: Einige Frauen, die altern, erwachen irgendwann aus ihrer Patriarchatsgefügigkeit, weil sie mit dem Verblühen der jugendlichen Schönheit plötzlich hinter die ganzen Mechanismen der Machtverhältnisse schauen. Statt sich weiter abzukämpfen und mit dem Patriarchat zu laufen, steigen sie aus: Sie haben ohnehin nichts mehr zu verlieren. Die Patriarchatsanbiederei stoppt und sie spielen nicht mehr mit – ja, mehr noch, sie haben keinen Bock mehr auf das Spiel. Das ist der Moment, in dem Männer oft sagen, Frauen würden bitter. Und da sind wir wieder bei den Märchen: Die alternde Frau wird eine Hexe. Was die Männer des Patriarchats allerdings nicht verstehen: Es gibt kaum Geileres, als ohne Sorgeverpflichtung alleine im Wald zu leben. Wobei – doch: als viele Hexen zusammenzuleben, vermutlich. Denn ein gemeinsames Problem begünstigt den Wandel. Wenn alle glückliche Hexen sind, braucht kein Schneewittchen mehr zu sterben.

@hope_peddler über alternde Frauen und wie das Patriarchat junge gegen alte Frauen ausspielt[39]

VEREINT STREITEN

In Deutschland würden sich 14 Prozent als Feminist*in bezeichnen.[40] Das mag erst mal verwundern, hat Feminismus doch beispielsweise das Ziel, dafür zu sorgen, dass Männer und Frauen gleich viel verdienen, sich Sorgearbeit teilen und dass Gewalt gegen Frauen minimiert wird. Begreifen wir Feminismus als Werteausrichtung, würden wahrscheinlich die wenigsten widersprechen. Daraus lässt sich vielleicht schließen, dass das Wort *Feminist*in* abschreckend ist, was sich gut nachvollziehen lässt, denn damit verbinden viele

Schlagworte wie Freudlosigkeit, Humorlosigkeit, Radikalität, Unbequemlichkeit und Anstrengung.

Das liegt daran, wie bekannte Feminist*innen in der Öffentlichkeit auftreten (müssen). Um als Expert*in in eine öffentliche Diskussion geladen zu werden, bedarf es meist einer ganzen Menge Vorbildung. Wer argumentiert mit »Ich habe das Gefühl, dass …« oder »Es wirkt so, als ob …«, wird in der Luft zerrissen. Zahlen, Fakten, Fachbegriffe sind gefragt. Dadurch wirken Feminist*innen vielleicht schnell abgehoben, und das, was sie sagen, wirkt wenig zugänglich. Zuhörer*innen schalten geistig ab und denken, dass sie nicht betroffen sind.

Erschwerend kommt hinzu, dass *der Feminismus* ohnehin nicht existiert. Es gibt nicht die eine Strömung mit den drei Hauptforderungen, die allen marginalisierten Gruppen hilft und der sich ein Großteil der Menschen anschließen könnte. Und selbst wenn es große Schnittmengen gibt, die Zusammenhänge mit der eigenen Lebenssituation liegen oft nicht auf der Hand.

Persönlich glaube ich zum Beispiel, dass es ungemein hilfreich wäre, wenn sich alle Frauen den Anliegen von Alleinerziehenden anschließen würden. Denn wenn wir Bedingungen schaffen, die Alleinerziehenden ein Leben ohne Armut und mit Raum für Sorgearbeit ermöglichen, kommt das als Kollateralnutzen allen Frauen zugute.

Alleinerziehende machten 2022 rund 23 Prozent aller Familienhaushalte aus.[41] Angesichts der Scheidungsraten könnte man ein wenig schwarzmalerisch sagen, ein Viertel der Frauen sind lediglich *noch nicht* alleinerziehend. Aber das ist keine schöne Aussicht auf die eigene Biografie, denn wir wollen lieber vom Besten ausgehen, nämlich dass wir uns nicht trennen und in guten Partnerschaften leben. Also bleiben Alleinerziehende für viele in Beziehung lebende Menschen so was wie ein Sonderproblem, für das man sich als nicht direkt Betroffene nicht einsetzt, und so ist es mit vielen anderen Gruppen auch. Jede*r setzt sich vor allem für die eigenen Anliegen ein. Viel Energie verpufft, weil zudem noch untereinander gestritten wird. Wie in jedem x-beliebigen Streit geht es plötzlich nicht mehr darum, einander zu verstehen und sich zuzuhören, sondern es geht um Deutungshoheit und die Frage, wer denn jetzt recht hat.

Mich schrecken solche Streits ab. Dabei ist Streit per se nichts Falsches. Streit kann helfen, Positionen zu schärfen und Konzepte widerstandsfähiger zu machen. Streit auf Augenhöhe kann einen weiterbringen. Ich finde Social Media in dieser Hinsicht sogar gut. Bei jeder Person, die etwas unter einen meiner Posts schreibt, kann ich nachdenken: Was ist da dran? Habe ich etwas übersehen? Sollte ich meinen Standpunkt besser formulieren? Ich habe keinen Zeitdruck wie in einer Podiumsdiskussion. Der Austausch auf schriftlicher Basis hilft mir, differenziert nachzudenken. Dazu muss ich aber auch sagen, dass ich eine sehr freundliche Community habe. Persönliche Beleidigungen oder gar Drohungen, wie sie viele Feminist*innen aushalten müssen, blieben mir bislang weitgehend erspart. Toi, toi, toi.

Damit ist aber auch etwas Wichtiges gesagt: Streit auf Augenhöhe um die Sache ist konstruktiv. Streit in einem Machtgefälle und auf persönlichem Niveau nicht. Ich denke, es ist deswegen auch sehr wichtig, sich zu überlegen, mit wem man auf welche Weise streiten möchte. Ich höre das natürlich nicht gerne – es klingt fast wie ein Schimpfwort –, aber als weiße Feministin mit vielen Privilegien wie Geld und Bildung muss ich in der Lage sein, mir andere Perspektiven anzuhören. Es kann passieren, dass ich mich dadurch angegriffen und sogar gekränkt fühle – ich bin ein Mensch wie jede*r andere –, aber das darf mich nicht verleiten, meine Position zu missbrauchen. Das Mindeste, was ich tun kann, ist zuhören und nachdenken, statt alles reflexartig von mir zu weisen oder sogar einen Gegenangriff zu starten. Ich glaube, das ist für das gemeinsame

Vorankommen wichtig. Und ich würde mir eine ähnliche Haltung von vielen Männern wünschen. Wir haben alle begrenzt viel Energie, und es lohnt, darüber nachzudenken, wie man diese Energie einsetzen möchte.

Schreibt man öffentlich über das Thema, könnte ein Ziel sein, dass man versucht, möglichst viele für die Sache zu einen. Dafür braucht man Ressourcen, und ich habe jedes Verständnis, dass die nicht jede*r hat. Aber an sich: Gerade Diskussionen auf Social Media sind verkürzt und haben schnell einen scharfen Ton, sodass sich Fronten bilden, wo eigentlich keine sein müssten. Ich habe Hoffnung, dass wir lernen, uns auf Gemeinsamkeiten zu fokussieren. Mir gelingt das natürlich auch nicht immer. Aber manchmal, und ich ermahne mich immer wieder.

In meinen nahen Beziehungen behalte ich immer im Kopf, dass wir einander sehr wahrscheinlich nichts Böses wollen. Mit dieser Voraussetzung im Herzen und Ohr versuche ich, Kommunikation zu empfangen. Fragt mein Kind mich: »Warum hast du heute den anderen Käse auf die Pizza gemacht?«, *versuche* ich nicht, einen Vorwurf zu hören: »Ich mag das nicht, das weißt du doch, warum machst du extra den falschen Käse drauf?«, und zu unterstellen, dass meine Mühe, überhaupt Pizza zu machen, nicht gewürdigt wird. Sondern mir zu sagen: »Das Kind hat bemerkt, dass es anderer Käse ist, es weiß nicht, dass der eigentliche Käse gerade ausverkauft war«, und dann erkläre ich die Gründe. Das klappt in, sagen wir, 80 Prozent der Fälle.*

Ihr versteht den Punkt. Es ist ein Vorsatz, und so würde ich es auch mit den potenziell Verbündeten sehen: Lieber einmal mehr durchatmen, als auf ein Keimblatt der Gleichberechtigungsinteressierten zu trampeln.

* Bitte befragt dazu nicht meine Restfamilie.

Auch jenseits von sozialen Plattformen finde ich es sinnvoll, manchmal keine Diskussion zu beginnen oder davon abzusehen, andere zu kritisieren oder anzugreifen, und sich eher darauf zu besinnen, welche gemeinsamen Ziele man hat. Damit meine ich nicht, dass man Konflikte nicht aufarbeiten sollte, sondern dass man immer gut überlegt, in welche Richtung man austeilt. Nach oben geht immer, nach unten ist zwar einfach, aber genau das sollte man sich verkneifen. Wir müssen uns auch vergegenwärtigen, dass vorherrschende Männlichkeitsbilder es den Männern schwer machen, sich überhaupt mit feministischen Anliegen solidarisch zu zeigen. »Männlichkeit definiert sich laut Freud als nicht-weiblich und muss sich daher andauernd gegen die mit Frauen assoziierte Gefühlswelt zur Wehr setzen. Der Drang zur ständigen äußeren Bestärkung einer unabhängigen Individualität macht Solidarität und Mitgefühl zunichte«, erläutert Mariam Irene Tazi-Preve in ihrem Buch *Das Versagen der Kleinfamilie*.[42] Das macht es zusätzlich schwer, Männer als *Allies*, also Verbündete, zu gewinnen.

Ich finde es außerdem wichtig, das Muster zu durchbrechen, interessierte, aber wenig vorgebildete Menschen hart abzuweisen. Themen der Gleichberechtigung sind oft sehr komplex, es werden viele Fremdwörter benutzt, und man muss viel Wissen aus unterschiedlichen Gebieten haben, um alles in einen Kontext zu bringen. Eine typische Situation auf Social Media ist folgende: Jemand postet eine Aussage zum Thema Sorgearbeit. Zum Beispiel »Es sind vor allem Frauen, die Mental Load tragen.« Man kann dann in die Küche gehen, sich einen Tee kochen. Wenn man zurückkommt und das Browserfenster wieder öffnet, hat jemand kommentiert: »Warum denn nur Frauen? Männer haben auch Mental Load. Was ist denn das für eine Aussage? Gibt es dazu Studien???«

Ist man eine Expertin zum Thema und hat ein bisschen Reichweite, nerven solche Kommentare irgendwann. Weil sie immer kommen und weil die Betroffenen natürlich auch eine Suchmaschine bemühen und sich selbst informieren könnten. Manchmal lautet die Antwort dann: »Ich bin nicht für deine Weiterbildung zuständig. Informiere dich selbst!« Einerseits verständlich, andererseits: Na ja, vielleicht hat man jemanden vor den Kopf gestoßen, der wirklich interessiert war und sich nicht so viel Gedanken gemacht hat, als er die Frage gestellt hat, weil er dachte: »Hey, dieser Account hat zwar 55 000 Follower, aber ich bin interessiert, ich frag einfach! Die Betreiberin des Accounts ist Expertin, die kann geschwind antworten.«

Statt des Hinweises zur Weiterbildung gibt es zwei Wege, wie man reagieren kann.

1. Man schickt folgenden Link: https://gprivate.com/64tke oder
2. Man macht es wie die Menschen in der IT, die alles, was mehr als drei Mal vorkommt, automatisieren. Denn das spart Nerven, Zeit, Geld und vermeidet Fehler. Als Feministin kann man das auch. Man muss nicht jede Frage neu und individuell beantworten, sondern man kann sich eine Vorlage erstellen, damit potenziell Interessierte sich selbst bilden können. Auf dasnuf.de/vorlage gebe ich konkrete inhaltliche Tipps und beschreibe, wie ihr das so abspeichert, dass ihr den ganzen Text posten könnt, indem ihr einfach das Wort »Erleuchtung« tippt. Die Vorlage könnt ihr anpassen, je nachdem, wen oder welche Projekte ihr für den Einstieg für empfehlenswert haltet. Das spart Arbeit und gibt Interessierten die Chance, sich selbst zu informieren. Besser, als jemanden abzuweisen, der potenzieller Verbündeter sein könnte.

Und für alle Männer, die gerne selbst Verbündete sein wollen, aber nicht wissen, wie, nachfolgend einige Tipps. Es ist oft wirklich nicht schwer. Viele der folgenden Punkte werden auf die ein oder andere Weise im Buch genannt.

- **Erkennt, dass die Probleme des Patriarchats nicht ausschließlich Probleme von Frauen sind.** Auch Männer leiden unter dem Patriarchat (siehe den Abschnitt *Männlichkeit* im Kapitel *Stereotype überwinden ist für alle schwer*).

- **Macht euch klar: Es gibt keine neutrale Position.** Wer nichts tut, stützt das bestehende System.
- **Gesteht ein, dass es viele unterschiedliche Positionen gibt, die das Ziel Gleichberechtigung haben.** Lasst uns nach Gemeinsamkeiten und nicht nach Abgrenzungsmöglichkeiten suchen. Wenn wir Kritikpunkte haben, überlegt: Wem hilft es, wenn wir diese öffentlich anbringen? Stärken wir unser Anliegen? Oder schwächen wir vor allem die andere Position und solidarisieren uns indirekt mit Patriarchatshüter*innen?
- **Bekämpft den Gender Care Gap.** Wenn ihr Hausarbeit in eurem Haushalt übernehmt, nennt das nicht helfen. Es ist auch euer Haushalt. Wenn ihr auf eure Kinder aufpasst, ist das nicht babysitten (es sei denn, eure Partnerin bezahlt euch dafür). Nehmt länger als zwei Monate ohne eure Partnerin Elternzeit. Reduziert Erwerbsarbeitsstunden.
- **Seid keine Papageien** (wiederholt in Meetings nicht die Ideen von Frauen und gebt sie als eure eigenen aus). Wenn ein anderer Mann das macht, sagt einfach: »Das ist genau das, was ›Name der Frau‹ gerade gesagt hat.«
- **Verzichtet auf Mansplaining** (Rat geben, wenn niemand nach einem Rat gefragt hat). Lasst das einfach. Besonders im Internet. Wenn bei Vorträgen gesagt wird: »Jetzt ist noch Zeit für Fragen …«, meldet euch nicht und sagt: »Das ist eigentlich keine Frage, sondern eher so ein Kommentar …«

- **Reflektiert männliches Redeverhalten.** Lasst Frauen ausreden. Achtet auf ausgeglichene Gesprächsanteile. Es gibt Apps dafür – eine Stoppuhr tuts auch. Wenn ihr das mal auswertet, werdet ihr staunen.
- **Glaubt Frauen.** Wenn Frauen von ihren Missbrauchserfahrungen sprechen, hört einfach zu.
- **Lacht nicht über sexistische Witze.** Lacht in Männerrunden nicht über Witze, die gegenüber Frauen sexistisch sind. Wenn ihr es doch gemacht habt, erzählt in derselben Runde einen Witz über Männer. Hier drei zum Auswendiglernen:
  Wie viele Männer sind nötig, um eine Rolle Klopapier auszuwechseln? Das weiß niemand. Es ist noch nie vorgekommen.
  Was dauert länger – einen Schneemann bauen oder eine Schneefrau bauen? Einen Schneemann. Es dauert so lange, den Kopf auszuhöhlen.
  Warum feiern wir eigentlich noch Weihnachten? Es kommt doch jeden Tag vor, dass ein Mann geboren wird, der sich später für Gott hält.
- **Orientiert euch nicht nur an Männern.** Sucht euch weibliche Vorbilder. Schaut Serien und Filme, die den Bechdel-Test bestehen. Lest Bücher von Frauen, streicht das Wort *Frauenliteratur* aus dem aktiven Sprachgebrauch. Informiert euch, was Frauen zur Weltgeschichte beigetragen haben.
- **Kommentiert Aussehen nicht,** besonders nicht von Frauen, die in der Öffentlichkeit stehen.
- **Lasst Abstand, wechselt die Straßenseite,** wenn ihr nachts auf dem Nachhauseweg Frauen begegnet.
- **Sagt nie zu einer Frau »Lächle doch mal«,** wenn ihr es doch tut, fordert innerhalb der nächsten Stunde euren Chef dazu auf, auch mal zu lächeln.

- **Folgt den Instagram-Accounts** Seiten.verkehrt und themanwhohasitall (Alternativ: X). Übt das Prinzip der Umkehrung dann in eurem Kopf.
- **Ersetzt in Aussagen und Beschreibungen *Frauen* durch *Männer***, und wenn euch der Satz jetzt komisch vorkommt, sagt das einfach nicht über Frauen.

DES PUDELS KERN

- Im Kampf um Entscheidungsmacht und Einfluss sehen sich Frauen gegenseitig als Konkurrenz und halten andere Frauen klein.
- Vereinzelte Frauen befinden sich gegenüber einer männlichen Mehrheit jedoch in schwacher Verhandlungsposition. Kommt Gegenwind, muss man den alleine ertragen und abwehren. Sich mit Gleichgesinnten zu verbünden, stärkt demgegenüber.
- Schönheit ist für Frauen im Patriarchat an Jugend gebunden. Deswegen werden ältere Frauen im Patriarchat unsichtbar und abgewertet. Manche alternde Frau sieht sich deswegen von der Jugend anderer Frauen bedroht. Dieser Mechanismus kann auch in Mutter-Tochter-Beziehungen wirken.
- Es gibt aber auch ältere Frauen, denen es gelingt, hinter die Unterdrückungsmechanismen des Patriarchats zu schauen. Sie haben keine Lust mehr, sich anzubiedern, und werden sperrig.
- Jüngere Frauen finden ältere Frauen dann anstrengend und grenzen sich gegen sie ab. Überwinden lässt sich das nur, wenn Frauen auch über die Generationen hinweg unbedingte Solidarität zeigen.

FAMILIE ANDERS DENKEN

»Daddy is a state of mind.«

Pedro Pascal

Als meine Eltern verkündeten, dass sie sich scheiden lassen, war ich zwölf Jahre alt. Das war 1987, ich lebte damals in Bayern. Die Nachricht schockierte mich zutiefst. Daran erinnere ich mich genau. Allerdings war ich nicht schockiert, dass mein Vater uns verlassen würde – vielmehr war mein erster Gedanke: »Oh nein! Wir sind jetzt keine *richtige* Familie mehr. Wir sind jetzt nicht mehr *normal*.« Ich schämte mich bei dem Gedanken daran. Niemand in meinem Umkreis lebte in einer Scheidungsfamilie. Ich kannte Scheidungsfamilien nur aus dem Fernsehen und da bedeutete Scheidung auf jeden Fall nichts Gutes.

Mehr als drei Jahrzehnte später, ich lebe in der Zwischenzeit in Berlin, ist Scheidung kein großes Thema mehr (von möglichen emotionalen Folgen abgesehen, natürlich). Scheidungs- und Trennungsfamilien sind normal. Wir sind selbst eine. Meine Kinder sehen das pragmatisch: »Fünf Omas und Opas, das bedeutet eine Menge Geschenke zu Weihnachten!« Wir zählen außerdem vier Tanten und sechs Onkel, die mehr oder minder Teil unseres Alltags sind. Damit gehören wir zu einer wachsenden Gruppe an Familien. Die Sozialwissenschaftlerin und Historikerin Gisela Notz drückt das in *Kritik des Familismus* so aus: »Es gibt weniger *kinderreiche* Familien, aber öfter *mütter- und väterreiche* Kinder.«[43]

Die klassische Kleinfamilie ist ein einsamer Ort. Die Hauptverantwortung lastet samt Organisationsarbeit meist auf einer einzigen Person – der Mutter. Das merkt man aber erst, wenn man in ihr lebt.

Und das da ist meine Tante, daneben die Freundin meiner Mutter, daaaneben der 2. Papa vom Bonusbruder …

DER STAATLICHE KLEINFAMILIEN-TRICK

Für unseren Staat stellt die Kleinfamilie eines der wichtigsten Konzepte zur Aufrechterhaltung unserer Gesellschaft dar. »Schließlich ist sie auch die billigste Einrichtung zur Versorgung von Kindern, Pflegebedürftigen und alten Menschen. Sie erspart Staat und Kommunen die Bereitstellung von kostenaufwendiger sozialer, pflegerischer und pädagogischer Infrastruktur. Auch deshalb wird nach dem Grundgesetz für die Bundesrepublik Deutschland (Art. 6) *Familie* in der Verknüpfung mit Ehe unter den besonderen Schutz des Staates gestellt«, schreibt Notz.[44]

Es ist deswegen nicht weiter verwunderlich, dass der Staat ein ausgenommen großes Interesse hat, die Kleinfamilie beizubehalten. Kleinfamilie heißt heute aber auch, durch Zahlen des Gender Care Gaps belegt, dass es eine geschlechtshierarchische Arbeitsteilung gibt, die Frauen wesentliche Teile der Sorgearbeit zuweist. Denn klar, wenn Frauen auf die Idee kommen, dass sie diese unbezahlte Sorgearbeit nicht mehr leisten wollen, dann bekommen wir ein ernst zu nehmendes Problem. Noch krasser wäre es, wenn diese Arbeit bezahlt werden müsste. Eine Oxfam-Studie von 2020 hat das mal zusammengerechnet: Weltweit leisten Frauen und Mädchen täglich weit über zwölf Milliarden Stunden Haus-, Pflege- und Fürsorgearbeit.[45] Würde man ihnen einen Mindestlohn für diese Arbeit zahlen, wären das umgerechnet über 11 000 000 000 000 (elf Billionen) US-Dollar pro Jahr. Das ist mehr als 24-mal der Umsatz von Apple, Google und meta (formerly known as Facebook) zusammen. Frauen können die Ökonomie zum Erliegen bringen. Wahrscheinlich ist es kein Zufall, dass der Gender Care Gap erst seit fünf Jahren* erhoben wird. So ge-

* Erstmalig 2017 mit dem Zweiten Gleichstellungsbericht der Bundesregierung errechnet.

nau will man wahrscheinlich gar nicht wissen, wie viel kostenlos gearbeitet wird.

Dabei macht es mir einen ganz besonderen Knoten im Hirn, dass Sozialversicherungsansprüche in Deutschland zum größten Teil an Erwerbsarbeit gebunden sind. Menschen, die hauptsächlich für andere sorgen, sind staatlich kaum abgesichert. Dass das nicht zu dauerhaften, großflächigen Protesten führt, ist schon erstaunlich. Der Staat bedient sich der kostenlosen Arbeit einiger Personen, die sich um Kinder, Bedürftige und alte Menschen kümmern, und sagt dann im Grunde: Wenn du sozial abgesichert sein willst, musst du eben erwerbsarbeiten gehen. Weil für andere sorgen ist gar keine Arbeit! Das ist Liebe. Wenn du Sozialleistungen und eine ordentliche Rente willst, musst du *echte* Arbeit leisten. Stellt euch mal vor, jemand käme auf die Idee, diese Logik umzukehren. Nicht auszudenken, was da los wäre: »Ja, sorry, Michael, du hast jahrelang nur Powerpointfolien erstellt,* du hast deine Lebenszeit nicht für deine kranke Mutter eingesetzt, hast keine Elternzeit genommen und in der Gemeinde auch kein ehrenamtliches Engagement gezeigt … Damit hast du nicht in die Sorgearbeitsrentenkasse eingezahlt, also ja, da gibts jetzt nur 450 Euro Grundsicherung und gar keine Sorgearbeitsrente.«

Der Druck auf die Kleinfamilie steigt jedenfalls nicht ohne Grund. Sie wird den Bedürfnissen der Menschen zunehmend nicht mehr gerecht. Zu viel Arbeit für zu wenige Menschen. Vor allem für Menschen, die beides gleichzeitig tun, Sorgearbeit leisten und erwerbsarbeiten, stellt sich die Frage, wie alternative Familienkonzepte aussehen könnten. Für viele bedeutet Familie schon heute nicht unbedingt Blutsverwandtschaft.

* Wenn du Michael heißt, nicht persönlich nehmen. Ich habe auch jahrelang nur Powerpointfolien erstellt.

FAMILIE ALS CARE-NETZWERK

Es ist umso wichtiger, sich Gedanken darüber zu machen, was Familie für einen persönlich eigentlich ausmacht. Plus: Vielleicht lohnt ein Blick über den Tellerrand der Kleinfamilie? Zahlen zu alternativen Familienmodellen werden allerdings kaum erhoben. Ein Problem dabei ist, dass oft genaue Definitionen fehlen, beispielsweise für Stief- und Patchworkfamilien. Je nach Datenquelle sind das etwa 7 bis 13 Prozent aller Familien in Deutschland.[46] Das ist schon eine ziemliche Spanne, und sehr wahrscheinlich ist der Anteil deutlich größer. Stief- und Patchworkfamilien sind keine exotischen Ausnahmeerscheinungen mehr.

Viele der geläufigen Begrifflichkeiten sind zudem vorbelastet. Als das erste Kind unserer Familie, dessen leibliche Mutter ich nicht bin, mich früher vorstellte, war seine Erläuterung immer: »Das ist Patricia, sie ist meine Stiefmutter, aber nicht so wie in den Märchen. Sie ist lieb.« Während ich mich noch lange mit dem Begriff Stiefmutter begnügt habe, haben wir nach der Scheidung, als mein Partner neu in die Familie kam, den Begriff *Bonus-Papa* eingeführt.

Ab da wird es dann – zumindest für die Erfassung statistischer Daten – kompliziert. Für den Staat bin ich alleinerziehend, weil die Kinder bei mir wohnen, nur alle zwei Wochen bei ihrem biologischen Vater sind und mein neuer Partner nicht bei uns wohnt. Der Begriff alleinerziehend ist hier meiner Auffassung nach aber völlig fehl am Platz, wir bezeichnen uns lieber als getrennt erziehend. Alleinerziehend allgemein wiederum ist sprachlich schwierig, weil der Mangel in den Vordergrund gestellt wird beziehungsweise die Abweichung von der Norm zu zweit erziehend. Es etabliert sich zunehmend der Begriff Ein-Elter-Familie oder, weil ohnehin 85 Prozent der Alleinerziehenden Frauen sind,[47] Solo-Mama. Insgesamt sind Care-Vereinbarungen jenseits der heterosexuellen Mutter-Vater-Kind-

Konstellation vielfältig, und zahlreiche Begriffe kursieren. Noch nicht mal angerissen sind Familien, in denen sich mehr als zwei Erwachsene um gemeinsame Kinder kümmern. Sei es nun, dass diese Erwachsenen Liebesbeziehungen zueinander haben oder nicht, dass sie gleich- oder gemischtgeschlechtlich sind, dass sie cis, trans oder non-binär sind. Das macht die statistische Erhebung schwierig.

Im *Familienreport* 2020 des Familienministeriums wird deswegen festgehalten: »Das schließt verheiratete und unverheiratete Paare mit Kindern ebenso ein wie Alleinerziehende, getrennt Erziehende, Stief- und Patchworkfamilien, Regenbogenfamilien sowie Familien, die sich um pflege- und hilfsbedürftige Angehörige kümmern. Das Miteinander ist entscheidend, nicht die Lebensform.«[48]

Womit der *Familienreport* nicht die volle Wahrheit sagt. »Juristisch gesehen haben es Multi-Eltern-Familien schwer, da das Gesetz nicht mehr als zwei Elternteile anerkennt. Das trifft klassische Patchworkfamilien ebenso wie Eltern von Kindern aus polyamoren Beziehungen: Dabei geht es zum einen um schulische oder gesundheitliche Auskünfte und Entscheidungen, für die jedoch Vollmachten erteilt werden können, zum anderen aber auch um Ansprüche wie Kinderbetreuungsgeld oder Pensionszeiten für die geleistete Arbeit«, erklärt die Journalistin Cornelia Grobner.[49]

Es muss hier dringend der gesetzliche Rahmen modernisiert werden! Was im funktionierenden Alltag zum Teil über ausgestellte Vollmachten geregelt wird, führt im Trennungsfall zu einer starken Benachteiligung der nicht biologischen Eltern. In homosexuellen Beziehungen etwa muss der nicht biologische Elternteil das eigene Kind adoptieren, um gleiche Rechte und Pflichten zu bekommen wie der biologische Elternteil.

Dass der Staat eigentlich noch immer die bürgerliche Kleinfamilie als Ideal sieht, zeigt sich unter anderem darin, dass »Homosexuelle [heiraten und Kinder haben dürfen], [sie sich] aber auf die

Bedingungen der bürgerlichen Kleinfamilie [einlassen], sich den sozialen Normen und überkommenen Klischees der heteronormativen Familie fügen [müssen]«.[50]

So werden im *Familienreport* 2020 entsprechend nur die gleichgeschlechtlichen Lebensgemeinschaften und gleichgeschlechtlichen Ehepaare mit minderjährigen Kindern zahlenmäßig erfasst. Wen es interessiert: Sie stellen weniger als 0,1 Prozent aller Familien dar.[51] Die Zahl finde ich wichtig, da Konservative ja gerne so tun, als sei ihr Vater-Mutter-Kind-Heile-Welt-Modell in Gefahr.

Alle anderen Modelle werden gar nicht erst genannt. Das hat wahrscheinlich einen Grund. »Diejenigen, die sich der bürgerlichen Norm nicht beugen wollen – dazu gehören alle, die nicht in Paaren zusammenleben –, bekommen keinen staatlichen oder kirchlichen Segen und auch keine materiellen Privilegien, keine Vorteile der Familienförderung und wenig Zuneigung von den *normalen* Verwandten.«[52]

Was ist nun der Punkt, den man für ein gleichberechtigtes Leben mitnehmen kann? Steigende Ansprüche an Elternschaft und ein anstrengendes Erwerbsarbeitsleben sowie der Umstand, dass in heterosexuellen Vater-Mutter-Kind-Familien die Arbeitslast ungleich verteilt ist, sollten Anlass sein, sich Gedanken darüber zu machen, wie man seine Familie leben will. Eine erste Blüte gab es in den 1970er-Jahren, als Wohngemeinschaften als alternative Formen des Zusammenlebens wie Pilze aus dem Boden schossen.[53] Die Idee dieser Gemeinschaften war, neue Formen der Kindererziehung und Haushaltsführung zu finden und gemeinsam Platz für politische Arbeit zu schaffen. Heute haben die meisten Wohngemeinschaften ganz andere Ziele: Es handelt sich eher um Übergangsmodelle, in denen vor allem Wege gesucht werden, kostengünstig miteinander zu leben, bis man auszieht und mit dem/der eigenen Partner*in zusammenzieht, um eine Familie zu gründen.

Die meisten halten sich weiter an feste Lebensskripte. Nur wenige wagen es, über den Tellerrand hinauszuschauen und Modelle auszuprobieren, die nicht auf romantischer Liebe beruhen, wie Co-Elternschaft, eine verabredete Erziehungspartnerschaft zwischen zwei oder mehr Erwachsenen, die nicht in einer romantischen Beziehung zueinander stehen. Das Kind oder die Kinder werden in enger Abstimmung arbeitsteilig aufgezogen. Oft wohnen die Beteiligten in getrennten Haushalten. Konkret könnten sich zum Beispiel beste Freundinnen entscheiden, gemeinsam ein Kind großzuziehen, oder ein Paar und weitere Erwachsene. Diese Arrangements haben den Vorteil, dass im Vorfeld wirklich sehr genau diskutiert wird, wie das Leben mit Kind aussehen soll.

Ich will das nur mal angerissen haben, denn für viele kommt das als Lösung des Problems der ungleichen Arbeitsteilung nicht infrage, hängen die meisten doch sehr an den klassischen Familienmodellen. Ich kann mich da nicht ausnehmen.

Sich ein Care-Netzwerk zu schaffen, kann viele Ausgestaltungsmöglichkeiten haben: Eine Alleinerziehenden-WG kann etwa helfen, Engpässe in der Kinderbetreuung zu überbrücken und zu ermöglichen, gelegentlich auch mal Zeit für sich selbst zu haben, die man als Alleinerziehende ja noch viel weniger hat als eine Sorgeperson innerhalb einer Paarbeziehung. Außerdem muss ein Care-Netzwerk nicht gleichbedeutend damit sein, dass man dauerhaft zusammenlebt. Man kann auch temporär seine Zeit zur Verfügung stellen.

Bis ich fast dreißig war, war ich mir sicher, keine Kinder zu wollen. Das lag vor allem an den Nebenwirkungen von Mutterschaft, die ich in meinem Umfeld sah. Kinder mochte ich eigentlich immer. Dennoch bin ich, bis ich meine eigene Familie hatte, nie auf die Idee gekommen, meinem Umfeld eigenaktiv meine Sorgearbeitskapazitäten anzubieten. Erst meine Erfahrung mit Belastungssituationen hat die Erkenntnis reifen lassen, dass Sorgearbeit eigentlich auf viele Schultern verteilt werden müsste.

Mit meinen fast fünfzig Jahren (die eigenen Kinder sind weitgehend selbstständig) spüre ich bereits die Großmutter in mir erstarken. Bedeutet: Ich finde die Kinder meiner Freundinnen und Bekannten meistens ziemlich toll und halte es für eine hervorragende Freizeitbeschäftigung, Zeit mit ihnen zu verbringen. Eine Welt mit Kindern, aber ohne Deadlines und Alltagsdruck, ist für mich ein Traum. Beim Kindersitten kann ich mich ganz auf die Bedürfnisse der Kinder einlassen und wir machen, was denen gerade so einfällt. Wenn sie keine eigenen Ideen haben, besuchen wir Spielplätze, malen Steine an oder beobachten Vögel. Schade, dass ich da kinderlos noch nicht drauf gekommen bin. Ich bin beispielsweise von Natur aus extreme Frühaufsteherin und habe mich als Studentin oft an Vormittagen gelangweilt, weil meine Freund*innen vor 13 Uhr nicht ansprechbar waren.

Wenn ihr so wie ich aus dem Belastungspeak raus seid, bietet euch doch mal als Kindersitter an. Wenn ihr noch nicht in der Rushhour des Lebens (Mitte dreißig) angekommen seid – ebenso. Wenn ihr noch gar nicht in der Phase der Familienplanung seid – überlegt doch mal, wie ihr Familie gestalten könntet. Vielleicht kommt eine Care-WG infrage? Wenn einem viel an der Kleinfamilie liegt, muss man diese ja nicht vollständig auflösen, man kann aber überlegen, an welchen Ecken und Enden man feilen könnte, um von vorneherein nicht auf sich alleine gestellt zu sein.

Der Nebeneffekt am Kümmern um andere, bevor man eigene Sorgeverpflichtungen hat: Man baut Kompetenzen auf. Vielleicht liegt hier eine echte Chance für Männer, die sich grundsätzlich vorstellen können, Väter zu werden. Sie wären dann nicht darauf angewiesen, ihre Kompetenzen in einer kurzen Zeitspanne nach der Geburt unter dem gleichzeitigen Druck der finanziellen Absicherung zu entwickeln. In einigen indigenen Gemeinschaften ist männliche Fürsorge ohnehin nicht an biologische Väter, sondern die Brüder der Mütter gekoppelt.[54] Eine ziemlich gute Idee, die romantische Liebe (die ja leider doch eher vergänglich ist) von dauerhaft angelegten Fürsorgeverpflichtungen entkoppelt und an diese Stelle lebenslange Geschwisterverbindungen stellt.

Mein Partner, der sich ziemlich spät erst zugetraut hat, eigene Kinder zu haben, und erst zu unserer Familie kam, als die Kinder bereits am Ende ihrer Kindergartenzeit waren, hat die gesamte Baby- und Kleinkindzeit verpasst. Dass er was verpasst hat und dass er vor allem ein hervorragender Fürsorger ist, hat er aber erst durch den intensiven Kontakt zu den Kindern festgestellt. Ihm waren seine hohen Ansprüche an Vaterschaft wahrscheinlich lange ein Hindernis, und es war leichter, den Kinderwunsch wegzudrücken, als sich auf das Abenteuer einzulassen.

Als wir uns kennengelernt haben, war ich froh, die Baby- und Kleinkindphase hinter mich gelassen zu haben. Er holt die Wonnen der ersten Jahre nun mit seinem Neffen nach, den er regelmäßig an einem Wochentag betreut. Win-win: Die Eltern sind froh, einige Stunden für sich zu haben, er kann sich am supersüßen Neffen erfreuen, und der Neffe hat eine weitere Person, die Liebe und Fürsorge schenkt. Es ist also nie zu früh oder zu spät, seine Fürsorglichkeit zu verschenken.

ANDERS WOHNEN

Verliebt, verlobt, verheiratet und irgendwo dazwischen zusammengezogen. Das sind vier Standard-Meilensteine im Lebenslauf vieler Menschen. Wir machen das, weil alle das so machen. Der Weg vor uns ist gut zu erkennen und ausgetreten. Wir schlagen ihn ein, ohne uns möglicher Konsequenzen bewusst zu sein. Denn wie immer liegt der Teufel im Detail. Dabei wäre es nicht falsch, wenn wir nicht nur darüber nachdenken, *wo* wir wohnen wollen, sondern auch, *wie* wir wohnen wollen. Wir wägen zum Beispiel ab, welche Wohnbezirke verkehrsgünstig gelegen sind, sodass wir gut den Arbeitsplatz erreichen und Kinderbetreuungsmöglichkeiten in der Nähe haben. Wie wir im Detail wohnen, das fragen sich nur wenige. Es ist eigentlich Standard, dass man ein gemeinsames Schlafzimmer hat, eine Küche, ein Wohnzimmer und, wenn Kinder geplant sind, Kinderzimmer. Zwei Erwachsenenleben wachsen zusammen, was, wenn man genauer hinschaut, auch einige Probleme mit sich bringen kann.

Spätestens mit Kindern kommen dann die Herausforderungen: Wir sind nie mehr alleine, und manche wünschen sich deswegen Freiräume und Zonen, in denen sie längere Zeitspannen am Stück frei von Bedürfnissen der anderen sein können. Ob das möglich ist, hängt jedoch maßgeblich von der Wohnsituation ab. Im Abschnitt *Wenn der Arbeitsplatz überall ist* im Kapitel *Pausen machen* gehen wir genauer darauf ein. Sorgeverantwortliche brauchen für ihre Erholung Räume, die sie als Freizeitbereiche sehen können. Das lässt sich in unterschiedlichen Graden erreichen. Fangen wir mal mit dem höchsten an: Im Kontext von Wohnen kann Freiräume schaffen (oder erhalten) bedeuten, dass Paare gar nicht zusammenwohnen. Sicherlich ruft dieser Vorschlag erst mal den größten Widerstand hervor. Deswegen vorweg: Ein Paar zu sein und nicht zusammenzuwohnen, nennt die Forschung *Living Apart Together* (LAT). Dabei zeigt sich, dass Frauen, die in LAT-Modellen leben, höhere Partnerschaftszufriedenheitswerte aufweisen als diejenigen in Zusammenwohn-Beziehungen.[55] Es gibt außerdem viel weniger Streit – das betrifft vor allem das Thema Haushalt.

Getrennt wohnen hat auch andere Vorteile. Man ist in allem freier. Ist man eine Lerche, kann man schon um 6 Uhr seine

Kaffeemühle anwerfen und ungestört den Tag beginnen, ohne dabei mögliche Eulen-Partner*innen zu wecken. Man muss generell viel weniger Kompromisse aushandeln. Hat jede*r sein eigenes Reich, kann man die eigenen Vorstellungen von Sauberkeit und schöner Atmosphäre umsetzen. Man muss nicht mal darüber diskutieren, ob der 1,20 Meter große rosafarbene Pinguin, den man so süß findet, wirklich gekauft und aufgestellt werden muss oder nicht. Jede*r lebt, wie er oder sie mag. Da man nur zu Besuch ist, wenn man sich sieht, kann man gelassen über alles hinwegsehen, was nicht den eigenen Vorstellungen entspricht. Die Wohnung des Partners ist dann ein Freizeitbereich. Herumliegende Socken bleiben Socken und schmutzige Waschbecken bleiben schmutzige Waschbecken. Mehr nicht. Sie senden keine Arbeitsaufträge.

In LAT-Modellen leben vor allem junge Paare, die sich gerade erst kennengelernt haben und noch nicht zusammengezogen sind. Als bewusst gewähltes Modell kommt LAT aber auch vor, und zwar bei Menschen, die bereits mit einer anderen Person zusammengelebt haben. Es mag daher nicht allzu überraschend sein, dass es besonders Frauen sind, die nach einer Trennung oder Scheidung gar nicht unbedingt wieder zusammenleben wollen, wenn sie einen neuen Partner finden. Im zweiten (oder dritten, vierten …) Anlauf fragen sich Menschen viel eher, ob man dem Skript Zusammenziehen, dann Heiraten wieder folgt oder ob man sich aus den Erfahrungen der Vergangenheit andere Konzepte überlegt.

Ich kann nur aus meinem eigenen Umfeld sagen: Ich kenne eine ganze Reihe von Frauen, die nach einer Trennung vom langjährigen Partner zwar glücklich in einer neuen Beziehung sind, die aber nicht mehr zusammengezogen sind. Witzigerweise ist das bei den Männern im Umfeld anders. Ein Schelm, wer bei diesem Ungleichgewicht Böses denkt. Wenn ich eine Person bin, die es gewohnt ist, von einer anderen versorgt zu werden, ist die Motivation natürlich größer, wieder zusammenzuziehen, als wenn ich die Person bin, die andere mitversorgt. Das passt auch zu dem bereits genannten Umstand, dass bei räumlich getrennt lebenden Paaren die Frau zufriedener ist und es viel weniger Streit in der Paarbeziehung gibt.

Apropos getrennt. Obwohl die Statistik dagegenspricht (egal, wie viel Frauen erwerbsarbeiten, sie übernehmen immer deutlich mehr Haushalts- und Kinderbetreuungsaufgaben), glauben wir unerschütterlich, dass alles einfacher wird, wenn ein Paar zusammenzieht – man kann schließlich die Haushaltsaufgaben teilen. Aus Frauenperspektive wird die Arbeit aber eher mehr als weniger, wenn man ehrlich ist. Statt dass jede*r sich mindestens um seine eigenen Sachen kümmert, kümmert sich statistisch gesehen in erster Linie die Frau plötzlich um ihren Haushalt und alles, was der Partner früher selbst für sich erledigt hat.

Es ist nachvollziehbar, dass einige Frauen, die eine Trennung hinter sich haben, gar nicht so erpicht darauf sind, wieder mit einem Mann zusammenzuziehen. Als Solo-Mütter suchen sie dann nach Alternativen, in denen es wirklich Erleichterung und Arbeitsteilung gibt, weil man mit mehreren Personen zusammenwohnt. In den USA haben sich deswegen vor allem in der Pandemie Alleinerziehende zusammengetan und *Mummunes* (Kommunen aus Müttern) gegründet: Wohnungen, Häuser oder ganze Viertel, in denen ausschließlich Solo-Mütter mit ihren Kindern leben und sich gegenseitig unterstützen. Damit sich Solo-Mütter finden können, gibt es in der Zwischenzeit sogar eine Plattform. Sie verbindet »single mothers whose interests and parenting philosophies are compatible, with the purpose of sharing a home and raising their children together«.*

* Die Plattform »bringt alleinerziehende Mütter zusammen, deren Interessen und Erziehungsphilosophien zusammenpassen, mit dem Ziel, ein gemeinsames Haus zu bewohnen und ihre Kinder gemeinsam aufzuziehen«.[b]

Das Konzept ist nicht neu, denn im lateinamerikanischen Kulturraum wird es schon lange praktiziert. Nicola Abé schreibt auf *Spiegel Online*: »[Viele] der Solo-Mütter [leben] ein pragmatisches Konzept, das auf Solidarität zwischen Frauen beruht: Sie teilen sich Wohnraum und Arbeit mit ihren Müttern, Schwestern, Tanten oder Freundinnen, ziehen gegenseitig ihre Kinder groß, sie übernehmen Verantwortung füreinander und unterstützen sich finanziell.« Denn, so die Soziologin Clara Wardi: »›Weibliche Netzwerke bieten Stabilität […]‹«.[56]

Aber zurück zu den nicht getrennten Paaren: Getrennt wohnen und als Paar zusammen sein geht auch mit Kindern. Zum Beispiel, indem man eine große Familienwohnung und eine kleine Elternwohnung hat. Ein Modell, das getrennte Paare zum Teil nutzen. Es nennt sich Nestmodell. Die Kinder bleiben in der großen Wohnung – im Nest. Das Nestmodell ist relativ neu und wenig untersucht. Man kann es natürlich auch wählen, wenn man ein Paar ist. Wenngleich im Nestmodell die Hausarbeit weiterhin abgesprochen werden muss, gelten hier alle bereits genannten Vorteile der persönlichen Freiräume, denn die kleinere Elternwohnung kann als Ort zum Abschalten dienen. Die größte Herausforderung ist dann noch, Paarzeit zu organisieren. Auf der anderen Seite: Lieber wenig, aber geplante Paarzeit am Stück, als immer nur Paarkonfettizeit zwischen Tür und Angel.

Klar, wie wir wohnen, hängt stark von den finanziellen Verhältnissen ab. Aber wenn man nicht in einer Großstadt in Süddeutschland wohnt und auf Wohneigentum besteht, ist es nicht unbedingt immer so, dass man wirklich weniger für zwei kleinere als für eine große Wohnung zahlt. Am Ende ist es oft auch eine Frage der Prioritäten. Das trifft besonders dann zu, wenn man nicht eine Familie neu gründet, sondern als Patchwork-Familie lebt. Da hat man oft noch günstige ältere Mietverträge, die man mit dem Zusammenziehen in eine neue, große und sehr viel teurere Wohnung aufgibt.

Wir sind sehr darauf getrimmt zu schauen, in welchem Modell am meisten Geld zur Verfügung steht. Manchmal ist das vielleicht nicht langfristig genug gedacht. Viele Beziehungen zerbrechen am Streit um die Verteilung von Sorge- und Erwerbsarbeit. Vielleicht hat ein Paar in diesem Zusammenhang schon öfter diskutiert, ob der Vollzeit arbeitende Partner Stunden reduzieren kann, sodass die Belastung der Sorgearbeit gerechter aufgeteilt werden kann. Mit Blick auf das Geld wurde das dann nicht umgesetzt. Schlimmstenfalls führen die andauernden Konflikte irgendwann zur Trennung, und Trennung heißt letztendlich, dass sich der gemeinsame Haushalt auflöst und am Ende zwei Wohnungen finanzierbar sind (und sein müssen). Vorausgesetzt, man hätte die Beziehung erhalten wollen, wäre die Reduktion der Arbeitszeit um fünf Stunden die Woche wohl doch die günstigere Lösung gewesen.

Das ist viel hätte, wäre, würde, aber es müssen ja nicht immer zwei Wohnungen sein, die für mehr Freiraum und weniger Konflikte sorgen. Zahlreiche Abstufungen durch Veränderung der Wohnsituation sind denkbar:

- beide Erwachsene haben in der gemeinsamen Wohnung ein Rückzugszimmer, das sie abwechselnd nutzen können,
- eine Hausgemeinschaft hat ein Gästezimmer, das von unterschiedlichen Menschen genutzt werden kann,
- man hat ein kleines externes Büro mit Küchenecke und Bett,
- man baut den Keller aus, und zwar nicht zum *mancave,* sondern zum *parent paradise.*
- Oder man prüft, ob es Möglichkeiten gibt, beispielsweise durch feste Großelternbesuchszeiten jeweils einem Elternteil freie Tage in der eigenen Wohnung zu ermöglichen.

Die gemeinsame Wohnung wird erst dann eine Freizeitzone, wenn man sie für sich ganz alleine hat, wenn man sich sicher sein kann, dass man in diesem Zeitraum frei von den Bedürfnissen anderer ist. Notfalls auch nur stundenweise, aber dann eben mit verbindlichen Start- und Endzeiten. Ist der Endpunkt nicht definiert, bleibt die Anspannung. Innerlich wechselt man dann nicht von Arbeit auf Freizeit, sondern versetzt sich in den Zwischenzustand Bereitschaftsdienst. Jede*r, der mal Bereitschaftsdienst hatte, wird nachvollziehen können, dass allein der Gedanke, das Telefon könnte klingeln, eine gewisse Anspannung erzeugt.

Dieser Abschnitt soll nicht die Botschaft übermitteln, dass das Getrenntwohnen das Allheilmittel für Entlastung darstellt. Vielmehr geht es darum, darüber nachzudenken, welche Gestaltungsspielräume es gibt, und Hinweise zu geben, warum es so wichtig ist, ein bisschen *out of the box* zu denken und nicht automatisch das zu machen, was alle machen.

WENN SICH DAS EHEBETT SCHEIDEN LÄSST

Wahrscheinlich ist euch in der Aufzählung oben aufgefallen, dass ich eine Möglichkeit ausgelassen habe: nämlich die, dass man kein gemeinsames Schlafzimmer hat, sondern jeder Erwachsene ein eigenes Zimmer mit einem eigenen Bett. Getrennte Betten innerhalb einer Wohnung sind ein vielversprechendes Konzept für mehr Zufriedenheit. Das hängt zum einen daran, dass man alleine in einem Bett im Durchschnitt besser schläft. Alle Menschen mit Schlafstörungen werden das bestätigen können: Ausreichend Schlaf zu bekommen, ist sehr wichtig für das eigene Wohlbefinden. Wir sind am Tag ausgeglichener, leistungsfähiger und belastbarer, können also auch gelassener Konflikte lösen und verhandeln.

Getrennte Schlafzimmer können ähnliche Vorteile wie getrennte Wohnungen bieten: Es stört weniger, wenn die Partner unterschiedliche Lebensrhythmen haben, man muss sich am Abend auf keine gemeinsamen Aktivitäten einigen, sondern kann den eigenen Interessen nachgehen. Schichtdienstarbeiter*innen wecken nicht den oder die Partner*in. Man kann außerdem schnarchen, sich wälzen und mit den Zähnen knirschen und braucht kein schlechtes Gewissen zu haben, den oder die Partner*in zu wecken. Das sind schließlich Dinge, für die man nichts kann und bei denen betroffene Personen oft schon auf unterschiedlichste Art und Weise versucht haben, Abhilfe zu schaffen. Das Schnarchen des einen raubt dem anderen den Schlaf und führt nicht selten zu Verzweiflung und Aggressionen. Insgesamt kann das Schnarchen des Partners dem oder der anderen 62 Minuten Schlafenszeit[57] rauben. Die Schlafzimmer zu trennen, kann da langfristig Erleichterung verschaffen. Was in Fachkreisen *sleep divorce* genannt wird und traurig klingt, kann Paaren helfen, entspannter miteinander umzugehen. Für die Romantiker*innen unter euch: Getrennte Schlafzimmer müssen ja nicht heißen, dass man nie wieder zusammen in einem Bett schläft oder immer getrennt einschläft. Sie schenken dennoch Freiräume, Rückzugsmöglichkeiten, Freizeiträume und sorgen so dafür, dass im Alltag mehr Energie übrig ist, alle anderen Spannungsfelder konstruktiv zu bearbeiten.

DES PUDELS KERN

- Die heteronormative Kleinfamilie ist das vom Staat geförderte Familienmodell. Für viele bietet dieses Familienmodell nicht die nötigen Rahmenbedingungen, um Familie stressfrei und entspannt zu (er)leben.
- Wir müssen uns deswegen fragen: Was brauchen wir, um als Familie ohne dauerhafte Überforderung leben zu können? Dabei hilft es, nach alternativen Familienmodellen zu schauen und Sorge nicht auf ein oder zwei Menschen alleine zu beschränken. Wir alle können fürsorglich sein und unsere Fürsorge in verschiedenen Lebensphasen an andere verschenken. Fürsorge ist keine Einbahnstraße.
- Auch über das Wohnen in der Kleinfamilie können wir nachdenken. Wenn wir als Sorgepersonen Räume für uns brauchen, gibt es Möglichkeiten, die von getrennten Wohnungen bis hin zu Rückzugszimmern und getrennten Betten reichen.

PAUSEN MACHEN

»Wenn die Menschen nicht mehr müde in ihre Freizeit hineingehen, dann wird es sie auch bald nicht mehr nach passiver und geistloser Unterhaltung verlangen.«

Bertrand Russell (1932)

Von der Sorgelücke haben wir bereits gesprochen. Frauen leisten am Tag im Durchschnitt rund 90 Minuten mehr Sorgearbeit als Männer. Wenn es kleine Kinder im Haushalt gibt, deutlich mehr.[58] Es ist deswegen wenig überraschend, dass es zwischen Frauen und Männern auch eine Freizeitlücke, einen Gender Leisure Gap, gibt. Zeit ist schließlich keine unendlich verfügbare Ressource. Was man für das eine einsetzt, muss man irgendwo anders abziehen. Frauen knapsen sich die zusätzlich geleistete Sorgearbeit von ihrer Erwerbsarbeit und Freizeit ab.

Wie hoch die Freizeitlücke ist, variiert je nach Quelle. Denn es ist offenbar schwer zu erfassen, was Freizeit genau bedeutet. Die Seite *Our World in Data* gibt für Deutschland eine Lücke von knapp 10 Prozent an. In der Zeitverwendungserhebung des Statistischen Bundesamtes gibt es zwar keine eindeutige Kategorie Freizeit, aber wenn man sich naheliegende Tätigkeiten zusammensucht, kommt man auf rund 18 Minuten Differenz am Tag, was auch den Resultaten älterer Studien entspricht, die von zwanzig Minuten ausgehen: »The overall leisure gap between the sexes amounts to more than 20 minutes on an average day.«* Zwanzig Minuten am Tag,

* »Das Freizeitgefälle zwischen den Geschlechtern beträgt an einem durchschnittlichen Tag mehr als 20 Minuten«.[c]

das sind aufs Jahr gerechnet immerhin 15 Acht-Stunden-Tage. Ich rechne das wie Arbeitstage, denn 24-Stunden-Tage zugrunde zu legen, ergibt keinen Sinn. Das verzerrt den tatsächlichen Verlust, den man hat, wenn man diese Zeit nicht nutzen kann. Nicht so dramatisch, kann man denken, oder man stellt sich vor, der Arbeitgeber findet 15 Tage nicht so dramatisch und streicht einfach 15 Urlaubstage. Äh? Ne! Das geht gar nicht!

Viel wichtiger als die genaue Prozentzahl ist die Frage, warum Frauen im Vergleich zu Männern schlechter darin sind, Freizeit wahrzunehmen.

WENN DER ARBEITSPLATZ ÜBERALL IST

Einen Grund für den weiblichen Dauereinsatz habe ich in Caroline Criado-Perez' Bestseller *Unsichtbare Frauen* gefunden.[59] Sie beschreibt das Konzept der Zonierungen, das ursprünglich in der Städteplanung Anwendung fand. Laut Criado-Perez wurden mit der Industriellen Revolution Städte in Wohn- und Arbeitszonen getrennt. Wobei die hauptsächlich männlichen Städteplaner davon ausgingen, dass lediglich die Stätten, an denen bezahlte Arbeit geleistet wird, Orte der Arbeit sind.

Frauen und Müttern wäre vielleicht schneller aufgefallen, dass es diese Trennung vor allem dann nicht gibt, wenn man Sorgearbeit auch zu Arbeit zählt. Die eigenen Wohnungen sind für Frauen eben keine Freizeiträume, sondern auch Arbeitsräume. Frauen erleben damit eine Entgrenzung: Egal wo sie sind – an den Orten, wo sie für ihre Arbeit bezahlt werden, oder dort, wo sie unbezahlt arbeiten –, es gibt in ihrem Alltag keine Freizeiträume. Das spiegelt sich übrigens auch in der Menge und Art der Hormone, die ausgeschüttet werden, wider.

Das zeigen Untersuchungen zu Cortisol, dem sogenannten Stresshormon. Forscher*innen haben bei Paaren die Cortisolspiegel über den Tag gemessen und konnten feststellen: Wenn beide erwerbsarbeiten und nach Hause kommen, sinkt der Cortisolspiegel bei den Männern – sie entspannen sich –, wohingegen der der Frauen sogar steigt, denn sie treten die, wie die Soziologin Arlie Hochschild es genannt hat, *second shift* oder zweite Schicht an, die Arbeit geht weiter, und vieles muss unter Zeitdruck und parallel abgearbeitet werden. Viele Frauen sind in der Erwerbsarbeit sogar entspannter, weil sie dort nur eine Rolle erfüllen und die Aufgaben auch mal den Zustand *fertig* kennen.[60] Das Leben mit Kindern und der Haushalt hingegen sind nahezu unendlich: Es gibt immer was zu tun. Kaum ist die Spülmaschine ausgeräumt, will sie auch schon wieder befüllt werden.

Für Männer, die sich deutlich geringer an der Sorgearbeit beteiligen, ist das nicht so: Ihre Wohnungen sind tatsächlich Freizeiträume. Die Aufgaben überall zu sehen, hat aber nicht nur damit zu tun, dass man die eigene Wohnung als Arbeitsplatz sieht. Dass für viele Frauen getragene Wäsche, die auf dem Boden liegt, als To-do kategorisiert wird, nennt sich Affordanz.[61]

Mal schauen, wer es kennt: Die Kinder kommen nach Hause und pfeffern ihre Jacken, Mützen und Schals irgendwohin – obwohl es doch so eine schöne Garderobe gibt. Eine, die sogar Haken auf Kinderhöhe hat. Doch, ach! Der wird ignoriert. Nun liegen also Kleidungsstücke verteilt im Flur. Läuft man vom Bad ins Wohnzimmer, passiert man den Flur, ach, ach, da sind sie, die Kleiderhaufen. Und nicht nur dort. Auch im Kinderzimmer liegt getragene Kleidung, in der Küche steht benutztes Geschirr auf dem Tisch, die Kaffeetasse vom Frühstück steht auf der Anrichte. All das erzeugt Unruhe in einem und letztendlich einen Handlungsimpuls. Gegenstände, so wie die im Flur ausgezogenen Jacken, rufen mit leisen

Stimmen: »Heb mich auf! Räum mich weg! Bring mich zu meinem Platz!« Vielen Gegenständen wohnt eine Affordanz inne – eine Handlungsanregung. Sie sind nicht einfach Gegenstände, die rumliegen, je nach Kontext fordern sie zu bestimmten Handlungen auf.

Ich finde die Idee, das Konzept der Affordanz mit Mental Load in Verbindung zu bringen, ganz interessant. Zur Erinnerung: Mental Load bezeichnet die geistige und emotionale Last, die in der Regel von Frauen getragen wird, damit der Alltag für alle Familienmitglieder funktioniert.* Kurz: Die ewige To-do-Liste im Kopf.

Für mich haben sehr, sehr viele Gegenstände eine sekundäre Affordanz – senden also einen Appell aus, der über die eigentliche Nutzungsart eine Botschaft für mich bereithält. Wäscheberge wollen gewaschen, Krümel aufgesaugt, verdreckte Griffe geputzt, Hausaufgabenhefte kontrolliert werden. Dabei kann es sein, dass all diese Dinge eine andere Person zu rein gar nichts auffordern. Sie stehen oder liegen einfach rum.

Was nun welche Botschaft ruft, das ist von Mensch zu Mensch verschieden, hat aber eine Färbung je nach Geschlecht. Für mich gibt es auch Dinge, die mir keine Botschaften senden: zerknüddelte Kopfhörerkabel, das Auto, die Filteranlage vom Goldfischteich. Will meinen: Je nachdem, für was man sich zuständig fühlt, löst der bloße Anblick von Gegenständen Handlungsimpulse aus oder nicht. Da Zuständigkeiten erlernt werden und oft eine geschlechtsspezifische Ausrichtung haben, fühlen sich viele Frauen für viele Dinge im Haushalt zuständig, und diese Dinge erzeugen direkt Handlungsimpulse oder, wenn man nicht alles gleichzeitig erledigen kann, Mental Load – also eine To-do-Liste im Kopf.

* Für meine Kollegen aus der IT: Man kann ein Shop-Set-up mit einem App-Server, einer Datenbank und ohne Back-up aufstellen, sinnvoll ist das aber nicht. Zumindest, wenn man Ausfallzeiten gering halten oder ganz vermeiden möchte. Dass also nur eine Person die Last trägt, ist keine gute Idee.

Das Konzept der Affordanz erklärt damit auch, warum so vieles im Kontext der Hausarbeit *unsichtbar* für Männer bleibt. Zwischen den Geschlechtern gibt es ein Gefälle, was die Wahrnehmung von Affordanz angeht, wie Paulina Sliwa, Professorin für Philosophie, und ihr Forschungskollege Tom McClelland herausgefunden haben. »We propose an important gender disparity in the perception of affordances for domestic tasks such as the dishwasher affording emptying, the floor affording sweeping and a mess affording tidying. We argue that this contributes not only to the inequitable distribution of domestic labour but to the frequent invisibility of that labour.«* Damit erklärt das Konzept der Affordanz nicht nur erlerntes Verhalten, sondern auch wirkliche Wahrnehmung. Diese Unterscheidung ist wichtig, weil sich daraus Strategien ableiten lassen, wie die ungleiche Verteilung der Hausarbeit in Zukunft verringert werden kann. Unterscheidet man nämlich Wahrnehmung und Tun, gibt es zwei unterschiedliche Dinge zu lernen. Erstens muss man lernen, *was* zu tun ist, und erst dann muss man lernen, *wie* man es tut.

In Bezug auf Mental Load wäre es eine große Erleichterung, wenn alle Erwachsenen im Haushalt wissen, was überhaupt zu tun ist, denn dann muss die bereits kompetente Person der anderen Person nicht immer erst die Aufgaben zeigen und zuweisen. Damit wäre auch das häusliche Mecker-Paradoxon aufgehoben. Frauen bekommen nämlich oft zu hören: »Wenn du so gestresst bist, dann sag halt, was ich machen soll, und beklag dich nicht die ganze Zeit. Mach mir ne Liste und gut ist!« Ihnen wird gleichzeitig gesagt: »Kommandier mich nicht immer so rum, ich hab keinen Nerv, ständig Anweisungen zu erhalten!«

Wenn jeder Elternteil längere Zeit ohne den anderen Elternteil Elternzeit nimmt, erreicht man übrigens beinahe automatisch, dass beide wissen, *was* zu tun ist, und eine Vorstellung davon haben, *wie* man es macht. Schließlich gibt es dann niemanden, der einen ständig darauf hinweist, was beachtet werden muss. Für die Einarbeitung im Erwerbsarbeitsleben gilt als Faustregel: Es dauert mindestens 100 Tage, bis man die wesentlichen Aufgaben erfasst und im Griff hat. Die Probezeit dauert meistens sechs Monate.

* »Wir stellen fest, dass es zwischen den Geschlechtern ein Gefälle bei der Wahrnehmung von Affordanz für Hausarbeiten gibt, wie zum Beispiel, ob es nötig ist, den Geschirrspüler auszuräumen, den Boden zu wischen oder aufzuräumen. Wir argumentieren, dass dies nicht nur zur ungerechten Verteilung der Hausarbeit beiträgt, sondern auch dazu führt, dass diese Arbeit unsichtbar bleibt.«[d]

Ob man das Ganze dann wirklich draufhat, merkt man ehrlicherweise vor allem dann, wenn der oder die Kolleg*in, die ähnliche Aufgaben hat, nicht da ist und man nicht fragen kann: »Du, Ömer, ich hab hier einen Kunden, der möchte xy, wie mach ich das noch mal?« So gesehen ist es schon erstaunlich, wie viele Menschen glauben, dass etwas so Komplexes wie die Erziehung von Kindern und die Führung eines Haushalts eine Arbeit ist, die man ohne Vorqualifikation und Einweisung erledigen kann.

Aber zurück zur Wohnsituation: Wenn die eigene Wohnung und jedes Zimmer Arbeitsbereich sind und überall Dinge liegen und stehen, die Aufgaben bereithalten, ist es schwer abzuschalten. Hinzu kommt, dass Frauen oder besser gesagt Mütter sich oft schlecht abgrenzen können.

IMMER AUF EMPFANG

Mutter zu sein, hat viel damit zu tun, dass man ständig auf Empfang sein muss. Man ist permanent für die Bedürfnisse anderer zuständig. Diese Bedürfnisse sind nicht aufschiebbar. Je jünger die Kinder, desto stärker ist dieser Effekt.

Frauen haben zwar Freizeit, aber diese Freizeit steht oft nur in Minispannen zur Verfügung. Die amerikanische Journalistin Brigid Schulte nennt diese Zeitspannen in ihrem Buch *Overwhelmed* Zeitkonfetti. Das klingt sehr süß, müsste ehrlicherweise aber Freizeitfetzen heißen. Ich meine, wer kann Stress in fünf Minuten abbauen oder in dieser Zeit einen klaren Gedanken fassen? Ich habe mal online eine Lesung von Teresa Bücker zu ihrem äußerst lesenswerten Buch *Alle_Zeit* verfolgt, in der die Autorin sagte, es gebe in Frauenzeitschriften viele Tipps, wie man es schaffen könnte, sich fünf Minuten Me-Time zu gönnen. Ich habe das für einen Versprecher oder eine Übertreibung gehalten, weil es so absurd klingt. Es gibt sie aber wirklich, diese Tipps, und zwar zahlreich: »5 Minuten Me-Time: 20 Ideen für die kleine Auszeit mit dir« oder »Me-Time in No-Time – 10 ultimative Tipps für alle, die keine Zeit haben«. Irre.

»Sich Zeit für sich selbst zu nehmen«, so lese ich bei der Soziologin Franziska Schutzbach in einem Instagram-Post, »[...] impliziert, dass man sich den Kindern, der Familie bereits ergeben hat, dass also deine Zeit nicht mehr deine eigene ist, so dass du hier und da Augenblicke für dich selbst ergattern musst.« Mit diesem Zitat bezieht sich Schutzbach auf Siri Hustvedts *Mütter, Väter und Täter.*[62]

Frauen und Müttern gehört ihre Zeit also nicht selbst. Sie gehört den anderen. Wenn sie etwas für sich tun wollen, dann müssen sie diese Zeit der Familie *wegnehmen*. Das Gefühl kennen viele Frauen sicherlich allzu gut. Bei Männern und Vätern ist das übrigens nicht so. Ihnen gehört in der Regel ihre Zeit selbst. Sie können bestimmen, was sie mit ihrer Zeit machen, und wenn sie zum Beispiel moderne Väter sind, dann können sie diese Zeit der Familie *schenken*. Diese Beobachtung fand ich augenöffnend.

Beides findet sich in der Aufgabenverteilung wieder. Da Frauen bei den To-dos eher die der direkten Sorgearbeit übernehmen, können sie selten bestimmen, wann sie was machen. Sie kämpfen im Alltag oft gegen die Uhr an und versuchen, Deadlines einzuhalten. Der Hort schließt um 16 Uhr, und das heißt, dass man spätestens 15:15 Uhr den Stift im Job fallen lassen muss, um pünktlich dort zu sein. Jeder verspätete Bus bringt einen dann ins Schwitzen.

Männer übernehmen dementgegen eher indirekte Sorgearbeit – also Arbeiten im Haushalt und Garten, die zwar nötig, aber zeitlich etwas flexibler zu gestalten sind. Ein Regal kann heute oder morgen angedübelt werden, der Müll kann noch mal ein bisschen zusammengepresst werden, bevor man ihn final zur Tonne trägt, selbst der Wocheneinkauf kann noch mal geschoben werden, denn Nudeln mit Tomatensoße sind notfalls noch im Haus.

Der Druck, der auf Frauen in puncto Sorgearbeit lastet, ist demnach ein anderer als bei Männern. Damit leider nicht genug. Denn nicht nur die Menge der Belastung, auch die Dauer der Belastung spielt eine Rolle. Sehr passend wählt Franziska Schutzbach den Begriff radikale Pausenlosigkeit[63].

Dass Frauen an ihrer eigenen Zeit und vor allem an Freizeit sparen, bestätigt auch die Vermächtnisstudie 2023, die erstmalig auch Mental Load erfasst. Hier zeigt sich: Mehrbelastung durch Sorgearbeit kompensieren Frauen viel häufiger als Männer mit »Ich nehme mir weniger Zeit für mich selbst« (27 gegenüber 47 Prozent) und »Ich habe zu wenig Energie für Freizeit«[64] (21 gegenüber 30 Prozent).

FREIZEIT LERNEN

Das Freizeitverhalten von Müttern ist insgesamt eigentlich eine Katastrophe. Ich zähle mal ein paar typische Situationen auf: Der Vater geht mit den Kindern auf den Spielplatz. Die Mutter nutzt ihre freie Zeit, alles Liegengebliebene zu erledigen. Schnell aufräumen, schnell Wäsche machen, schnell putzen. Oder: Duschen als Freizeitbeschäftigung: das warme Wasser, die Ruhe. So schön! Nur noch fünf Minuten, bitte. Man stellt das Wasser aus und putzt schnell noch die Duschkabine.

Oder: Zwei Wochen vorher hat man abgesprochen, Freitag Abend geht man mit der Freundin aus. Man hat alles vorher organisiert, vorgekocht. Listen gemacht. Egal. Hauptsache ausgehen. Der Abend ist wundervoll. Man trinkt ein Glas Wein, einen Moscow Mule, einen weiteren … es wird spät. Zwei Uhr. Jetzt muss man aber wirklich nach Hause. Man fällt ins Bett. Um 6:30 Uhr sind die Kinder spätestens wach. Man steht auf. Eigentlich hat man was anderes verabredet, aber der Partner hat sich trotz jammerndem Kind noch drei Mal umgedreht. Man hat den Sich-totstellen-Kampf schon wieder verloren. Immerhin war man aus.

Hinzu kommt, dass viele Frauen Freizeitaktivitäten oder Hobbys pflegen, die es nicht erfordern, dass man die eigene Wohnung verlässt. Sie lesen gerne, handarbeiten, laden sich Freundinnen ein.

Männer hingegen gehen ihren Hobbys gerne außerhalb der eigenen vier Wände nach: joggen, Rad fahren, schwimmen, Tennis, Konzerte besuchen. Interessant ist auch, dass Männer, wenn sie Väter werden, ihr Freizeitverhalten kaum umstellen. Im Gegenteil: Wenn sie früher relativ spontan Freizeit wahrnehmen konnten, so blocken sie nun feste Termine, die sie einhalten, wenn sie Väter werden. Frauen hingegen neigen dazu, ihre vormals gepflegten Freizeitaktivitäten aufzugeben.

Klar kann man da mit den Schultern zucken und sagen: Alles hausgemachte Probleme! Schaut man nur das Verhalten an sich an, stimmt das ja auch. Die eigentlich interessante Frage ist immer: *Warum* machen Frauen und Mütter das so, und warum machen Männer und Väter das anders? Der Grund ist das Zuständigkeitsempfinden. Frauen sind oftmals Familienmanagerin und -arbeiterin. Während es im Singledasein noch genug unverplante Zeiträume gab, die man für Hobbys nutzen konnte, verschwinden diese Zeiträume, wenn man eine Familie hat und sich hauptverantwortlich fühlt. So wie es vielleicht dem vollzeiterwerbstätigen Mann schwerfällt, von der Erwerbsarbeit abzuschalten, haben Frauen Mühe, von der Familie abzuschalten. Leider gibt es dafür keinen Zaubertrick. Was hilft, ist tatsächlich nur, sich diese unsinnigen Verhaltensweisen klarzumachen und aktiv gegenzusteuern.

Geht der Vater mit den Kindern auf den Spielplatz, darf man eben nicht kochen und putzen. Es hilft auch, wenn der Partner das sagt: »Lass die Sachen liegen, das machen wir später gemeinsam.« Überhaupt kann man Aufgaben für sich *reservieren*. Entweder permanent (»Ich mache die Wäsche«) oder ad hoc (»Wenn ich wiederkomme, kümmere ich mich um die Wäsche«). Damit die andere Person sich nicht weiter zuständig sieht, braucht es aber eine konkrete Aussage, bis wann die Aufgabe erledigt sein wird.

Mütter müssen umlernen, was sie als Freizeit akzeptieren, denn gewöhnliche Aktivitäten der Körperhygiene wie Duschen sind keine Freizeit. Das ist vielleicht eine kleine Verschnaufpause, aber mehr nicht. Vor allem währenddessen die Dusche zu putzen, ist einfach eine echt schlechte Angewohnheit.

Schafft der Partner es trotz Vereinbarung nicht beim ersten Piep, mit den Kindern aufzustehen, wenn ihr abends lange aus wart, dann sucht andere Wege, zu Schlaf zu kommen: Vielleicht könnt ihr bei einer Freundin oder den Eltern übernachten?

Nehmt euch auch ruhig die Männer zum Vorbild. Freizeit wahrzunehmen, ist wirklich sehr viel besser für die Gesundheit und das Wohlbefinden. Es ist sehr sinnvoll, feste, sich wiederholende Freizeitslots in den Kalender einzutragen und nicht ausfallen zu lassen. Auch wenn man den zum Beispiel für Badminton geplant hat und dann zu schlapp ist: Freizeit ist Freizeit, und ihr macht dann einfach was anderes, was euch entspannt.

Den meisten Müttern fällt das sehr schwer, wenn sie es für sich tun. Aber leicht, wenn sie es für andere tun. Deswegen eine Motivationshilfe aus Teresa Bückers Kolumne *Freie Radikale*, die Forschungen wiedergibt, dass Töchter vor allem von ihren Müttern lernen, wie sie freie Zeit verbringen. »Wer sich also für die eigenen Töchter wünscht, dass sie es als erwachsene Frauen für selbstverständlich halten, Pausen zu machen und Zeit für sich selbst zu haben, sollte ihnen das unbedingt vorleben.«[65] Damit die Töchter es später besser haben, ist es wichtig, die eigene Mutter nicht als

Bedürfnisbefriedigungsmaschine zu sehen. Dafür müssen sie die Mutter in unterschiedlichen Rollen wahrnehmen. Als Mutter, als Frau, als jemand mit eigenen Interessen und Hobbys, als erwerbsarbeitende Person. Je mehr Facetten ihr habt und zeigt, desto besser: Als jemand, der auf dem Sofa sitzt und nichts tut. Als jemand, der nicht Muttitasking betreibt, sondern sich nur einer Sache widmet. Jemand, dessen Bestimmung nicht die Aufopferung ist.

Wie ist das bei euch:

- Kennt ihr radikale Pausenlosigkeit? Seid ihr Eltern gleichermaßen betroffen?
- Wie empfindet ihr eure Wohnsituation? Könnt ihr euch vorstellen, etwas an ihr zu ändern? Was wäre das?
- Wie ermöglicht ihr euch Pausen?
- Was ist Me-Time für euch? Wie findet sie statt?
- Wann und wie könnt ihr alleine sein? Wie wichtig ist das für euch? Was hält euch davon ab?
- Geht ihr Hobbys nach? Wo finden diese Hobbys statt?
- Hat sich euer Freizeitverhalten geändert, seit ihr Eltern seid? – Wenn ja, warum? Wie fühlt sich das an?

DES PUDELS KERN

- Frauen haben, wenn sie hauptsächlich die Sorgearbeit übernehmen, weniger Freizeit als Männer, die hauptsächlich erwerbsarbeiten. Die Freizeit, die sie haben, ist zerstückelt und bietet wenig Möglichkeiten zur Erholung.
- Erholung ist kein Luxus. Ohne Regeneration geht uns irgendwann die Energie aus.

- Behaltet als Motivationsspruch die alte Hausmeister-Weisheit im Kopf: »If you don't schedule time for maintenance, your equipment will schedule it for you!«, also »Wenn du keine Zeit für Wartungen einplanst, werden die Geräte sich diese Zeit nehmen«.
- Freizeit muss Sorgepersonen wie Erwerbspersonen gleichermaßen zur Verfügung stehen. Dafür muss sie geplant werden und einen festen Platz haben.
- Wir können und müssen uns dabei gegenseitig unterstützen. Dafür müssen wir konkrete Vereinbarungen treffen, wer sich wann um was kümmern wird.

WENIGER ERWERBSARBEITEN

»Wie viele Männer haben ihre Väter als Söhne vermisst und doch leben sie als Erwachsene mit demselben Arbeitsethos wie ihre Väter?«

Jagoda Marinić[66]

Das Kümmern ist nicht nur Frauensache. Selbstverständlich kümmern sich auch Väter. Nur bedeutet kümmern bei den meisten Vätern etwas gänzlich anderes als bei Müttern, und das ist interessant und wichtig in der folgenden Betrachtung. Denn das Kümmern von Vätern ist nicht direkt, sondern indirekt mit den Mitgliedern der restlichen Familie verbunden. »Als Ernährer der Familie engagiert [der Vater] sich im Beruf *für* die Familie; ein Engagement *in* der Familie, eine Beteiligung an Sorge- und sonstigen Familienarbeiten, ist demgegenüber sekundär«, schreiben die Soziologen Michael Meuser und Benjamin Neumann im *Handbuch feministische Perspektiven auf Elternschaft.*[67] Dieses Verständnis von Vaterschaft hat sich in den letzten Jahrzehnten verändert, denn: »Ein neues Ideal einer *involvierten* Vaterschaft gewinnt an Bedeutung. Väter sollen ebenso wie Mütter an jeglicher Form von Familienarbeit beteiligt sein.«[68]

Man kann festhalten: Dieses Ideal ist derzeit eher Theorie denn Praxis. Das Update des *Väterreports* fasst diese Erkenntnis wie folgt zusammen: »Im Alltag der meisten Familien wird der Trend zur aktiven Vaterschaft damit noch nicht gelebt oder wurde bisher noch nicht erprobt.«[69] Doch lassen wir den Optimismus walten und sagen lieber: Es bewegt sich was!

Gehen wir in die tatsächliche Aufgabenverteilung im Privaten, denn es gibt zumindest mittelgute Nachrichten: Der Anteil von Männern an der Hausarbeit und Kinderbetreuung ist die letzten Jahre gestiegen. Mittelgut, weil dieses Wachstum nicht auf ihr gesteigertes Engagement im Haushalt zurückzuführen ist, sondern damit zusammenhängt, dass Frauen immer weniger Zeit für Hausarbeit und Kinderbetreuung einsetzen.[70] Was wiederum darauf zurückzuführen ist, dass die Beschäftigungsquote von Frauen im selben Zeitraum stetig gestiegen ist.

Andere Quellen stellen fest, dass besonders Hausarbeit weiterhin unbeliebt bleibt. »Das positiv bewertete und angestrebte Bild vom modernen Mann ist – bei Männern – der Familienmensch, nicht aber der Haushaltsmensch.«[71] Der genaue Blick auf das Thema Haushalt lohnt, denn es gilt: Je mehr

Hausarbeit der Mann übernimmt, desto höher fällt der Erwerbsarbeitsstundenumfang der Frauen aus. Hausarbeit schränkt Erwerbsbeteiligung stärker ein als Betreuungsaufgaben.[72] Wünscht ein Mann sich Entlastung in Sachen finanzielle Verantwortung, muss er also mehr putzen. Machen Männer in der Praxis eher nicht. Sie engagieren Putzkräfte, um die Partnerinnen und sich zu entlasten. In Anlehnung an Sheryl Sandbergs Bestseller *Lean In: Women, Work, and the Will to Lead*, der Frauen Tipps gibt, wie sie sich reinhängen sollen, um beruflich erfolgreich zu werden, könnte man den Männern also empfehlen: »Lean in! Men, Home, and the Will to Fathering«.

Besteht im Alltag ständig Zeitdruck, gehen die Geschlechter übrigens unterschiedlich mit Hausarbeiten um. Die Forschung kennt bei männlichen Jugendlichen und Erwachsenen ein Phänomen, das sich Anstrengungsvermeidung nennt. Stehen sie unter Druck, neigen sie dazu, Quick-and-dirty-Lösungen zu bevorzugen. Ein frisch gewaschenes Bettlaken wird dann nicht gefaltet, sondern geknüddelt in den Schrank geworfen; statt abwechslungsreicher Küche gibt es öfter mal Kartoffeln, weiß man doch als erfahrener Seefahrer, dass Kartoffeln vor Skorbut ausreichend schützen (Pommes vermutlich auch); und dreckiges Geschirr vom Frühstück räumt man nicht ab, sondern nutzt es zum Abendbrot erneut. Die Forschenden mahnen, Anstrengungsvermeidung nicht mit Faulheit zu verwechseln, denn das Zeitbudget auf andere Tätigkeiten zu verschieben, könne sich auf diese positiv auswirken.[73]

Sie haben ja recht. Ich finde putzen, kochen, Wäsche waschen auch nicht so toll. Wobei wir wieder beim Thema Fairness sind: Wenn es beiden keinen Spaß macht (findet man raus, indem man die Partnerin mal fragt, wie erfüllend sie Wäscheberge findet), ist es nur fair, wenn man sich unbeliebte Arbeiten möglichst aufteilt und sich auf einen Mindestumsetzungsstandard einigt, oder?

Geringfügig besser sieht es bei der Kinderbetreuung aus. Hier steigt die männliche Beteiligung tatsächlich. Wobei, ich kann es nicht lassen, ich muss auch hier Spaßbremse sein. Denn es lohnt sich zu schauen: Was genau machen Väter mit ihren Kindern? »Väter machen auch meistens die tollen Dinge mit den Kindern (in den Wald gehen), übrig bleiben für die Frauen das schmutzige Klo und anstrengende Aspekte der Kinderbetreuung wie Hausaufgaben oder eben Gesamtplanungen.«[74] Ausgerechnet die Dinge abnehmen, die Spaß machen, ist natürlich auch nicht sehr fair.

DIE LAST DER HAUPTVERDIENERINNEN

Als ich mich daranmachte, das Buch zu schreiben, dachte ich mir, schaue ich mir doch mal Familien an, in denen die Frau die Brötchen verdient. Meine These war: Wer das Geld verdient, hat auch die Macht. Ich ging automatisch davon aus, dass Frauen hier die beste Verhandlungsposition haben, ihr Leben gleichberechtigter zu gestalten und sich die Sorgearbeit gut mit ihrem Partner aufzuteilen. Wenn wir diese Familien unter die Lupe nehmen würden, müsste man doch draufkommen, was anders gemacht werden kann.

Laut dem Update des *Väterreports* gibt es in Deutschland 3 Prozent Familien, in denen die Frau Alleinverdienerin ist.[75] Die Hans-Böckler-Stiftung bezieht sich auf etwas ältere Studien und geht von knapp 12 Prozent aus, bei denen die Frau zumindest die Hauptverdienerin ist.[76] Als Hauptverdiener*in gilt, wer 60 Prozent oder mehr zum Haushaltseinkommen beiträgt.

Leider stimmt meine Hypothese nicht. Ganz im Gegenteil sogar, und das ist eine sehr ernüchternde Erkenntnis. Es gibt in diesem Zusammenhang ein Phänomen, das sich Ökonomie der Dankbarkeit nennt. Frauen, die Allein- oder Hauptverdienerinnen sind, machen besonders viel im eigenen Haushalt. Sie tun das, weil sie von der fest verankerten Geschlechternorm des männlichen Ernährers abweichen. Weil sie diejenigen sind, die das Geld verdienen, stellen sie sozusagen die Männlichkeit ihrer Partner infrage. Und das in einem wirklich erstaunlichen Ausmaß, wie die *Psychologie Heute* über eine amerikanisch-dänische Studie berichtet: »Männer, deren Ehefrauen mehr verdienen als sie selbst, fühlen sich offenbar in ihrer Potenz bedroht. Jedenfalls greifen sie häufiger zu Viagra und anderen Medikamenten gegen ›erektile Dysfunktion‹ als Geschlechtsgenossen, die daheim den Hauptermährer geben dürfen.«[77]

Es gilt: Geld zu verdienen, ist gesellschaftlich viel höher angesehen, als Sorgearbeit zu leisten. Diesen *Angriff* auf den gesellschaftlichen Status des Mannes gleicht die geldverdienende Frau dann mit einem besonders hohen Engagement in den eigenen vier Wänden aus. »Indem sie weiterhin den Löwenanteil der Familienarbeit übernehmen, bemühen sie sich, mit weiblich konnotierten Tätigkeiten ihre Geschlechtsidentität zu betonen und die des Mannes zu schützen«, formulieren Christina Klammer und Ute Klenner im *Handbuch: Feministische Perspektiven auf Elternschaft*.[78] Interessant auch, dass dieser Effekt bei verheirateten Paaren stärker war als bei unverheirateten.

Ich gestehe: Beim Stichwort *Frau ist die Hauptverdienerin* habe ich mir Frauen in Managementpositionen vorgestellt. Also überdurchschnittlich gut verdienende Frauen. Der Statistik nach ist das nicht so, wie ein Report des Wirtschafts- und Sozialwissenschaftlichen Instituts der Hans-Böckler-Stiftung zeigt: »Die Haushalte von Familienernährerinnen zählen in aller Regel nicht zu den wohlhabenden. Knapp die Hälfte rangiert in einer prekären Einkommenssituation [...] und rund 20 Prozent sind im strengen Sinne arm.«[79] Das ist zusätzlich ein Grund, warum Frauen weiterhin einen Großteil der Familienarbeit leisten. Formal übernehmen sie die Rolle des traditionellen Familienernährers, faktisch reicht das erwirtschaftete Geld nicht aus, um ihre Verhandlungsposition zu stärken. Cornelia Koppetsch und Sarah Speck führen in ihrem Buch *Wenn der Mann kein Ernährer mehr ist* hierzu aus: Oft ist die Aufgabenverteilung in den genannten Haushalten nicht bewusst gewählt worden. Sie entsteht meist, weil der männliche Part keinen Job findet oder noch in Ausbildung ist.

Das alles gibt doch stark zu denken. Denn ist es umgekehrt, ist also der Mann Hauptverdiener, gilt schließlich oft das Argument »Weil ich mehr erwerbsarbeite, übernimmst du mehr Haushaltsaufgaben«. Aus Sicht des hauptsächlich Erwerbsarbeitenden, der Sorgearbeit vielleicht auch nicht so sehr als echte Arbeit wertet (weil ihm die Erfahrung fehlt und es in den Medien immer noch Artikel über Latte-macchiato-Muttis gibt), ein nachvollziehbares Argument, denn hier geht es um den optimalen Einsatz der Ressource Zeit. Diese ist begrenzt, man wirft die zu erledigenden Aufgaben von Geldverdienen über Haushalt und Kinderbetreuung in einen Topf und verteilt sie. Völlig rational, völlig logisch. Jedenfalls, solange man damit rollenkonform lebt.

Verdienen Männer und Frauen in ihren Beziehungen ungefähr gleich viel, tritt das eigentlich Erwartbare tatsächlich ein: Je mehr die Frau sich dem Einkommen des Mannes annähert, desto weniger Zeit verwendet sie für Hausarbeit. Aber Vorsicht! Sehr viel mehr darf es nicht sein, sonst tritt wieder der Effekt der Ökonomie der Dankbarkeit ein, und die Frau übernimmt mehr Sorgearbeit. Fairerweise muss man übrigens sagen: Bei Paaren, in denen die Frau deutlich mehr verdient, übernehmen die Männer mehr Sorgearbeit als bei Paaren, in denen der Mann mehr verdient als die Partnerin. Nur eben insgesamt weiterhin deutlich weniger als die Frauen.

Und ein Trostpflaster am Ende: Forscher*innen dieses Gebietes vermuten, dass Kinder, die in Familien aufwachsen, in denen die

Eltern nicht den gesellschaftlich vorgeformten Rollen entsprechen, dadurch lernen, dass bestimmte Aufgabengebiete nicht an das Geschlecht gebunden sind. Es ist anzunehmen, dass das auch für Kinder der 85 Prozent weiblichen Alleinerziehenden gilt. Denkt man nämlich an Hauptverdienerinnen, übergeht man Alleinerziehende geistig gerne. Dabei sind die im Regelfall für beides zuständig: fürs Geldverdienen und für die Familienarbeit.

RAUS AUS DER ERNÄHRERFALLE

Ein Tag hat 24 Stunden. Wenn die Wachzeit hauptsächlich durch Erwerbszeit belegt ist, führt kein Weg an der Reduktion von Erwerbsarbeit vorbei, wenn man mehr Sorgearbeit leisten will. (Ich gehe davon aus, dass ein Umzug auf die Venus, wo der Tag 5 832 Stunden hat, nicht infrage kommt.)

Wer mit Wegezeiten mehr als neun Stunden am Tag abwesend ist, kann sich nur eingeschränkt als involvierter Vater zeigen. Schaut man sich aber die Statistiken zu männlicher Erwerbsarbeitszeit an, fällt einem etwas Merkwürdiges ins Auge. Viele Väter erhöhen ihre wöchentliche Erwerbsarbeitszeit nach der Geburt eines Kindes nämlich. Der *Väterreport* hält fest: »Männer mit Kindern in jedem Lebensalter arbeiten durchschnittlich eine Stunde pro Woche länger als Männer ohne Kinder.«[80]

Eine Stunde scheint auf den ersten Blick nicht dramatisch. Schmerzen im Hirn verursacht bei mir etwas, das der Soziologe Martin Schröder im Zusammenhang mit seinen Forschungsarbeiten herausgefunden hat: Väter sind mit ihrem Leben am zufriedensten, wenn sie 50 Stunden pro Woche erwerbsarbeiten. Genauer gesagt: Je mehr sie erwerbsarbeiten, desto höher ist ihre Lebenszufriedenheit![81]

Die Entwicklungspsychologin Lieselotte Ahnert bestätigt dies in ihrem Buch *Auf die Väter kommt es an* mit anderen Zahlen: Ungefähr 75 Prozent der Männer mit einem Kind machen Überstunden und sogar 82 Prozent der zwei- und dreifachen Väter. Von den kinderlosen Männern arbeiten nur etwa 56 Prozent über die reguläre Arbeitszeit hinaus.[82]

Was absurd erscheint, erklärt sich mit dem antiquierten Bild des Familienversorgers. Das spielt – und das erscheint auf den ersten Blick ebenfalls widersinnig – vor allem bei den Besserverdienenden eine Rolle. Ihnen wird zusätzlich erbrachte Erwerbsarbeitszeit oft gar nicht entlohnt. Arbeitsverträge enthalten häufig Klauseln, die sinngemäß so etwas festhalten wie »Überstunden sind mit der vereinbarten Monatsvergütung abgegolten, sofern sie einen Umfang von drei Stunden pro Woche/10 Stunden pro Kalendermonat nicht überschreiten«. Gut- und Besserverdienende arbeiten deshalb oft freiwillig mehr, weil in ihren Unternehmen eine Präsenzkultur herrscht, an die wiederum mögliche Beförderungen geknüpft sind. Allein für die Möglichkeit einer Beförderung, die perspektivisch mit einer Gehaltserhöhung verbunden ist, erhöhen die Familienverdiener ihre Arbeitszeit. In schlecht bezahlten Branchen ist das übrigens nicht so, denn hier bringen Überstunden oft keine Vorteile. Niemand käme auf die Idee, unbezahlt länger zu arbeiten.

Ich weiß, dass man sich damit sehr unbeliebt macht, aber diese Fakten könnten schon Anlass sein, dass sich wenigstens die gut verdienenden Haushalte Gedanken über ihre Prioritäten machen und sich die Frage stellen, ob weniger arbeiten und damit mehr Zeit für Sorgearbeit zu haben nicht eine Option darstellen kann. Realistisch gesehen wird nicht jeder, der mehr Einsatz zeigt, am Ende befördert werden, und die Kinder bleiben nicht ewig klein – vielleicht kann der nächste Karriereschritt auch in drei oder fünf Jahren angestrebt werden?

Meistens passt sich der Lebensstandard den Einkommensverhältnissen kontinuierlich an, sodass es, solange man ihn stetig steigert, unmöglich scheint, weniger lohnzuarbeiten. Die entscheidende Frage: »Für was möchte ich meine Lebenszeit einsetzen?« muss man sich also am Anfang einer beruflichen Laufbahn stellen und ständig neu beantworten. Ich gehöre selbst zu den gut verdienenden Haushalten und justiere meine Prioritäten regelmäßig, indem ich an meine Endlichkeit denke. Das mag unangenehme Gefühle hervorrufen, zeigt mir jedoch recht deutlich, dass ich meinen Lebensschwerpunkt nicht auf die Erwerbsarbeit legen möchte. Mir hat ein Buchtitel zu denken gegeben. Er lautet *4000 Wochen: Das Leben ist zu kurz für Zeitmanagement.*[83] 4000 Wochen, das ist die durchschnittliche Lebenszeit. Bei mir sind 2502 Wochen schon gelebt. Natürlich weiß ich nicht, wie viele es noch sind, sehr sicher werden die Wochen nach hinten raus gesundheitlich nicht besser, sondern eher schlechter. Also überlege ich gut, was ich jetzt noch (er-)leben möchte.

Teresa Bücker hält in *Alle_Zeit* außerdem fest, dass fast 20 Prozent der in Deutschland lebenden Menschen vor Beginn ihres 67. Lebensjahres versterben. Sie erleben ihre Rente also nicht. Bücker schreibt: »Jede_r Fünfte hat dann vor allem für die Arbeit gelebt.«[84] Hmpf.

Mir ist völlig bewusst, dass viele Menschen sich den Luxus des Reflektierens, wofür sie ihre Zeit einsetzen möchten, gar nicht leisten können. Ich habe immer ein schlechtes Gewissen, wenn ich so was auch nur denke, geschweige denn öffentlich schreibe. Auf der anderen Seite frage ich mich, wie sich je etwas ändern soll, wenn nicht wenigstens Privilegierte über solche Dinge nachdenken und sie ändern. Man stelle sich vor, dass zum Beispiel ausgerechnet Führungskräfte, die ja oft besser verdienen als Menschen ohne Führungsfunktion, nicht durch Überstunden glänzen würden, sondern dadurch, dass sie pünktlich Feierabend machen, um sich in ihre Familie einzubringen – wenn sie statt vierzig Stunden *nur* vollzeitnah arbeiten würden. Das hätte zum einen Vorbildfunktion, und zum anderen kann man sich doch erhoffen, dass sich das Männlichkeitsbild vom immer bereiten, belastbaren, erwerbsarbeitszentrierten Mann zu einem fürsorglichen Mann entwickeln könnte. Was dann vielleicht die Empathie ermöglicht, anderen, nicht gleichfalls Privilegierten mehr Freiräume für ihre Familienverpflichtungen einzuräumen. Und wie groß wären diese Effekte, wenn es ausgerechnet bei politischen Entscheidern normal wäre, dass sie sich *Zeit* für Familie nehmen? Ist es naiv, sich das zu wünschen?

TEILZEIT ERWÄGEN

Was sind nun die Hebel, wöchentliche Erwerbsarbeitszeit zu reduzieren? Immer wieder lese ich, dass Männer die wöchentliche Erwerbsarbeitszeit nicht reduzieren, also nicht wagen, nach Teilzeit zu fragen, weil sie einen gravierenden Karrierenachteil befürchten. Das mache es den Männern im Gegensatz zu den Frauen, die immerhin in unterschiedlichem Umfang zu rund 66 Prozent in Teilzeit arbeiten,* wenn sie Mütter werden, so schwer, das auch zu tun. Dieser Befürchtung kann ein sachliches und ein, sagen wir, nicht ganz so sachliches Argument entgegengebracht werden.

Das erste lautet wie folgt: Studien zeigen, dass ein solcher Karriereknick bei Männern nur von kurzer Dauer ist. Der *Väterreport* spricht von einem »befristeten Karriereknick«.[85] Auch der *Familienreport* bestätigt, dass hinter den Befürchtungen keine wissenschaftlichen Belege stehen, sondern eher soziale Vorstellungen.[86]

Zweitens: Für Frauen gibt es den Karriereknick definitiv. Ihr Einkommen schrumpft mit Mutterwerdung, gesehen auf die Gesamtbiografie, um 49,8 Prozent[87] (der Gender Lifetime Earnings Gap[88]) und endet im Gender Pension Gap, der Renten-Lücke: In den alten Bundesländern bekommen verheiratete Mütter mit Kindern 69,6 Prozent weniger Rente, in den neuen Bundesländern immerhin noch 39,6 Prozent weniger.[89] Sprich: »Während Kinder zu einer deutlichen Minderung der Lebenserwerbseinkommen von Müttern führen, haben Kinder auf das Einkommen der Väter so gut wie keine Auswirkungen.«[90] Wie kommen wir in unseren Beziehungen auf die Idee, dass es fair ist, wenn die finanziellen Nachteile nur von einer Person, nämlich der Mutter, getragen werden?

* Väter arbeiten zu 7 Prozent in Teilzeit: Haben Männer keine Kinder, sind es 12 Prozent, die in Teilzeit arbeiten.[e]

Ich meine das ganz ernst. Wenn es finanzielle Nachteile gibt, sollte man sich die nicht auch teilen? Oft ist das ohnehin nur kurzfristig, denn da, wo für Frauen Freiräume entstehen, weil sie von Sorgeverpflichtungen entbunden sind, steigt ihr Erwerbsumfang, der Gender Lifetime Earnings Gap verringert sich, und Frauen können auch an ihrer Karriere arbeiten.[91] Was auch immer das Wort Karriere in diesem Zusammenhang meint, denn für viele Frauen ist der Begriff negativ besetzt im Sinne von selbstsüchtigem, ellenbogenbetontem Verhalten. Dabei kann Karriere auch einfach damit verbunden werden, dass man in der Lage ist, sich ein Einkommen zu sichern, das finanzielle Unabhängigkeit ermöglicht.

Es wird immer gesagt, dass es für Frauen akzeptierter sei, dass sie in Teilzeit arbeiten (oder länger Elternzeit nehmen). Das ist so überhaupt nicht wahr. Sie haben lediglich gelernt, die Nachteile zu akzeptieren, oder sie wählen das Teilzeit-Modell sogar langfristig bewusst, um eine bessere Lebensqualität zu haben. Letzteres hält die Studie *Frauen in Teilzeit – Lebensqualität oder Teilzeitfalle* fest. Gegen das defizitäre Image von Teilzeit gebe es »eine Gegenbewegung gerade von Frauen, die den besonderen Wert von Teilzeit hervorheben«: Ein Teil der Frauen entscheidet sich bewusst für eine »existenzsichernde Teilzeit« – trotz guter beruflicher Qualifikation und hoher Leistungsbereitschaft setzten sie andere Prioritäten. Das gelte gerade für Frauen in der zweiten Hälfte ihrer Erwerbsbiografie, die ihre Entscheidung gegen Vollzeit selbstbewusst träfen.[92]

Wenn wir über Reduktion von Erwerbsarbeit sprechen, ist ein weiterer Fakt wichtig. »Die Verteilung unbezahlter Sorgearbeit zwischen Frauen und Männern wird maßgeblich von der Zeit für die Erwerbsarbeit beeinflusst und weniger vom Geld für die verrichtete Erwerbsarbeit. Die Reduktion des Gender Care Gap bei der Anpassung der Arbeitszeiten ist deutlich größer als bei der Angleichung der Einkommen.«[93]

Weniger erwerbszuarbeiten, schafft Gleichberechtigung in der Beziehung. Dabei bekommen viele bei dem Wort Teilzeit schon leichte Panik, da man(n) sich gleich zwanzig oder weniger Wochenstunden vorstellt. Tatsächlich muss das gar nicht sein – schon die Umverteilung weniger Stunden von Erwerbsarbeit zu Sorgearbeit zeigt wesentliche Effekte.[94] Deswegen: Vielleicht klein anfangen und erst mal die vollzeitnahe Teilzeit als ersten Meilenstein ansteuern.

Im Übrigen, und das ist mir wichtig: Vollzeit erwerbszuarbeiten, bedeutet selbstverständlich nicht, dass man ein Rabenvater oder eine Rabenmutter ist. Familiäres Engagement kann vielfältig aussehen. Statistisch gesehen bleibt aber ein gravierender Unterschied: Während Vollzeit arbeitende Väter sich bei Haushalt und Kinderbetreuung zurückhalten, tun das Vollzeit arbeitende Mütter nicht. Mütter tragen unabhängig vom Umfang der eigenen Erwerbstätigkeit einen Großteil der Sorgearbeit (vgl. *Wo das Ungleichgewicht nicht herkommt*). Das ist mindestens ungerecht, hat aber auch ganz reale Auswirkungen etwa auf die Bindung zu den Kindern (im Kapitel *Eigene Standards setzen* greifen wir das Thema noch mal auf), und die Doppelbelastung wirkt sich auch besonders schlecht auf die Gesundheit aus.

TEILZEIT VORBEREITEN

Wenn ihr euch entschlossen habt, in Teilzeit zu gehen: Das Gespräch dazu mit dem Arbeitgeber sollte unabhängig vom geplanten Umfang der Reduzierung gut vorbereitet werden.

Dafür gibt es tolle Broschüren. So stellt *Abenteuer Teilzeit. Argumente für Männer* des Bundesministeriums für Arbeit und Soziales eine Reihe von Argumenten zusammen. In familienfreundlichen Betrieben sind Mitarbeiter beispielsweise um 17 Prozent produktiver als in anderen Betrieben. Weil sie motivierter sind, kreativer und sich enger mit der Firma verbunden fühlen. »Das steigert nicht nur die Stimmung, sondern auch die Effizienz: Kunden werden langfristiger gebunden und gute Fachkräfte in der Firma gehalten – echte Wettbewerbsvorteile für das Unternehmen!«[95]

Durch das verstärkte Engagement in der Familie erwirbt man auch viele Soft Skills, über die sich Vorgesetzte freuen können: Verantwortungsbewusstsein, Flexibilität, Organisationstalent, Stressresistenz, Offenheit und Teamwork. Mehr Argumente werden wir im Kapitel *Arbeitgeber inspirieren* noch hören.

Dem Teilzeitwunsch stehen nicht nur altmodische Chefs und rückständige Unternehmen entgegen. Ein fast noch größeres Hindernis kann der direkte Kollegenkreis darstellen. Besonders in männerdominierten Branchen kann es sein, dass der Wille zur Sorgearbeit die Männer feminisiert und sie sich deswegen abschätzige Sprüche anhören müssen wie »Hä? Bist du jetzt alleinerziehend, oder was?« oder »Hat das Kind keine Mutter?«.

Mit dem Wunsch nach Teilzeit kann man auch gegen das Arbeitsethos im Kollegenkreis anecken. Weil Sorgearbeit nicht als Arbeit gesehen wird, denken einige, man sei faul und nicht leistungsbereit, weil man *nur* Teilzeit arbeiten möchte. Es hilft, sich schon vorher die richtigen Argumente zurechtzulegen und diese Mikroaggressionen, nichts anderes sind nämlich solche Bemerkungen, mit den Vorgesetzten zu besprechen. Abwertende Kommentare zum Engagement außerhalb der Erwerbsarbeit vergiften das Betriebsklima. Kommen sie vom Vorgesetzten selbst, ist die Personalabteilung die nächste Ansprechpartnerin. Sucht euch Verbündete, also andere Männer, die ihren Selbstwert nicht zu 100 Prozent aus der Erwerbsarbeit ziehen, und auch Kolleg*innen, die in Teilzeit arbeiten.

Relevant sind zudem die rechtlichen Rahmenbedingungen. Auch hier bietet direkt das Arbeitsministerium Hilfe. Die Broschüre *Teilzeit – alles, was Recht ist*[96] klärt in den Details auf. Wichtig ist, daran zu denken, dass es viele Modelle gibt, den Umfang der Erwerbsarbeit zu reduzieren. Möglich ist etwa, die reduzierten Stunden auf fünf Tage zu verteilen, sodass man später zur Erwerbsarbeit kommen oder früher zu Hause sein kann.

Eine andere Option wäre, die reduzierten Stunden auf weniger als fünf Tage zu verteilen, sodass man einen ganzen Tag nicht erwerbsarbeitet.

Beide Varianten helfen bei der Aufteilung der Sorgearbeit, vor allem wenn man sie mit dem/der Partner*in zeitversetzt nutzt. Dann gibt es feste Tage oder Stundenslots, sodass man bei Ausfällen der Kinderbetreuung oder Krankheit der Kinder nicht zwischen Job und Sorgearbeit balancieren oder Krankentage einreichen muss, weil die Zuständigkeiten bereits vordefiniert und verteilt sind. Über die klassische Teilzeit hinaus gibt es *Out-of-the-box*-Modelle:

- Ihr spart Arbeitsstunden an und löst sie in einem festen Rhythmus wochenweise ein.
- Ihr schaut, ob der Arbeitgeber weitere Arbeitnehmer hat, die Teilzeit arbeiten wollen, und lasst prüfen, ob Jobsharing ein Modell sein könnte.
- Statt einer wöchentlichen Arbeitszeit vereinbart ihr ein jährliches Stundenbudget, das ihr flexibel abarbeiten könnt.
- Ihr spart Arbeitszeit an und löst sie am Stück ein (in Form eines Sabbaticals, etwa direkt nach der Geburt des Kindes).

Schaut, was euch am meisten hilft und was am besten zu eurem Job passt. Ich kann aus eigener Erfahrung sagen: Wenn man in einer kleinen Firma arbeitet (damals waren es zwanzig Mitarbeitende) und es wird nichts angeboten, heißt das nicht, dass man nicht danach fragen kann. Besonders dankend wird aufgenommen, wenn man sich schon ein Modell erdacht und vorrecherchiert hat.

Wen es interessiert, wie hoch der Gender Care Gap in Stunden ist: Die durchschnittlichen 52,4 Prozent Mehrarbeit der Frauen summieren sich pro Woche auf rund zehn Stunden. Fragt man sich, wie viel Stunden man Erwerbsarbeit reduzieren müsste, um zu einem Gleichgewicht zu kommen, hat man so eine Hausnummer – es sind fünf Stunden (man teilt sich also die zehn Stunden Mehrarbeit).[97]

Im Abschnitt zu den Hauptverdienerinnen haben wir gesehen, dass diese aus verschiedenen Gründen weiterhin den Großteil der Sorgearbeit übernehmen. Das spricht dafür, dass es nicht ausschließlich um den Euro geht, sondern um Rollenbilder. Dabei sind die Hürden nicht nur in den Köpfen der Männer. So schwer es vielleicht einigen von ihnen fällt, sich nicht als Familienernährer zu sehen, so schwer ist es für einige Frauen, sich frei davon zu machen, dass sie als Mutter gesellschaftlichen Stereotypen zufolge diejenigen sind, die den Hauptteil der Sorgearbeit übernehmen und mindestens die ersten Monate (oft eher Jahre) die Hauptbezugsperson des Kindes sein sollten.

Rechtskonservative Strömungen in unserer Gesellschaft machen zunehmend Druck, indem sie postulieren, dass angeblich die Natur vorsieht, dass Frauen sich kümmern sollten, da die Kinder sonst in ihrer Entwicklung Nachteile erfahren. Gerade die Attachment-Parenting-Szene driftet hier stellenweise langsam ab.[98] Im US-amerikanischen Raum geschieht das noch viel stärker als hierzulande, was man unter dem Schlagwort *Tradwives* gut mitverfolgen kann. *Tradwife* ist die Abkürzung von *Traditional Wife*. Gemeint sind Frauen, die es als gottgegeben sehen, dass sie sich um Haushalt und Kinder kümmern und dem Mann untergeordnet sind. Das Hashtag #tradwife hat auf TikTok aktuell 164 Millionen Einträge. Wer sich gruseln will, dem empfehle ich, einige Videos anzuschauen (was auch ohne die App geht).

Ich kann an dieser Stelle nur eindringlich auffordern, sich mit dem Stand der Forschung zu Natürlichkeit und Kindesentwicklung zu beschäftigen, bevor man selbst Entscheidungen trifft, was das Beste für ein Kind ist. In Kurzform: Kinder brauchen feste und liebevolle Bezugspersonen. Das gibt die Natur vor. Die Natur gibt nicht vor, dass das die biologische Mutter sein muss.

Selbst wenn man nicht bewusst diese extremen Meinungen vertritt, nehmen solche Vorstellungen Raum im eigenen Denken ein. Ich bin ehrlich, ich dachte beim ersten Kind auch: »Die Mutter ist das Beste fürs Kind.« Ich bin mir nicht sicher, was gewesen wäre, wenn mein damaliger Partner gesagt hätte: »Papperlapapp. Ich nehme jetzt die Hälfte, ich bin doch der Papa.« Ich denke, es müssen sich beide Elternteile in ihren Einstellungen bewegen und diese miteinander besprechen.

Welche Überlegungen helfen nun, das Muster der Erwerbsarbeitszentrierung zu brechen?

- Hängt das Männlichkeits- beziehungsweise Väterbild noch sehr an der Rolle des Ernährers? Wie sieht es mit dem Weiblichkeits- beziehungsweise Mutterbild aus?
- Hindert wirklich das Geld daran, Erwerbsarbeitszeiten zu reduzieren? Welche Barrieren haben wir sonst noch im Kopf? Gilt das auch für eine Reduktion um zwei, drei oder fünf Wochenstunden?
- Gilt das kurzfristig, und wenn ja, wie sieht ein Weg aus, der drei, fünf, zehn Jahre weiterdenkt?
- Wie werden wir unsere Lebensentscheidungen langfristig bewerten? Was werden wir bereuen? Auf was werden wir stolz sein? Wie werden sich diese Entscheidungen auf unsere Partnerschaft, wie auf unsere Kinder auswirken?
- Kann die Partnerin ihren finanziellen Beitrag zum Familieneinkommen steigern, wenn sie die Chance hat, ihre berufliche

Entwicklung voranzutreiben? Wenn es einen Hauptverdiener gibt, wie kann die Last der Verantwortung reduziert werden?

- Welche Perspektiven könnte ein Doppelverdienerhaushalt jeweils in Teilzeit eröffnen?
- Wie wichtig ist die Flexibilität, den eigenen Arbeitgeber wechseln zu können, weil er beispielsweise nicht familienfreundlich ist?
- Was sind die nötigen Schritte, die man gehen muss, eine solche Flexibilität zu erreichen?
- Für welche Szenarien ist eine Familie zusätzlich abgesichert, wenn es nicht nur einen finanziellen Versorger gibt?
- Wie steht es mit unseren Prioritäten: Wann ist Zeit für Karriere, wann für aktive Vaterschaft oder Mutterschaft? Wer braucht mich mehr – mein Arbeitgeber oder meine (kleinen) Kinder? Für wen bin ich leichter zu ersetzen?

Für die konkrete Umsetzung:

- Ich informiere mich im Vorfeld und sammle Argumente für ein optimal vorbereitetes Gespräch mit dem oder der Vorgesetzten, ich gehe das an wie eine Gehaltsverhandlung.
- Ich suche mir Verbündete im Arbeitsumfeld und bin vorbereitet auf Gegenwind unter erwerbsarbeitszentrierten Kollegen.

DES PUDELS KERN

- Belastet durch den hohen Stundenumfang der Erwerbsarbeit beschränkt sich väterliches Engagement in den Familien meist auf unkomplizierte Kinderbetreuungsaktivitäten.
- Die Logik »Du leistest die Sorgearbeit, weil ich das Geld verdiene« gilt nur, wenn ein Mann diesen Satz ausspricht. Ist die Frau Hauptverdienerin, gilt: »Ich leiste den Hauptteil der Sorgearbeit, weil ich sonst keine gute Partnerin und Mutter bin.«
- Es liegt also an den gesellschaftlich zugeschriebenen Rollenbildern und nicht ausschließlich am Einkommen, wer sich hauptsächlich für Sorgearbeit zuständig sieht und wer nicht.
- Wir müssen mehr über unsere Weiblichkeits- und Männlichkeitsbilder nachdenken, als Scheinargumentationen über Einkommen zu führen, vor allem, wenn wir zu den Gutverdienerhaushalten gehören.
- Zur Herstellung von Gerechtigkeit ist die Reduktion des Umfangs der Erwerbsarbeit ein größerer Hebel als die Höhe des Einkommens. Dabei führt die Reduktion von männlichen Erwerbsarbeitsstunden – selbst im geringen Maße – zu einer besseren Verteilung von Sorgearbeit. Sind beide Partner in der Lage, sich um Finanzen, Haushalt und Kinder zu kümmern, ist die Familie krisenfest(er) aufgestellt.
- Ohne Anstrengungen kommen Paare da aber nicht hin: Es braucht einen Plan, der gut vorbereitet und kontinuierlich verfolgt wird.

ELTERNZEIT? ELTERNZEIT!

»Bücher schreiben, vielleicht promovieren, jagen, fischen, imkern.«

Christian Lindner

Zum Thema weniger erwerbsarbeiten gehört auch das Thema Elternzeit. Hier findet in öffentlichen Diskussionen eine ähnliche Argumentation statt wie bei der Teilzeit: Wer Elternzeit nimmt, muss mit einem Karriereknick rechnen. Die Statistik, ob das für Männer ebenso gilt wie für Frauen, liegt im Grunde noch gar nicht vor. Denn solange Väter nicht in der Mehrheit ausgedehnt und ohne die Partnerin Elternzeit nehmen, vergleicht man Äpfel mit Birnen: Nach wie vor beantragen knapp 60 Prozent keinen einzigen Monat Elternzeit.[99] Von denen, die Elternzeit nehmen, nehmen drei Viertel die obligatorischen zwei *Partner*monate.* Mehr als zehn Monate nehmen lediglich 3,1 Prozent der Väter.[100] Nur 34 Prozent der Elternpaare, die Elternzeit nehmen, treten diese nacheinander an,[101] das heißt: In 66 Prozent der Fälle bleibt der Vater Reservespieler.

Was mich wirklich ärgerlich macht, ist, dass selbst Stellen wie das Familienministerium diese Zahlen durch bestimmte Formulierungen ständig beschönigen. Denn wenn es heißt, dass Väter durchschnittlich 3,3 Monate Elternzeit nehmen, dann bezieht sich die Aussage auf die Grundgesamtheit der Männer, die überhaupt

* Übrigens bestes Beispiel dafür, dass das Wort Partner nicht geschlechtsneutral ist, sondern männlich interpretiert wird. Das Wort Partner reserviert im Kopf vor: Das sind die Monate, die für den Partner reserviert sind. Nimmt ein Vater mehr als zwei Monate, überperformt er sozusagen.[f]

bezahlte Elternzeit nehmen, also auf 43 Prozent von 100 Prozent Vätern.[102]

Bei Müttern wird von 14,6 Monaten gesprochen. Das bezieht sich auf die 98 Prozent Mütter, die bezahlte Elternzeit nehmen. Ihr seht, auf was ich hinauswill? In unserem Kopf bleibt die Zahl 3,3 Monate. Wir denken: Väter nehmen durchschnittlich 3,3 Monate Elternzeit. Wir denken: Aha, Mütter nehmen im Schnitt viermal so lange Elternzeit wie Väter. Na ja, das wird sich bald geben. Das ist aber falsch, denn der Weg ist noch viel länger, als wir glauben. Denn eigentlich muss es heißen: Väter nehmen im Schnitt 1,42 Monate Elternzeit, Mütter im Schnitt 14,31 Monate. Mütter nehmen also im Schnitt mehr als zehnmal so viel Elternzeit wie Väter. Lifehack übrigens: Wenn ihr als Familie in einer Umgebung leben möchtet, in der es relativ normal ist, dass Väter in Elternzeit gehen, zieht nach Sachsen oder Thüringen. Hier nehmen die Väter am längsten Elternzeit. Aus dem Saarland hingegen sollte man schleunigst wegziehen. Da wird man sich wie ein Alien fühlen.[103]

Und: Die hier zitierten Zahlen beziehen sich auf die bezahlten Elternzeiten (14 Monate nach der Geburt). Der Anteil der unbezahlten Elternzeiten ist – wenig überraschend – bei Müttern am höchsten.

VON ANFANG AN EINBRINGEN

Aber zurück zum Thema Elternzeit und Karriere: Ich habe mich wirklich bemüht, aber in den gängigen Quellen wie dem *Väterreport* des Familienministeriums oder Broschüren zur *Gleichstellungspolitik für Jungen und Männer in Deutschland* sind keine Zahlen zu den langfristigen Auswirkungen von Elternzeit von Vätern auf ihre Karrieren erfasst. Die Studie *Wer gewinnt? Wer verliert?* der

Bertelsmann Stiftung beschäftigt sich ausführlich mit diesen Fragen und stellt fest, dass bei Männern das Kinderhaben kaum negative Konsequenzen auf das Lebenserwerbseinkommen hat.[104] Und auch das Beratungsunternehmen Prognos stellt in *Wie väterfreundlich ist die deutsche Wirtschaft?* fest, dass »entgegen weit verbreiteter Vermutungen [...] eine deutliche Mehrheit der Väter (59 Prozent) keine negativen Erfahrungen im Zusammenhang mit der Elternzeit gesammelt« habe.[105]

Man(n) kann es auch so sehen: Zwei obligatorische Monate Elternzeit machen in einer Erwerbsarbeitsbiografie, die mit 25 startet und mit 67 Jahren endet, ganze 0,4 Prozent aus. Und wirklich: Diese Zeit kommt nie wieder ... Es ist sehr unwahrscheinlich, dass genau in diesen zwei Monaten die wesentlichen Karriereschritte und -entscheidungen getroffen werden.

Natürlich gibt es auch Väter, die Diskriminierung und Nachteile erleben. Das kann man im Detail gut mitverfolgen, wenn man die Fallbeispiele der Pro-Parents-Initiative[106] durchliest, die sich dafür starkmacht, dass Elternschaft als Diskriminierungsmerkmal in § 1 des Allgemeinen Gleichbehandlungsgesetzes (AGG) beziehungsweise als eine Ergänzung des AGG aufgenommen wird. In der breiten Masse hält sich das aber in Grenzen.

Pessimistisch muss man vielleicht sagen: Diese ganzen Nachteile gibt es *noch* nicht – weil Väter eben nicht in einem annähernd ähnlichen Umfang wie Mütter in Elternzeit gehen. Es ist naheliegend, dass werdende Väter vor Diskriminierungserfahrungen Angst haben. Sie haben ja gesehen, wie es ihren Müttern, ihren älteren Schwestern, den eigenen Frauen erging.

Hört man auf die Praxiserfahrenen, scheint die größte Hürde nicht die Elternzeit selbst, sondern das Fragen danach zu sein. Davon berichtet Volker Baisch, Gründer des Unternehmens-Netzwerks conpadres, das Unternehmen berät, um Vereinbarkeit aus

Vätersicht herzustellen. Er sagt in einem Interview: »Teilweise stehen sich die Männer selbst im Weg und loten ihre Möglichkeiten noch nicht genug mit Kollegen und Vorgesetzten aus.«[107]

Viele Väter haben einen Knoten im Kopf, wenn es darum geht, Vorgesetzte um Elternzeit zu bitten. Sascha Verlan, Mitinitiator des Equal Care Days, beschreibt das während einer Lesung im September 2022 wie folgt: Zum einen fragen Männer erst gar nicht, weil sie sich selbst für unverzichtbar halten, zum anderen fragen sie nicht, weil sie davon ausgehen, dass sie sofort gefeuert werden, wenn sie nach Elternzeit oder Teilzeit fragen. Unersetzlichkeitsparadoxon könnte man dieses Denken nennen.

Die Umfrageergebnisse des Allensbacher Instituts sollten werdende Väter positiv stimmen, denn 69 Prozent der Befragten bestätigen: »Mein Arbeitgeber hat mich unterstützt, so dass ich meine Elternzeit wie gewünscht nehmen konnte.« Schaut man sich die Unternehmensgrößen an, so stimmen selbst bei Betrieben bis zu zehn Mitarbeitern noch 61 Prozent der Väter dieser Aussage zu. Bei über 300 Mitarbeitenden sind es sogar 79 Prozent. Demgegenüber haben nur 4 Prozent der Arbeitgeber kaum oder kein Verständnis gezeigt.[108]

Am Ende führt kein Weg am Fragen vorbei. Man muss es einfach machen wie eine Frau: Termin vereinbaren und die Pläne verkünden. Es tut mir leid, dass es keinen anderen Hack dafür gibt. Empfehlenswert ist natürlich eine gute Vorbereitung. Das Familienministerium hat eine hervorragende Broschüre mit vielen praktischen Tipps, die Arbeitnehmer*innen unterstützt: *So sag ich's meinen Vorgesetzten: Elternzeit, Wiedereinstieg und flexible Arbeitsmodelle erfolgreich vereinbaren.*[109]

Ich selbst musste solche Gespräche schon mehrmals führen. Und ja, sie kosten Überwindung. Die Vorgesetzten sind eigentlich nie begeistert, denn klar wollen sie lieber für eine Stelle, die mit vierzig Stunden ausgeschrieben ist, jemanden, der auch vierzig Stunden arbeitet. Eine umfangreiche Elternzeit reißt natürlich ein Loch in ein Team (beziehungsweise in dessen abzuleistendes Arbeitspensum). Aber je länger man geht, desto eher kann sich ein Arbeitgeber darum kümmern, Ersatz für diese Zeit einzustellen, statt einfach das restliche Team acht Wochen mit Mehrarbeit zu belasten, weil eine kurze Elternzeit wie ein Urlaub gehandhabt wird.

Ihr könntet euren Vorgesetzen außerdem stecken: Väter, die Elternzeit nehmen, sind später signifikant glücklicher mit ihrer Erwerbsarbeit. Das verringert gleichzeitig wesentlich die Absicht, den Arbeitgeber zu wechseln.[110]

Was die Sache für Männer wirklich erschwert, ist der gesetzliche Rahmen. Für Väter beginnt der Kündigungsschutz nämlich erst acht Wochen vor dem Beginn einer geplanten Elternzeit, im Gegensatz zu dem der Mütter, der bereits mit Beginn der Schwangerschaft in Kraft tritt. Diese Regelung zieht zwangsläufig nach sich, dass Väter relativ kurzfristig Elternzeit anmelden. Sicher trägt die Regelung auch dazu bei, sich über anstehenden Nachwuchs auszuschweigen – denn wer will schon eine Kündigung riskieren, wenn er ohnehin ahnt, dass der Arbeitgeber nicht besonders verständnisvoll reagieren wird. Die Seite *elternzeit.de* rät deswegen: »Für Sie als Vater ist es allerdings ratsam, die Elternzeit tatsächlich innerhalb der achtwöchigen Frist anzumelden und nicht etwa schon davor. Vereinzelt nutzen Arbeitgeber dies nämlich und übermitteln ihren Angestellten dann doch noch eine Kündigung, ehe der Kündigungsschutz überhaupt greift.«[111]

Planbarkeit ist für die Herstellung von Vereinbarkeit in Unternehmen ein wesentlicher Faktor. Eigentlich müssten vernünftige Arbeitgeber daran interessiert sein, den Kündigungsschutz werdender Väter auszudehnen. So ließe sich viel leichter umorganisieren oder Ersatz für die ausfallende Arbeitskraft des Vaters finden.

Genauso ärgerlich ist es übrigens, dass die Regierung die im aktuellen Koalitionsvertrag angekündigte bezahlte Vaterschaftsfreistellung* direkt nach der Geburt auf 2024 verschoben hat.[112] Für die Paare, die gleichberechtigt leben wollen, ist das ein Schlag ins Gesicht. Dem zweiten Gleichstellungsbericht von 2018 ist zum Beispiel zu entnehmen: »Je früher Väter Verantwortung in der Betreuung und Erziehung von Kindern übernehmen, desto eher werden sie auf Dauer zu aktiven Vätern und desto nachhaltiger befördert dies die Gleichstellung.«[113] Teresa Bücker ergänzt in ihrer Kolumne *Ist es radikal … Vätern Zeit zu schenken?*, dass vor allem gering verdienende Väter keine echte Wahl hätten, nach der Geburt mehrere Wochen lang bei Partner*in und Baby zu sein. Solange die Freistellung für Partner*innen nicht umgesetzt werde, »bleibt die erste gemeinsame Familienzeit ein Privileg für Eltern mit höheren Einkommen und erschwert Paaren mit geringen Einkommen den Einstieg in eine gleichberechtigte Partnerschaft umso mehr«.[114]

Dabei ist Elternzeit das trojanische Pferd der nachhaltigen Gleichverteilung von Sorgearbeit. Studien zeigen eindeutig: Wer

* Zehn Arbeitstage sind geplant.

sich gleich von Anfang an einbringt, der wird es auch weiterhin tun. Das Engagement zum Start bleibt über die folgenden Jahre erhalten und hat weitere positive Effekte, wie diese Beispiele zeigen:

- Väter, die in Elternzeit waren, verbringen in den ersten sechs Lebensjahren ihres Kindes am Wochenende täglich rund neunzig Minuten mehr mit ihren Kindern als Väter, die durchgehend arbeiteten. Sie haben eine stärkere Bindung zu ihren Kindern.[115]
- Väter, die Elternzeit und Elterngeld in Anspruch nahmen, leisten täglich dreißig Minuten mehr Hausarbeit.[116]
- Für jeden Monat, den ein Vater Elternzeit nimmt, steigt das Einkommen der Mutter um 7 Prozent.[117]
- Die Wahrscheinlichkeit, dass sich ein Paar trennt, sinkt um 25 Prozent, wenn der Vater Elternzeit nimmt.[118]

Von besonderer Bedeutung ist, dass Väter die Elternzeit möglichst nicht parallel zu den Müttern in Anspruch nehmen. Nur so können die nötigen Kompetenzen von Elternschaft entwickelt werden, und nur so treten die Eltern in ihrer Fürsorgetätigkeit nicht miteinander in Konkurrenz. Das kann nämlich auch passieren, wenn beide gleichzeitig in Elternzeit sind und dann das Bild des aktiven Vaters mit dem Bild der sorgenden Mutter kollidiert.

Elternzeit ist nur eine vergleichsweise kurze Phase im Familienleben. Für die Aufgabenverteilung zwischen den Eltern ist sie jedoch entscheidend. Der Forschungsbericht des Instituts für Arbeitsmarkt- und Berufsforschung hält fest: »Die Wahrscheinlichkeit einer Veränderung der Arbeitsteilung wird […] mit zunehmender Beziehungsdauer immer geringer, da Gewöhnungsprozesse an bestimmte Arrangements eine große Bedeutung für die Arbeitsteilung im Haushalt haben.«[119]

GELD ENTSCHEIDET NICHT IMMER ALLES

Viele Familien beschließen gemeinsam, dass sie es sich nicht leisten können, dass der Mann in Elternzeit geht. Hier lohnt es sich wieder, auf die Familien mit den Hauptverdienerinnen zu blicken. Denn, interessant: Die Männer, die weniger (oder nichts) verdienen, nehmen selten Elternzeit.[120]

Interessant wäre nun, ob Hauptverdienerinnen Elternzeit nehmen, wenn das Paar ein Kind bekommt. Studien habe ich dazu nicht finden können. Das Statistische Bundesamt hat auf meine Nachfrage geantwortet, dass in der Elterngeldstatistik nicht erhoben wird, ob es sich bei den Leistungsbezieherinnen um Hauptverdienerinnen handelt. Dementsprechend ist eine Aufschlüsselung nicht möglich. Eine aussagekräftige Lücke in der Forschung insgesamt.

Weil mich der Zusammenhang trotzdem interessiert hat, habe ich auf Instagram meine mehr als 20 000 Follower*innen (95 Prozent davon weiblich) gefragt: »Vorausgesetzt, ihr seid eine Frau und die Hauptverdienerin in eurer Familie, d. h., ihr erwirtschaftet mehr als 60 Prozent des Haushaltseinkommens … Habt ihr Elternzeit genommen, und wenn ja, wie lange?« Selbstverständlich entsprechen die Antworten keinerlei wissenschaftlichen Kriterien. Ich fand es dennoch höchst interessant, dass von den 207 Antwortenden mehr als 80 Prozent mindestens ein Jahr Elternzeit genommen haben.* Auf die Rückfrage, wie man sich das leisten konnte, kam meistens eine ziemlich banale Antwort: Man hatte vorgespart (Geld und Urlaubstage), sich währenddessen entsprechend eingeschränkt oder sogar Schulden gemacht. Den Frauen war es wichtig, Eltern-

* Nur fünf, also 2,4 Prozent, haben gar keine Elternzeit genommen. Der Rest hat weniger oder mehr als ein Jahr genommen.

zeit zu nehmen. Einige schreiben erläuternd: »Wir haben damals nicht darüber nachgedacht, es war klar, dass ich Elternzeit nehme.«

Übereinstimmend mit den Forschungsergebnissen zu Allein- und Hauptverdienerinnen im Buch *Wenn der Mann kein Ernährer mehr ist* von Koppetsch und Speck haben viele geantwortet: »Mein Mann hat damals noch nichts verdient und war mitten in seiner Ausbildung/hat sich gerade selbstständig gemacht. Es war daher wichtig, dass *ich* und nicht *er* die Elternzeit nimmt, denn er musste seine Ausbildung noch abschließen/seine Selbstständigkeit zum Laufen bringen, sodass wir später nicht mehr alleine auf mein Gehalt angewiesen sind.« Es wird also das langfristige Bild gesehen, und die Planung erstreckt sich nicht nur auf die kommenden 14 Monate nach der Geburt des Kindes.

Bei besagten Haushalten, die oftmals nicht zu den Topverdienenden gehören, ist in den Familien außerdem eine umgedrehte Logik gängig: Wer mehr verdient, bekommt mehr Elterngeld. Also nimmt die Frau, obwohl sie Allein- beziehungsweise Hauptverdienerin ist, Elternzeit. Eine exemplarische Antwort lautete: »Wir wären nie auf die Idee gekommen, dass er die Elternzeit nimmt. Er hätte nur 300 Euro bekommen. Ich immerhin 1 800 Euro.«*

So nutzen diese Paare die Elternzeit als Möglichkeit, dass das Einkommensgefälle zwischen den Elternteilen sich langfristig schließt. Die besser verdienende Mutter nimmt Elternzeit, damit der schlechter oder gar nicht verdienende Mann sich ein berufliches Einkommen aufbauen kann.

Das unterscheidet diese Paare wesentlich von denen, bei denen der Mann deutlich über der Elterngeldhöchstgrenze von 1 800 Euro verdient und die Frau deutlich weniger Einkommen hat als er. Hier gilt eher das Argument, man könne sich gar nicht leisten, dass der

* Untergrenze Elterngeld sind 300 Euro. Obergrenze sind 1 800 Euro.

Hauptverdiener Elternzeit nehme. Logisch, dass derjenige (aka diejenige), der weniger verdient, die Elternzeit nimmt und nicht der, der mehr verdient.

Auch wenn ich mir mit der Aussage schon oft ordentlich Empörung und Kritik abgeholt habe: Ich wage dreist zu behaupten, dass es (trotz Selbstständigkeit) auch im Anwalts-, Arzt- und Beraterhaushalt möglich ist, für einige Monate Elternzeit vorzusparen und die eigene Abwesenheit im Job zu organisieren. Elternzeit muss sich nicht über Jahre erstrecken, und es gibt auch Zwischenmodelle wie Eltern*teil*zeit, die mit ElterngeldPlus gefördert wird. Dass besonders wohlhabende Familien zu dem Schluss kommen, dass sie es sich nicht leisten können, dass der Hauptverdiener in Elternzeit geht, hat ganz andere Gründe. Ise Bosch schreibt in ihrem Essay *unlearn geld*: »Viel zu besitzen, macht eben nicht automatisch großzügiger, Umfragen zufolge haben Menschen, je vermögender sie sind, eine höhere Erwartung, überdurchschnittlich viel hinzuzugewinnen.«[121] In dieser Logik ist gleich viel oder gar weniger haben als sonst natürlich kein Modell.

Dazu kommt, dass Elterngeld nur 65 Prozent des vorher verdienten Geldes ersetzt. Erwerbsarbeit ist 100 Prozent wert, Sorgearbeit nur 65 Prozent. Das entwertet Sorgearbeit per se.* Diese Differenz vergrößert sich, je weiter das Gehalt über 2 770 Euro netto liegt, denn ab da greift die 1 800-Euro-Höchstgrenze für das Elterngeld. Verdient jemand 3 600 Euro netto, ist die Botschaft: »Deine Sorgearbeit ist nur 50 Prozent deiner Erwerbsarbeit wert.« Diese Abwertung von Sorgearbeit ist problematisch, denn die Logik überträgt sich auf Sorgearbeit insgesamt und kann dann die Sorgearbeit, die eine andere Person leistet (zum Beispiel die Partnerin), psycholo-

* Dass das so ist, ist kein Naturgesetz, sondern vom Staat definiert. In Norwegen zum Beispiel entspricht Elterngeld zu 100 Prozent dem Erwerbseinkommen.[g]

gisch weiter abwerten. Im Worst Case nimmt eine sehr gut verdienende Person also keine Elternzeit, und die Wertschätzung für die Sorgearbeit, die die Partnerin leistet, sinkt. Schließlich verdient die (das ist ja das Kriterium, nach dem entschieden wurde, wer die Sorgearbeit leistet) weniger, und von dem Wenigen werden noch mindestens 35 Prozent gestrichen.

Es wäre interessant zu sehen, was passiert, wenn Elterngeld ab einer bestimmten Einkommensgrenze eine Steuererleichterung wäre. Würden die Vielverdiener dann denken: »Je mehr ich verdiene, desto mehr sparen wir! Deswegen nimmt natürlich derjenige, der mehr verdient, die Elternzeit!«?

Zudem ist es eine Binsenweisheit, dass es für viele psychologisch schwieriger ist, einen hohen Lebensstandard (vorübergehend) zu reduzieren, als den Gürtel bei einem ohnehin niedrigen Lebensstandard noch ein bisschen enger zu schnallen. So stellt sich das für die Vielverdienerhaushalte nämlich dar, denn ihr Lebensstil ist stark marktorientiert.[122] Koppetsch und Speck legen dar, dass »[die Freizeitgestaltung] in Form von Sportereignissen, Yogakursen, Kino-, Theater oder Restaurantbesuchen oftmals in Konsumumgebungen [stattfindet]«.[123]

Zudem sind diese Familien es gewohnt, Dienstleister in Anspruch zu nehmen, die ihnen Kinderbetreuung, Einkäufe, Hausarbeiten, Steuererklärung oder die Pflege von Angehörigen abnehmen. On top kommt, dass die großen Anschaffungen wie Auto und Haus meistens trotz gutem Einkommen über Kredite finanziert werden. Kreditraten richten sich dabei eben nach dem Standardeinkommen, sodass am Ende nicht viel übrig bleibt – so zumindest die Selbstwahrnehmung der Betroffenen –, was in Summe ein Zurückschrauben wenig erstrebenswert macht. Für mich persönlich bleibt es eine Frage der Prioritäten, ob man sich in so einem Fall Elternzeit *leisten möchte*. Abgesehen davon ist es einfach wichtig zu verstehen, dass die Art und Weise, wie Elterngeld konzipiert ist, dazu führt, dass Sorgearbeit entwertet wird.

Denn Elterngeld sendet zwei wesentliche Botschaften:

1. Vor allem Menschen, die bereits erwerbsgearbeitet haben und ganz gut Geld verdienen, sollen Kinder bekommen. Denn das wird gefördert. Diejenigen, die noch kein relevantes Nettoeinkommen erwirtschaftet haben, bekommen 300 Euro, und nein, das sind keine faulen Socken, sondern zum Beispiel Menschen, die noch in der Ausbildung sind.
2. Und: Erwerbsarbeit ist mehr wert als Sorgearbeit.

Durch die intensive Beschäftigung mit dem Thema Frauen als Allein- und Hauptverdienende zeigt sich mir, dass eben nicht alles am Geld hängt. Finanzielle Unabhängigkeit von Frauen ist eine wichtige Voraussetzung, um ein selbstbestimmtes Leben zu führen. Gleichzeitig löst Geld das Ungleichgewicht der Verteilung von Sorgearbeit im Privaten nicht zwangsläufig. Vieles hängt wohl zu sehr an den Rollenvorstellungen, und die wiederum hängen an der sozialen Schicht, was die Sache noch komplexer macht. Es ist weder für Frauen noch für Männer einfach, von der Vorstellung abzulassen, dass es zum Mannsein dazugehört, die Familie mit Geld zu versorgen.

Von den Paaren, bei denen die Frau die Hauptverdienerin ist, haben wir mindestens in puncto Elternzeit gelernt:

- Es ist nicht nur eine Frage des Geldes, ob man Elternzeit nimmt oder nicht.
- Nicht nur die Maximierung des Einkommens ist eine legitime Motivation, Entscheidungen über die Aufteilung zu treffen. So kann auch die langfristige Perspektive (Elternzeit nehmen, damit der/die Partner*in sich ein finanzielles Auskommen aufbauen kann) ein Argument sein.

- Wichtig ist die Planung. Die meisten Kinder lassen neun Monate auf sich warten. Zwischen der Entscheidung *Wir wollen ein Kind* und der tatsächlichen Geburt liegen oft sogar Jahre. Genug Zeit, um wirklich über Details zu verhandeln.
- Rahmenbedingungen ändern sich fortwährend. Was man sich vielleicht sechs Monate vor der Geburt gedacht hat, kann drei Monate nach der Geburt schon wieder ganz anders aussehen. Beim ersten Kind hat man meist noch eine kleinere Wohnung, hat weniger Ausgaben. Es ist also leichter, bescheiden weiterzuleben, als sich, ausgehend von einem höheren Standard, zu verkleinern. Es ist sinnvoll, regelmäßig über die Wünsche, Erwartungen und Vorstellungen zu sprechen.
- *Out-of-the-box*-Denken führt zu ganz unterschiedlichen Modellen, in denen Eltern parallel in Teilzeit weiterarbeiten, sich aber gleichzeitig die Elternzeit teilen, weil sie zum Beispiel eine Zwei- und Drei-Tage-Woche haben. ElterngeldPlus versucht, diese Modelle zu unterstützen.
- Hier noch der wichtigste Hack zum Elterngeld: Rechtzeitig die Steuerklasse wechseln. Denn Elterngeld bezieht sich auf das Nettogehalt. Frauen, die Steuerklasse V zugestimmt haben, sind dann besonders benachteiligt und werden sich schlecht fühlen, denn sie hatten schon durch die Steuerklasse V so wenig netto, und nun wird das auch noch gekürzt. Der Betrag, der dann übrig bleibt, bohrt sich dank unserer kapitalistischen Gesellschaft tief ins Unterbewusste: »Schau, was dein Partner verdient, und schau, was du verdienst: fast nichts.«

DIE LETZTE BASTION: DAS STILLEN

Halte ich Vorträge, höre ich in nahezu jeder Gruppe einen Einwand: »Das mit der Aufgabenverteilung ist schön und gut, es ist aber so, dass am Ende nur die Frauen stillen können. Die Biologie sieht also mindestens am Anfang vor, dass die Frauen mehr übernehmen!«

Diesem Einwand möchte ich mich ausführlich widmen, denn zum einen werden viele Themen vermischt, und zum anderen glaube ich, dass hier eine Weiche für die Aufgabenverteilung innerhalb von Familien gestellt wird, die ganz wesentlich die kommenden Monate, wenn nicht sogar Jahre bestimmt.

Fangen wir an mit dem, was nur indirekt in diesem Satz steht, nämlich: »Jede Mutter soll stillen, denn Stillen ist die beste Ernährungsform für jedes Kind.« Diese Aussage ist höchst ideologisch, was man daran merkt, dass Stillen auch heute noch eher wie eine Religion als wie eine Ernährungsform bewertet wird.

Natürlich gibt es starke Argumente, die für Muttermilch sprechen. Allein, weil Muttermilch eine keimfreie, auf die jeweilige Entwicklungsstufe perfekt abgestimmte, wohltemperierte, kostenlose Nahrung darstellt, die eine Mutter praktischerweise immer dabeihat. Ich habe in diesem Satz eine wichtige Unterscheidung vorgenommen: Denn es ist die Muttermilch und nicht das Stillen, auf die diese Aussagen zutreffen. Abgepumpte Muttermilch hat diese Eigenschaften ebenso wie die, die direkt aus der Brust kommt. Würde eine Frau sich also entscheiden abzupumpen, erhält das Baby immer noch die perfekte Nahrung, nur kann sie dann von jeder beliebigen Person (unter anderem auch dem Vater) verabreicht werden.

Abgepumpte Muttermilch eröffnet also die Möglichkeit, dass ein Vater ebenso wie die Mutter füttern kann. Genauer: Dass jede nicht biologische Bezugsperson füttern kann! Für angerührte Pulvermilch gilt das natürlich auch.

Dass Muttermilch die beste Nahrungsform für ein Baby darstellt, bedeutet im Umkehrschluss nämlich nicht, dass Pulvermilch schlecht ist. In Deutschland gibt es aufgrund der Wasserqualität und der Qualität der Ersatznahrung keine echte Lebensgefahr für Säuglinge, die nicht gestillt werden. So wird aber immer getan, wenn Mütter sagen, dass sie nicht stillen. Sich zu entscheiden, nicht zu stillen, ist ein Musterbruch, der heute noch zuverlässig Empörung hervorruft.

Stillen war irgendwann mal überlebenswichtig für den Nachwuchs. Heute gibt es Alternativen. Wir sind keine Jäger und Sammler mehr. Frauen können erwerbsarbeiten und Männer können sich um neugeborene Säuglinge kümmern. Jack Urwin schreibt über Milchpumpen und künstliche Säuglingsnahrung in *Boys don't cry*: »Es sind relativ simple Erfindungen, doch sie sind verantwortlich für einen der revolutionärsten Schläge gegen Genderrollen in der Geschichte, denn sie erlauben Männern, die Rolle der Hauptbezugsperson für die Kinder zu übernehmen [...]. Mit diesen Erfindungen haben wir uns aus einer biologisch erzwungenen Struktur gelöst.«[124]

Außerdem: Nicht alle Frauen *können* stillen. Bei vielen Müttern klappt das mit dem Stillen eben nicht so easy-peasy. Ich weiß nicht, wie viele Freundinnen und Bekannte ich in meinem Umfeld gehört habe, die wirklich enorme Probleme damit hatten und denen das Stillen so gut wie alles abverlangt hat. Körperlich wie psychisch. Bei mir hat das Stillen insgesamt sehr gut geklappt, trotzdem hätte ich gerne auf folgende Erfahrungen verzichtet: Milchstau, Brustentzündung, blutige Nippel. Ich hatte das ein einziges Mal und erinnere mich an den Moment, als ich mit Baby beim Einkaufen vor dem Kühlregal einen Fieberanfall bekam und dachte, ich werde ohnmächtig. Ich konnte das zunächst gar nicht zuordnen und schleppte mich nach Hause, wo ich mich dann über meine steinharten, geschwollenen roten Brüste wunderte. Als ich mein Baby zum Stillen anlegte, dachte ich ein zweites Mal, ich werde ohnmächtig. Diesmal vor Schmerzen.

Natürlich ist es eine gute Idee, ein Baby zu stillen – wenn es eben geht. Wenn es aber fortwährend Probleme bereitet – und diese Probleme müssen nicht körperlich sein: auch das Gefühl der totalen Abhängigkeit des Säuglings von einem selbst kann belastend sein –, muss man hinterfragen, warum es unbedingt sein muss. In unserer Gesellschaft gibt es den Anspruch, dass Frauen als Gebärende und Stillende ohne Widerstand ihre körperliche Autonomie aufgeben.[125] Vieles von dem, was man über künstliche Säuglingsnahrung liest (zum Beispiel: Flaschenkinder haben keine Bindung zu ihren Müttern), sind Mythen. Kann oder möchte eine Frau nicht stillen, kann sie kaum darüber sprechen. Stillen ist ein heiliger Gral.

Das ist ein Problem, auch aus der Perspektive der Stillförderung. Diese, das führt Susanne Mierau aus, hat Stillen zum Ziel, »solange es Mutter und Kind damit gut geht«. Ist das trotz Unterstützung, und an der mangelt es oft, nicht der Fall, dann sei es wichtig und richtig, die Mutter darin zu bestärken, dass auch das Nichtstillen genau der richtige Weg sein könne. Denn: »Stillen um jeden Preis ist weder gesund für die Mutter noch für das Kind.«[126]

Vom Stillenkönnen oder -wollen einmal abgesehen, lautet die Antwort auf den Einwand zu Beginn dieses Unterkapitels »… Die Biologie sieht also mindestens am Anfang vor, dass die Frauen mehr übernehmen!« schlichtweg: Nein, das sieht die Biologie nicht vor. In dem Satz wird eigentlich gesagt: »Wer stillt, soll die ganze Sorgearbeit übernehmen«, was sich ableitet aus der Logik: Denn diese Person *arbeitet* ja nicht.

Einer Längsschnittstudie zufolge stillen Säuglingsmütter in den ersten sechs Monaten im Schnitt 20,83 Stunden pro Woche.[127] Warum soll die Frau, wenn sie stillt, auch automatisch *alles* andere machen? Es gibt wirklich genug Aufgaben rund um Säuglingspflege, in die sich der zweite Elternteil einbringen kann. Nächtliches Aufstehen, satten Säugling in den Schlaf wiegen, Windelwechsel – all das muss doch nicht auch noch bei der Mutter auf der To-do-Liste stehen, weil sie stillt? Von der Hausarbeit ganz zu schweigen.

Und abgesehen davon: Zieht sich der andere Elternteil weitgehend aus den anderen Fürsorgetätigkeiten raus, verzichtet er auf Bindungsmöglichkeiten. Denn Sorgearbeit, die rund um ein Baby anfällt, ist auch immer eine Möglichkeit, eine Bindung aufzubauen und/oder zu verstärken. Dazu gehören füttern, kuscheln, baden, trösten und in den Schlaf wiegen. Hält ein Vater sich aus all diesen Themen raus, stärkt er damit die Dyade aus Mutter und Kind. Statt dass ein Beziehungsdreieck zwischen Mutter – Kind – Vater entsteht, bleibt der Vater außen vor. So wird er sich dann auch fühlen. Väter müssen sich fragen: Ist es mir das wert?

Säuglingspflege ist kein Frauenthema. Frauen wissen nicht automatisch besser, wie das die ersten Tage und Wochen mit Säugling funktioniert. Sie lernen das so wie Männer auch. Sie sehen sich lediglich direkt in der Verantwortung und arbeiten sich schon in der Schwangerschaft in die relevanten Themen ein.

Wenn es nämlich um Aufgabenteilung zwischen Vätern und Müttern geht, sind die Recherche und das ausführliche Informationensammeln, wie ich finde, ein Punkt, den die (werdenden) Väter außerordentlich gut übernehmen könnten. Genau das tun aber sehr viele nicht. Während Männer, ihren Rollen entsprechend, gerne viele Stunden in die tiefe Recherche technischer Themen investieren (Welchen Toaster, welche Waschmaschine, welche fernsteuerbaren Heizungsthermostate wollen wir anschaffen?), bleibt das Thema Säuglings/Kinderpflege und -entwicklung Frauenthema. Selbst in meiner Berliner Bubble der aktiven Väter, die alle auch Elternzeit genommen haben, gab es genau einen Vater, der sich in all das eingearbeitet hat. Er hat für seine Partnerin den Großteil der

Recherche übernommen. Man hätte ihn nachts wecken können, und er hätte aus dem Stegreif einen Kurzvortrag über Hebammen, Stillberatungen, Wöchnerinnenstationen, Kreißsäle, Kinderernährung oder Babytragen halten können.

DES PUDELS KERN

- Die ersten Lebensmonate mit Nachwuchs stellen die entscheidenden Weichen für die Zukunft.
- Arbeitet ein Paar nicht aktiv dagegen, landet es in der Aufgabenverteilung der 1950er-Jahre.
- Deswegen ist es wichtig, dass ein Vater sich frühzeitig in die Sorgearbeit einbringt. Am besten, indem er mehrere Monate Elternzeit nimmt, und zwar alleine.
- Wenn es möglich ist, dass eine weibliche Alleinverdienerin in Elternzeit geht, dann ist das auch für männliche Alleinverdiener möglich.
- Eine stillende Partnerin ist keine Ausrede, sich von der Sorgearbeit fernzuhalten.

ARBEITGEBER INSPIRIEREN

»Lasst uns gemeinsam unangenehm sein.«

Nina Straßner[128]

Habt ihr in letzter Zeit mal versucht, eine*n Handwerker*in zu buchen? Falls ja, würde es mich wundern, wenn ihr in den kommenden Wochen einen Termin bekommen hättet (Notfalleinsätze ausgeschlossen). In vielen Branchen herrscht Fachkräftemangel. Nachwuchs und qualifiziertes Personal sind rar. Das ist nicht nur in vielen Gewerken so, auch Branchen wie die IT kennen das Problem. Neudeutsch nennt man das *War for Talents*. Vielen Unternehmen wird dadurch klar, dass sie attraktive Arbeitgeber werden müssen. Das gelingt nicht allein über den Stellhebel Gehalt, denn da sind Grenzen gesetzt. So können zum Beispiel Behörden Fachkräfte nicht beliebig in Entgeltgruppen des öffentlichen Diensts eingruppieren. Daraus ergibt sich zwangsläufig, dass man sich andere Argumente einfallen lassen muss, um Arbeitnehmer*innen anzulocken.

Plus: »Die Hälfte der Väter in Deutschland hat für eine bessere Vereinbarkeit von Familie und Beruf schon einmal den Arbeitgeber gewechselt oder denkt darüber nach«, belegt eine Studie des Beratungsunternehmens Prognos im Auftrag des Familienministeriums.[129] Bei den Vätern unter 35 Jahren sind es sogar zwei Drittel. Es geht also nicht nur ums Anlocken, sondern auch ums Halten. Nicht familienfreundlich zu sein, ist ein erheblicher Kostenfaktor – ein Unternehmensrisiko, dem begegnet werden muss.

Weil ich hauptberuflich im IT-Bereich arbeite, habe ich es schon immer gut gehabt. Nach meiner Elternzeit bin ich mit reduzierten

Stunden (32 statt vierzig) in meine alte Position wieder eingestiegen. Homeoffice war schon die letzten 15 Jahre kein Problem. Da, wo ich derzeit bin, geht es mir so gut, dass alle eigentlich immer sofort dort anfangen wollen, wenn ich erzähle, welche Privilegien ich genieße. Für mich als Mutter, die zu Hause für die mäkeligen Kinder seit mehr als einem Jahrzehnt im Wesentlichen nackte Nudeln zubereitet, hat es unglaubliche Glücksgefühle ausgelöst, dass wir im Büro bekocht werden, und zwar mit frisch zubereitetem Gemüse, Salat und Desserts. Die ersten Monate bin ich deswegen leicht debil grinsend von meinem Arbeitsplatz nach Hause gelaufen.

Ich kenne die genaue Quote nicht, aber viele arbeiten so wie ich in Teilzeit. Auch Menschen in Führungspositionen und Menschen ohne Kinder. Teilzeit ist schließlich kein Kinderthema. Menschen haben auch andere Verpflichtungen und Bedürfnisse: zum Beispiel, weil sie sich nebenher fortbilden, weil sie ehrenamtlich tätig sind oder weil sie sich anderweitig in Gemeinschaften einbringen, und nicht zuletzt, weil sie auf ihre Gesundheit achten. In der Pandemie hat der Arbeitgeber uns ein Kontingent bei einem Onlinenachhilfe-Anbieter zur Verfügung gestellt, damit wir unsere Kinder nicht selbst unterrichten mussten. Auch für jüngere Kinder gab es innovative Betreuungsideen.

Ich könnte noch eine weitere Seite vollschreiben, wie gut es mir bei meinem Arbeitgeber geht, aber was ich eigentlich sagen will: Der Fachkräftemangel macht Unternehmen erfinderisch. Jurist*innen, die sich entscheiden, in Behörden zu arbeiten, arbeiten dort ganz bestimmt nicht wegen des Geldes. Sie arbeiten dort, weil sie statt der üblichen fünfzig bis sechzig Wochenstunden der Kanzleien geregelte Arbeitszeiten mit regulären Feierabenden haben und weil der Job ihnen Sicherheit verspricht. Das trifft sowohl für Frauen als auch für Männer zu. Nicht jede*r hat Lust, sich bis zur Midlife-Crisis kaputtzuarbeiten.

CHAMPION ODER NACHZÜGLER?

Während einige glauben, Teilzeit sei schlecht für die Wirtschaft, zeigen Studien etwas anderes: Wer zum Beispiel dreißig statt vierzig Stunden arbeitet, ist zufriedener mit seinem Job, ist seltener krank und hat weniger Arbeitsunfälle.

Die erst kürzlich abgeschlossene weltweit größte Studie zum Thema Vier-Tage-Woche hat eindeutige Ergebnisse hervorgebracht. Die Gesundheit der Angestellten hatte sich verbessert: 39 Prozent waren weniger gestresst, Burn-out ging um 71 Prozent zurück. Auch litten die Mitarbeitenden weniger unter Angstzuständen, Müdigkeit und Schlafproblemen. 60 Prozent fanden, dass sie Erwerbsarbeit und Betreuungsaufgaben besser vereinbaren konnten. Und am wichtigsten: Dabei wurden die Unternehmen keineswegs unwirtschaftlicher.[130] Wenn über die Einführung einer Vier-Tage-Woche gesprochen wird, kommt oft das Argument, das gehe gerade wegen des Fachkräftemangels nicht, denn dann benötige man noch mehr Personal. Übersehen wird dabei, dass ständig überlastete Menschen viel öfter ausfallen oder sogar kündigen und den Arbeitgeber wechseln, weil der Job nicht zu ihren Lebensumständen passt. Die Kolleg*innen müssen diese Ausfälle ausgleichen, was deren Belastung erhöht, was wieder zu einem höheren Krankenstand führt. Ein Teufelskreis, der vielleicht durch eine Vier-Tage-Woche durchbrochen werden kann. Zumindest legen das die Ergebnisse der Studie nahe.

Viele Arbeitgeber verstehen zunehmend, dass Sorgearbeit allgemein ein Thema sein kann, das Arbeitnehmer*innen belastet und den Umfang einschränkt, in dem sie erwerbsarbeiten können. Für Frauen ist das keine Neuigkeit: Wer für das Private hauptverantwortlich ist, der hat begrenzt Kapazitäten für Erwerbsarbeit. So ist die Familie der Hauptgrund, warum viele Frauen in Teilzeit arbeiten. Weil sie sich für Kinder zuständig fühlen, nehmen sie länger Elternzeit. Sie nehmen außerdem 76 Prozent der Kinderkrankentage.*

Am Ende gibt es weniger Frauen, die sich Führungskarrieren zutrauen, denn dafür braucht es aufgrund der fortbestehenden Präsenzkultur vieler Unternehmen vor allem außerhalb der gängigen Bürostunden Kinderbetreuungsangebote. Die gibt es aber nicht.

Interessant ist in diesem Zusammenhang: Männliche Karrieren werden durch weibliche Sorgearbeit möglich gemacht. In den Randzeiten übernehmen die Partnerinnen die Kinderbetreuung. Für weibliche Karrieren gilt das nicht: Hier übernehmen Kita und Horte und dann bezahlte Baby- und Kindersitter die Betreuung. In den wenigsten Fällen aber die Väter.

Politik und Wirtschaft setzen sich verstärkt dafür ein, Unternehmen familienfreundlicher zu gestalten. Eine dieser Bemühungen stellt das vom Bundesfamilienministerium unterstützte Unternehmensprogramm *Erfolgsfaktor Familie* mit dem zugehörigen Unternehmensnetzwerk dar. Falls ihr im Personalbereich arbeitet, lohnt es, den Newsletter der Initiative zu abonnieren. Wenn nicht, regt das doch in eurer Personalabteilung an und schickt ihnen gleich den Flyer des Netzwerks mit.[131]

Nicht immer hat man Vorgesetzte, die Verständnis für die privaten Verpflichtungen der Arbeitnehmer*innen haben. In solchen Fällen ist es vielleicht gerade wichtig, dass man Personalabteilungen mit Ideen unterstützt. Denn eine von der Bundesregierung in Auftrag gegebene Studie zeigt: Es gibt einen Gap zwischen dem, für wie familienfreundlich sich Unternehmen selbst halten, und der Art und Weise, wie das die dort Beschäftigten sehen.[132] Ich finde es auch

* Nur 24 Prozent der Kinderkrankentage entfielen 2020 auf die Väter.[h]

wichtig zu sehen, was anderswo alles möglich ist. Deswegen findet ihr nachfolgend einige Beispiele:

- Kooperation mit einem Familienservice, der eine breite Palette an Angeboten zur Kinderbetreuung, zu Coachings und Angehörigenpflege bietet
- Regelmäßige Erhebung von Mitarbeiterzufriedenheitswerten, Erfassung Anteil Eltern, die in Elternzeit gehen, die Dauer sowie Inanspruchnahme von Teilzeit als fester Bestandteil des Geschäftsberichts
- Etablierung eines Jobconnectors, der wie eine Paarvermittlung funktioniert und Menschen zusammenbringt, die Jobsharing machen wollen
- Entwicklung fester Kriterien für eine Ergebniskultur, sodass Leistung nicht mehr an Präsenz festgemacht wird
- Flexible Arbeitszeitmodelle inkl. Ansparen von Arbeitszeit (Arbeitszeitkonten)
- Ferienbetreuung für Kinder der Mitarbeitenden
- Netzwerkangebote während der Elternzeit, sodass sich Mitarbeitende untereinander verbinden können und gleichzeitig durch Seminare in ihrer Elternwerdung unterstützt werden
- Heimatnaher Einsatz von Mitarbeitern, die viel außerhalb der eigenen vier Wände arbeiten (zum Beispiel Monteure), sobald bekannt ist, dass sie Väter werden
- Meetingzeiten festlegen: Keine wichtigen Termine montags und freitags, sodass Teilzeitarbeitende in Vier-Tage-Woche immer miteinbezogen werden können
- Keine Termine vor zehn und nach 16 Uhr
- Wochenarbeitszeit auf Vier-Tage-Woche verteilen, um mehr Familienzeit zu gewährleisten
- Hausaufgabenbetreuung für Kinder
- Mittagessen für ältere Kinder, wo Schulen das nicht anbieten

- Kostenlose Notfallbetreuung
- Zuschüsse für die Kinderbetreuung zahlen
- Spielzimmer (auch in produzierenden Unternehmen, zum Beispiel als einsehbares Zimmer mit Schreibtisch, Spielsachen und auch Ausruhmöglichkeiten wie Betten)
- Eltern-Kind-Zimmer
- Räume, in denen gestillt werden kann
- Bezuschussung von Putzhilfen

Mit diesen Ideen und Beispielen im Hinterkopf ist es vielleicht möglich, die Vorstellung zu durchbrechen, dass Vereinbarkeit bei eurem Arbeitgeber in keiner Form möglich ist. Oft lassen sich mindestens Verbesserungen erzielen. Es gibt natürlich auch Fälle, in denen das nicht möglich ist. Die bereits genannte Studie *Familienfreundliche Unternehmenskultur* teilt Unternehmen in drei Kategorien[133]:

- Die Champions (aus Sicht der Beschäftigten 24 Prozent)
- Die Soliden (aus Sicht der Beschäftigten 44 Prozent)
- Die Nachzügler (aus Sicht der Beschäftigten 32 Prozent)

Während sich die Champions vorbildhaft in puncto Vereinbarkeit verhalten, sind die Soliden schon auf einem guten Weg, wohingegen die Nachzügler eine euphemistische Umschreibung dafür sind, dass Vereinbarkeit im Wesentlichen keine Rolle spielt.

Im Grunde ergeben sich daraus drei Szenarien für Arbeitnehmer*innen. Seid ihr wie ich Mitarbeiterin in einem Champion-Unternehmen, könnt ihr euch freuen. Arbeitet ihr in einem soliden Unternehmen, stehen die Chancen gut, dass ihr durch Ideen und Anregungen positiv zum Kulturwandel beitragen könnt. Das gilt besonders, wenn ihr eine Führungsposition innehabt. Denn auch hier sind sich viele Studien wie die genannte einig: Führungskräften kommt eine besondere Vorbildfunktion zu, wie der *Unterneh-*

mensmonitor Familienfreundlichkeit zeigt. Machen Führungskräfte Gebrauch von den Möglichkeiten und gehen zum Beispiel in Elternzeit, ist eine 60 Prozent höhere Inanspruchnahme der Maßnahmen durch Beschäftigte zu verzeichnen.[134]

FRAGEN FÜR DEN WECHSEL

Seid ihr Teil eines Nachzügler-Unternehmens, kann der letzte Weg sein, sich nach einem anderen Arbeitgeber umzuschauen. Die Hürde dafür ist bei vielen hoch, weiß man am Ende doch nicht sicher, ob der neue Arbeitgeber wirklich besser ist. Geht man von den Studienergebnissen aus, sind die Chancen allerdings ganz gut, oder? Immerhin stellen Unternehmen, die mehr als nichts machen, 68 Prozent. Hinzu kommt: Wer sich aus ungekündigter Stelle heraus bewirbt, hat die Möglichkeit, die wichtigen Fragen zu stellen, um herauszubekommen, ob man bei dem anderen Arbeitgeber Beruf und Familie besser vereinbaren kann. Ich habe in meinen Bewerbungsgesprächen beispielsweise schon gefragt:

- Wie üblich sind Überstunden? In welchem Zusammenhang treten die auf?
- Wie steht ihr zu Homeoffice?
- An welchen Tagen und zu welchen Uhrzeiten finden Meetings in der Regel statt?
- Gibt es Führungskräfte, die in Teilzeit arbeiten?
- Gibt es Firmenfeiern und sind die Kinder miteingeladen?
- Gibt es eine feste Vertreter*innenregelung?
- Arbeitet ihr mit einem Familienservice zusammen?
- Wie viel Prozent kommen nach der Elternzeit wieder in den alten Job zurück?

Wenn ihr ein Mann seid, vielleicht erweitert um:

- Wie viele Männer nehmen im Unternehmen Elternzeit, wie lange?
- War der/die potenzielle Vorgesetzte in Elternzeit?

Auch andere Untersuchungen zur Unternehmenskultur bestätigen, dass diese Punkte relevant sind. Es zeigt sich da eindeutig: Je männlicher die Führungsetagen sind, desto weniger familienfreundlich sind die Unternehmen. So haben von den vorbildhaften Unternehmen nur 25 Prozent ausschließlich männliche Führungsetagen, in Nachzügler-Unternehmen sind das stolze 73 Prozent. Ähnlich sieht es in der Belegschaft aus: »Unter den Vorreitern gibt es keine Unternehmen, in denen ausschließlich männliche Beschäftigte tätig sind.« Wohingegen bei den Nachzüglern gilt: »In drei Vierteln beträgt der Männeranteil 80 bis 100 Prozent.«[135]

Wer Familienfreundlichkeit will, hält sich fern von Unternehmen mit ausschließlich (oder überwiegend) männlicher Belegschaft und rein männlichen Führungsetagen. Es ist also sinnvoll, vor einer Bewerbung die Unternehmenswebsite nach solchen Infos zu prüfen oder direkt im Bewerbungsgespräch zu fragen: Wie ist die Geschlechterverteilung in Führungspositionen und in der Belegschaft?

Neben den Fragen, die sich aus der Statistik ableiten lassen, sollten sich Menschen, denen Vereinbarkeit wichtig ist, Gedanken machen, was *sie* eigentlich brauchen, um gut arbeiten zu können. Wir sind geistig sehr darauf getrimmt, uns in Bewerbungsgesprächen als Bittsteller*innen zu sehen. Dabei ist es ein Geben und Nehmen. Wenn der Arbeitgeber eure Arbeitskraft möchte, muss er auch dafür sorgen, dass ihr diese überhaupt zur Verfügung stellen könnt.

Mir ist sehr bewusst, dass nicht alle Menschen dieselben Möglichkeiten haben, selbstbewusst aufzutreten und Dinge zu erfragen oder einzufordern. Gleichzeitig gibt es aber auch Menschen, die von ihren Spielräumen kaum Gebrauch machen. Schaut euch auch mal an, was Unternehmen von sich selbst sagen. Wie sie auf ihrer Website das Thema Familie ansprechen oder auch nicht. In einem Bewerbungsgespräch kann man darauf Bezug nehmen. Um mal das Feld der Akademiker*innenjobs zu verlassen – auf der Website einer großen Handelskette steht: »Das Familienwohl als Herzensangelegenheit: Ob Kinderbetreuung oder Pflegeverantwortung – unser Kooperationspartner ›Name‹ unterstützt dich bei der Vermittlung von KiTa-Plätzen, Betreuungsangeboten, Notbetreuung oder Au-pairs.« Oder »Elternzeit: Ein Familienzuwachs verändert das ganze Leben. Hierbei unterstützen wir dich, von der Ausbildung bis zur Führungsposition. Wir bereiten die Elternzeit optimal vor, begleiten dich währenddessen und machen dir die Rückkehr so leicht wie möglich.« Nutzt das und fragt konkret nach, wie diese Begleitung und Hilfestellung aussehen. Fragt, in welchem Umfang Mitarbeitende davon Gebrauch machen.

Die Studie bestätigt nämlich: Mitarbeitende nutzen oft nicht das volle Spektrum an Angeboten. Das hat Gründe. Einer davon kann sein, dass Arbeitgeber schlecht über das Portfolio an Möglichkeiten informieren. Ein anderer kann sein, dass sich Mitarbeitende nicht trauen, es in Anspruch zu nehmen.

Egal ob ihr Vorgesetzte oder Kolleg*innen seid: Schaut nicht über Mikroaggressionen hinweg. Dazu gehören abwertende Bemerkungen über Elternzeit, Teilzeit und Krankentage. Das sind alles Dinge, die nicht nur menschlich sind, sondern auch Dinge, auf die es ein gesetzlich festgeschriebenes Recht gibt. Äußerungen wie »Ach, dein Leben möchte ich haben! Immer schon um 14 Uhr frei!« sind fehl am Platz und auch keine Kleinigkeit, die man übergehen sollte. Diese Sätze vergiften das Klima und entwerten Sorgearbeit. Kommunikationskultur ist extrem wichtig, denn letztlich gilt der Leitsatz: »Was ausgesprochen wird, kann geplant werden.« Nur in einer offenen Gesprächskultur, in der Herausforderungen gemeinsam diskutiert werden, sind Lösungen möglich.

Bietet das Unternehmen Maßnahmen zur Förderung von Vereinbarkeit an, ist es wichtig, dass Männer explizit adressiert und beraten werden. Väter fühlen sich nicht mitgemeint, wenn die Rede immer nur von Müttern ist. Sie benötigen Unterstützung dabei, anfallende Aufgaben partnerschaftlich aufzuteilen, um nicht in traditionelle Rollenmuster zurückzufallen. Es ist sogar so, dass Väter sich beim Wort *Eltern* weniger angesprochen fühlen, als wenn explizit die Rede von *Vätern* und Müttern ist. Ist das so, steigt die väterliche Beteiligung an Nachsorgemaßnahmen nach der Geburt von ca. 20 Prozent auf bis zu 70 Prozent.*

Egal ob ihr selbst Eltern seid oder in der Personalabteilung arbeitet – vermeidet es, Fronten aufzumachen zwischen den Menschen mit Kindern oder anderweitigen Sorgeverpflichtungen und denen, die keine haben. Es ist ein Denkfehler, davon auszugehen, dass nur Menschen mit kleinen Kindern Zeit für Privates brauchen und dass sie die auf Kosten derjenigen bekommen, die keine Kinder haben.

Wir sind immer sehr im Hier und Jetzt verhaftet. Vielleicht hat man *jetzt* noch keine Kinder. Vielleicht hat man *jetzt* noch keine pflegebedürftigen Angehörigen. Vielleicht hat man *jetzt* keinen Liebenskummer, keine Ehekrise … Vielleicht hat man *jetzt* noch keine Verpflichtungen im Ehrenamt. Vielleicht ist man *jetzt* noch gesund und belastbar. Es soll nicht gemein klingen, aber wenn man frei von allen Verpflichtungen und Sorgen ist, dann sehr wahrscheinlich nicht für immer. In diesem Sinne: Schenkt anderen eure Unterstützung und euer Verständnis. Irgendwann werdet ihr auf Unterstützung angewiesen sein. Plus: Werdet widerspenstig!

* Ich gehe davon aus, dass vor allem sogenannte Väterrechtlicher sich deswegen zukünftig für eine gendergerechte Sprache einsetzen werden, denn es geht ihnen ja um Väterbeteiligung, nicht um Machtdemonstrationen, richtig?[i]

Wir glauben oft, dass wir alleine wenig bewegen können. In der Öffentlichkeit wird mangelnde Vereinbarkeit oft als Privatproblem verhandelt. Dabei zeigen die Studien eindeutig, dass die Frage, in welchem Maße wir erwerbsarbeiten, von den Rahmenbedingungen abhängt. Da, wo es zum Beispiel qualitativ hochwertige, günstige Kinderbetreuung gibt, steigt die Erwerbsquote – da, wo Unternehmen Platz für Sorge einräumen, ebenfalls. Solange wir glauben, dass wir das Vereinbarkeitsproblem privat lösen müssen, fühlen wir uns ohnmächtig, wenn wir unseren Wunsch nach Vereinbarkeit gegen konservative Boomer-Vorgesetzte durchsetzen müssen.

Deswegen eine Zahl zum Abschluss: 450 000 Väter haben schon einmal den Arbeitgeber gewechselt, um Beruf und Familie besser vereinbaren zu können.[136] Damit sich Dinge in unserer Gesellschaft bewegen, brauchen wir statistisch gesehen 3,5 Prozent der Bevölkerung, die sich einem bestimmten Anliegen anschließen.[137] Vielleicht ist dieser Prozentsatz universell gültig, um Veränderungen anzustoßen? 2021 gab es in Deutschland 22,1 Millionen Männer zwischen zwanzig und 59 Jahren.[138] Es braucht also im Grunde 773 500 Männer, die schlechte Vereinbarkeit in Unternehmen nicht mehr hinnehmen, damit der Druck auf diese so groß wird, dass sich auch die Nachzügler ernsthaft Gedanken machen, wie sie familienfreundliche Arbeitgeber werden. Wobei die Zahl vermutlich viel geringer ist, denn nicht 100 Prozent dieser Männer sind erwerbstätig, und natürlich sind nicht alle Männer Väter. Dieser Umstand und dass sich in fast jedem fünften Unternehmen die Väterfreundlichkeit durch die Corona-Pandemie langfristig verbessert hat,[139] stimmt mich positiv, dass aus dem Wunsch der aktiven Väter bald endlich auch eine Realität wird. Wir sind auf dem Weg!

DES PUDELS KERN

- Der Fachkräftemangel in nahezu allen Berufsbranchen ist eine echte Chance, sich einen familienfreundlichen Arbeitgeber zu suchen oder aber den derzeitigen Arbeitgeber zu unterstützen, Vereinbarkeit herzustellen.
- Auch hier gilt: Bildet Banden, denn Arbeitgeber, die Verständnis dafür haben, dass Menschen ein Privatleben haben, sind nicht nur für Menschen mit Kindern attraktiv.

REDEN LERNEN

»Ein Paar, das nicht miteinander spricht, verlernt sich kennen.«

Michael Lukas Moeller[140]

Sicherlich seid ihr schon mal über den Namen Günter Wallraff gestolpert. Der Journalist ist bekannt dafür, sich undercover in Unternehmen einzuschleusen und mit versteckter Kamera Missstände aufzudecken. Den Enthüllungen folgen längst überfällige gesellschaftliche Diskussionen, beispielsweise über Arbeitsbedingungen. Ich habe mir schon oft gedacht, wie schade es ist, dass Günter Wallraff sich nicht für Sorgearbeit interessiert. Die Schlagzeilen kann man sich eigentlich ganz gut vorstellen: »Im Schatten der Gesellschaft: Sorgearbeiter unterbezahlt und ausgebeutet« oder »Die schockierende Wahrheit: Das brutale Ausmaß der Belastung« oder »Trotz ständigem Kontakt zu Fäkalien, Läusen und Bakterienkrankheiten keine Gefahrenzulage!«.

Aber Spaß beiseite. Es wäre wirklich hilfreich, wenn wir alle offen über Sorgearbeit sprechen würden und dabei nicht verschleiern, unter welchen Bedingungen sie jeweils stattfindet. Doch das fällt uns schwer. Frauen vielleicht, weil sie Angst haben, als schlechte Mütter zu gelten, Männer vielleicht, weil sie sich sorgen, dass sie als unmännlich abgestempelt werden. Wir denken, Sorgearbeit sei Privatangelegenheit und wir könnten sie frei gestalten. Wenn Dinge nicht klappen, wir gereizt und überfordert sind, halten wir das für unser eigenes Versagen.

Am Ende fehlt es an Transparenz und Einblick in die Realitäten der Sorgearbeit, wodurch auch das Bewusstsein und die öffentliche

Diskussion darüber begrenzt bleiben. In den frühen 2000er-Jahren gab es wenigstens noch Familienblogs, die das Private dauerhaft öffentlich machten. Eltern konnten sich austauschen, kommentieren und Communitys bilden. Blogs sind in der Zwischenzeit tot, und wenn Sorgearbeit in sozialen Medien vorkommt, dann auf Plattformen wie Instagram, wo Storys nach 24 Stunden verschwinden und die Interaktion immer nur zwischen der Person, die etwas postet, und denen, die direkt darauf antworten, stattfindet. Eltern können sich dadurch viel weniger als Gemeinschaft erleben. Es bleibt das Gefühl der Vereinzelung. Vereinzelung aber macht uns schwach und individualisiert die systemischen Probleme.

Wollen wir Rahmenbedingungen verändern, muss Sorgearbeit als unverzichtbarer Teil unserer Lebensrealität sichtbar sein. Deswegen finde ich es sehr wichtig, dass wir über Sorgearbeit reden, und zwar Mütter wie Väter, und Letztere vielleicht sogar ein bisschen mehr, weil es noch nicht so viele Väter gibt, die Sorgearbeit jenseits der finanziellen Sorge leben.

(MÄNNLICHE) SORGEARBEIT SICHTBAR MACHEN

Gerade bin ich aufgestanden. Meinen ersten Kaffee habe ich im Bett getrunken. Es ist noch nicht mal sechs Uhr. Ich setze mich an den Rechner, um diese Zeilen zu schreiben. Das tue ich um diese Uhrzeit, weil ich eine Lerche bin, jemand, der gerne früh aufsteht und in den Morgenstunden am produktivsten ist.

Ich tue das nicht, weil ich die Zeit nutzen muss, bevor die Kinder wach werden, denn die Kinder sind gar nicht da, ich bin heute frei von Sorgeverpflichtungen. Alles, was ich heute tun werde, ist schreiben, lesen und essen. *Living the life*, und zwar das eines mittelalten, weißen Mannes.

Mehr noch: In zwei Wochen werde ich mich für 14 Tage in mein Schreibdomizil zurückziehen. Mein Partner Marcus übernimmt dann neben seiner Vollzeitberufstätigkeit die Sorgearbeit. Er wird um 6:30 Uhr aufstehen, Schulbrote schmieren, Obst klein schnippeln, Frühstück machen. Er wird die Kinder wecken, sie an Turnsachen und anderes, was zu bedenken ist, erinnern, sie umarmen und ihnen einen schönen Tag wünschen. Dann wird er sich an seine Lohnarbeit machen, wird die Kinder später wieder empfangen. Er wird in der Zeit zwei Arzttermine wahrnehmen, die er vorher ausgemacht hat, er wird vorher an die Krankenkarten gedacht haben, er wird einen Essensplan gemacht haben, er wird einkaufen, kochen, Tisch decken, Wäsche waschen. Ich könnte noch zwei Seiten mit dem füllen, was er getan haben wird, was aber unnötig ist, denn wer Sorgearbeit regelmäßig leistet, weiß, was diese Sachen sind. Wenn ich nach zwei Wochen nach Hause komme, wird keine Arbeit für mich übrig sein.

Mein Partner lebt wie viele Frauen. Wenn ein wichtiger beruflicher Termin mit einem Familientermin kollidiert oder einem meiner bereits vereinbarten Vorträge, wird er ihn verschieben oder absagen: »Das geht leider nicht, da bin ich mit meinem Kind beim Orthopäden, wir haben acht Wochen auf den Termin gewartet, ich kann ihn nicht ausfallen lassen.«

So ganz begreife ich nicht, was sich da zuträgt. Mein Partner ist nicht der biologische Vater meiner Kinder. Er *müsste* diese Dinge nicht tun. Natürlich bin ich sehr dankbar. Wäre er der Bio-Vater, könnte man sich fragen: Muss man dem Vater der gemeinsamen Kinder dankbar sein, weil er die Hälfte der Sorgearbeit übernimmt? Ich finde, ja, und zwar unter einer Bedingung, nämlich dass der Vater der Mutter der gemeinsamen Kinder ebenfalls dankbar ist, und zwar nicht nur unausgesprochen im Herzen, sondern so, dass es bei der Mutter auch ankommt – für mich bedeutet das, man sieht es im Handeln. Zum Beispiel, indem er der Erwerbsarbeit der Mutter, egal wie gut oder schlecht bezahlt, ebenso viel Priorität einräumt wie seiner eigenen. Dankbarkeit und Wertschätzung durch andere ist eine gute Sache, wir brauchen sie für unser Wohlbefinden und Lebensglück.

Doch was hat das alles mit dem zu tun, was ich zu Beginn des Kapitels schreibe? Mein Partner ist Feminist und auch Podcaster. Wir sprechen viel über Feminismus und auch über Männlichkeitsbilder und rätseln gemeinsam, was andere Männer davon abhält, sich in Sorgearbeit einzubringen, und warum sie meistens die Erwerbsarbeit, nicht aber den Einsatz in ihrer Familie priorisieren. Ich finde diese Gedanken interessant. Deswegen habe ich meinen Partner bereits einige Male aufgefordert, mit einem anderen Mann einen Podcast zu diesem Thema zu machen. Nicht umsonst gibt es im Internet diesen Witz: »Sprechen zwei Männer miteinander, finden sie es so wichtig, dass sie es aufnehmen und Podcast nennen.« Warum also nicht mal zwei Männer, die über sich und ihre Männlichkeitsbilder und darüber sprechen, was es bedeutet, als Mann ein Feminist zu sein?

Mein Partner weigert sich bis heute, weil er das, was er tut und dazu denkt, nicht für besonders berichtenswert hält. Wahrscheinlich ist das eine gute Idee, denn genau zu diesen Formaten gibt es berechtigte Kritik. Die Journalistin Marija Latković beschreibt sie auf Instagram als öffentliches Mansplaining.* »Die Herausforderung besteht auch darin, sich nicht exemplarisch zu denken, in sich selbst also nicht ein Beispiel oder gar Vorbild für andere Männer zu sehen, das aufzeigen kann, wie Männlichkeit anders gedacht und gelebt werden kann. Die allergrößte Herausforderung besteht darin zu akzeptieren, dass Frauen und andere Gruppen das alles

* Ihr Newsletter *gemište Gefühle* ist ebenfalls sehr lesenswert.

schon gedacht und gesagt und geschrieben haben und dass Männer jetzt eigentlich nur noch eines zu tun haben: das alles umzusetzen.«[141]

Diese Argumentation kann ich grundsätzlich nachvollziehen. So habe ich pflichtbewusst die neueren Sachbücher zum Thema Vaterschaft gelesen, aber nur selten etwas anderes wahrgenommen, als dass Männer dort wiederholen, was Frauen und/oder Expertinnen des Themas schon seit Jahren schreiben und sagen. Auch habe ich mich in meinem Blog in der Vergangenheit bereits mehrere Male aufgeregt über Schlagzeilen wie 2016: »Sigmar Gabriel nimmt seine Rolle als Vater ernst: Bis Mitte der Woche bleibt er zu Hause, um für die Scharlach-kranke Tochter da zu sein. Er sagt: Meine Frau muss die Praxis offenhalten«.[142] Oder 2020: »Japanischer Umweltminister geht in Elternzeit – damit macht er weltweit Schlagzeilen«.[143]

Über die Jahre habe ich meine Einstellung diesbezüglich geändert. In der Zwischenzeit finde ich solche Beiträge hilfreich. Natürlich wünsche ich mir anderes, so wären echte politische Maßnahmen (Wochenarbeitszeit auf dreißig Stunden reduzieren, Steuervorteile an Kinder und nicht an die Ehe koppeln, echte Kindergrundsicherung einführen …) dringend notwendig, aber na ja, man nimmt, was man kriegt? Was nicht heißt, dass das reicht und man nicht mehr fordern sollte.

Aus den Rückmeldungen meiner Community weiß ich, dass diese Beiträge wichtig sind. Sie haben eben doch Vorbildcharakter für andere Männer. Wenn es sich ein Spitzenpolitiker leisten kann, zwei Kinderkrankentage einzureichen, dann Sven Meier, Teamlead Finance, vielleicht auch? Wenn in einem tief patriarchal geprägten Land wie Japan ein Shinjirō Koizumi zwei Wochen Elternzeit auf drei Monate verteilt nehmen kann[144], kann das Takumi Nakamura, Elektroingenieur, vielleicht auch? Denkbar ist, dass diese Mikroschritte größere Veränderungen flankieren.

Ähnlich, glaube ich übrigens, wird es wirken, wenn Redakteur*innen es schaffen, Artikel angemessen zu bebildern und auch mal einen Mann zum Thema Sorgearbeit zu zeigen oder als Symbolbild für Homeoffice mal nicht die super gestylte, auf dem Bauch liegende Mami mit zufrieden glucksendem Baby und aufgeklapptem Laptop auszuwählen. Oder wenn die Gestalter*innen von Werbeprospekten regelmäßig Männer mit Staubsaugern und Frauen mit Bohrmaschinen drucken.

Ich bin jedenfalls sehr dafür, dass Mike und Sven einen Podcast machen, in dem sie darüber sprechen, wie krass es ist, nachts fünfmal aufzustehen, oder wie wenig Verständnis der eigene Chef hat, wenn man nach 16 Uhr für keine Meetings mehr zur Verfügung steht. Auch weil ich glaube, dass Männer sich vermutlich lieber von Männern sagen lassen, was geht und was nicht.

Vielleicht nimmt der von Latković beschriebene Mansplaining-Charakter bestimmter Formate ab, wenn sich zwei oder mehr Männer *miteinander* unterhalten und nicht einer alleine erklärt, wie es um die Gleichberechtigung steht. Männlichkeit und Sorgearbeit zu reflektieren und andere daran teilhaben zu lassen, halte ich für eine gute Idee. Reflektieren heißt schließlich auch, dass man keine fertig gedachten Erkenntnisse hört, sondern den Weg dorthin begleitet. Das sollte einen als Zuhörer*in milde stimmen. Die Position »Wer nichts Substanzielles und Neues zu sagen hat, soll schweigen« teile ich nicht. Auch wäre es spannend, wenn ein Mann mit seiner Partnerin öffentlich über Sorgearbeitsthemen nachdenkt.

Lange Rede, kurzer Sinn: Wenn wir wollen, dass sich die Bedingungen für Sorgearbeit ändern, müssen wir alle offen über Sorgearbeit sprechen. Auch in unseren Erwerbsjobs. Die Pandemie hat dem vielleicht sogar ein wenig Vorschub geleistet. Unsere Kolleg*innen und Chef*innen sind nicht mehr nur »Herr Riese« oder »Frau Bertels«, sondern Menschen mit Privatleben, das wir zum Teil kennen.

Wir wissen jetzt von Frau Bertels' Katze, die im Meet durchs Bild getapst ist, wir wissen, dass im Arbeitszimmer von Herrn Riese der Wäscheständer steht, und haben schon mal das Gesicht des Sohnes gesehen, der eine dringende Frage zu Englischvokabeln hatte, wir haben uns über das Baby auf dem Schoß gefreut, das ein bisschen Abwechslung in die tristen Besprechungen gebracht hat.

Josiah Smith im Pandemie-Videocall (und wie man mit Solidarität unangenehme Situationen retten kann)[145]

Die Pandemie ist im Wesentlichen vorbei – zum Glück –, aber es täte uns allen gut, wenn wir weiter ein wenig Privatheit teilen und damit zum Beispiel Arbeitsbedingungen formen, weil wir sagen: »Lasst uns den Termin bitte erst um zehn Uhr starten, vorher bringe ich mein Karlchen in den Kindergarten.«

ÜBER EMOTIONEN REDEN

Es ist für uns alle nicht leicht, über Emotionen zu sprechen. Insbesondere Männer haben Probleme, weil schon vielen im Kindesalter beigebracht wird, dass Emotionen etwas sind, was zu Mädchen und Frauen gehört, nicht aber zum Mannsein. Auch lernen es Frauen viel eher, Freundschaften zu pflegen, um sich emotional auszutauschen, und zwar ein Leben lang, wohingegen sich bei Männern die Freundeskreise langsam auflösen, wenn sie heiraten und ihre Lebenszeit der eigenen beruflichen Entwicklung widmen. Sie pflegen Freundschaften eher als eine Art Begleitung bei Hobbys und weniger, um sich auszutauschen.

»Da ist eine gewisse Stummheit in Gefühlsdingen da«, sagt Steve Stiehler, Dozent für Soziale Arbeit an der Fachhochschule St. Gallen und Verfasser einer Dissertation über Männerfreundschaft. »Ein Mann kommt kaum auf die Idee, den Kumpel zu fragen: Na, wie läuft's in der Beziehung? – Er weiß aber: Wenn es hart auf hart kommt, wäre der andere vermutlich für ihn da. Diese Annahme genügt ihm vollauf.«[146]

Am Ende sind viele Männer für den Ausgleich des eigenen emotionalen Haushalts auf Frauen angewiesen. Lassen sie sich scheiden oder wird die Partnerin krank oder stirbt, stehen Männer vor einem großen schwarzen Loch. Die Einsamkeit älterer Männer ist bitter. Kein Wunder, dass es für Männer emotional oft viel fataler ist, ihren Job zu verlieren oder in Rente zu gehen. Haben sie doch ihr ganzes Leben auf ihren Beruf und die damit verbundene Bestätigung ausgerichtet und sind weniger in ein soziales Netz eingebunden, in dem sie sich nützlich und sinnvoll fühlen können.

Wenn wir Eltern sind, ist es daher umso wichtiger, gerade den Söhnen beizubringen, mit ihren Emotionen umzugehen, sie fühlen, benennen und einordnen zu können. Wir müssen regelmäßig einen Dialog zu Gefühlen führen:

- Was fühlst du gerade?
- Ich nehme bei dir gerade ›Name des Gefühls‹ wahr, wo kommt das her? Wie kann ich dir helfen, damit umzugehen?
- Was fühlt sich gut, was nicht so gut an?
- Wie macht sich das bemerkbar?

- Gibt es bestimmte Situationen, in denen das betreffende Gefühl öfter auftritt?
- Was hilft gegen negative Gefühle? In den Arm genommen werden? Rückzugsmöglichkeiten zu bekommen?

Es hilft auch, in der eigenen Familie offen mit Gefühlen umzugehen. Wir haben im Kapitel *Weibliche Minderwertigkeitsgefühle abbauen* gelernt, dass Kinder sich in ihrer Ablösungsphase von der Mutter stark mit ihren Vätern identifizieren. Wenn diese besonders empathisch sind und auch über ihre eigenen Gefühle sprechen, hat das eine große Vorbildwirkung. Kinder können lernen, dass es wichtig ist, seinen Gefühlen Ausdruck zu geben, auch wenn daraus erst mal ein Konflikt entsteht. Sie erfahren, dass Konflikte zu engen Beziehungen dazugehören. Das mag am Anfang beunruhigend sein. Konflikte sind aber überwindbar. Und man wird trotzdem geliebt, selbst wenn man mal erschöpft, müde, überreizt ist. Auch dürfen Kinder erleben, dass Trauer, Angst, Wut zum Leben gehören.

Als Paar sollte man sich gegenseitig Raum geben, Freundschaften zu pflegen. Denn es ist hilfreich, wenn Emotionen, Krisen, Herausforderungen und Spannungen auch mit anderen als mit dem Partner beziehungsweise der Partnerin besprochen werden.

ALS PAAR MITEINANDER REDEN

Es ist wahrscheinlich eine Binsenweisheit, dass die Qualität einer Paarbeziehung nicht durch die Abwesenheit von Problemen gekennzeichnet ist. Sie zeichnet sich vielmehr dadurch aus, wie mit diesen Konflikten umgegangen wird. Mein Partner wird sich wahrscheinlich schlapplachen, wenn er an diese Stelle in meinem Buch kommt, denn wir scherzen regelmäßig darüber, dass ich der

Klischeemann in unserer Beziehung bin. Über Gefühle zu sprechen, fällt mir schwer. Ich bin gerne lösungsorientiert. Aber Lösungen gibt es nicht immer, und manchmal geht es einfach darum, dass jede*r mal aussprechen kann, was ihn/sie bewegt und wie er/sie sich fühlt.

Bei Streits kommt mir deswegen immer eine Szene aus dem Film *White men can't jump* in den Kopf. Die Protagonisten Billy (gespielt von Woody Harrelson) und seine Freundin Gloria (gespielt von Rosie Perez) liegen eng umschlungen, leicht schläfrig zusammen im Bett. Gloria sagt: »Mein Mund ist trocken. Schatz, ich bin durstig.« Billy steht auf und holt ihr ein Glas Wasser, worauf Gloria ihn entgeistert anschaut. »Wenn ich sage, dass ich durstig bin, heißt das nicht, dass ich will, dass du mir ein Glas Wasser bringst.« Billy ist verwundert. »Nicht?« Gloria erklärt ihm: »Wenn ich ein Problem habe, musst du es nicht lösen! Männer machen immer den Fehler, dass sie denken, das Problem der Frau lösen zu können. Das macht, dass sie sich allmächtig fühlen […]. Ich möchte dein Mitgefühl. Ich will, dass du sagst: Gloria, ich weiß, wie es ist, sich durstig zu fühlen. Ich hab auch schon mal einen trockenen Mund gehabt. Ich will, dass wir in Kontakt treten. Dass wir ein gemeinsames Verständnis entwickeln …« Und Billy: »???«

Na ja, und ich bin Billy.

Es geht vielen wie mir. Viele Menschen können in Beziehungen schlecht über ihre Bedürfnisse und Gefühle reden, und noch schlechter können sie damit umgehen, wenn andere ihre Bedürfnisse und Gefühle aussprechen. Wir lernen das oft nicht. Wir halten uns außerdem an utopischen Vorstellungen von romantischer Liebe fest und gehen davon aus, dass wir ohne Worte merken, wenn etwas nicht stimmt, oder dass der Partner einem jeden Wunsch von den Augen ablesen kann. Sollte das jemals klappen, dann bestenfalls in der ersten Phase der Verliebtheit. Danach kann man das vergessen.

Ohne Reden geht es nicht. Wir können nicht in den Kopf des/der anderen schauen. Wir teilen uns auch oft nicht mit, sondern warten, bis sich schlechte Gefühle aufstauen. Wenn sie sich dann entladen, kommt das nicht selten völlig unerwartet für den anderen.

Es ist deswegen wichtig, in regelmäßigen Abständen Raum für Gespräche zu schaffen, die uns auch im hektischen Alltag die Möglichkeit geben, miteinander in Kontakt zu bleiben. Denn diese Art Gespräche führen wir nur noch selten. Paargespräche haben oft ein bestimmtes Ziel. Sie sind aufgabenbezogen. Wir sprechen darüber, was zu erledigen ist, klären die Finanzen, machen Wochenend- und Urlaubspläne. Unsere Gespräche werden im Verlauf einer

langjährigen Beziehung eine Form von Alltagsverwaltung. Wir brauchen aber Beziehungs-Updates.

Witzigerweise habe ich eine Vorstufe zu dieser Art Gespräch im Job kennengelernt. Bei uns heißt das *One to One*. Meine Vorgesetzte hat dieses Gesprächsformat als festen Termin im Kalender hinterlegt. Sie tauscht sich regelmäßig mit allen Leuten im Team aus, und zwar vorsorglich, damit sich nicht unbemerkt Konflikte und Frustrationen aufstauen, die dann irgendwann unerwartet zutage treten und so groß sind, dass sie sich nur mit viel Aufwand bewältigen lassen. Das ist ziemlich schlau und man kann sich das hervorragend fürs Privatleben merken.

Als Paar kann man sich ebenfalls im Idealfall jede Woche einen Zeitraum blocken, in dem man ungestört miteinander reden kann. In diesem Gespräch beleuchtet ihr nacheinander:

- Was bewegt mich gerade?
- Wie geht es mir? Woran liegt das?
- Was belastet mich?
- Worüber habe ich mich geärgert? Was hat mich gefreut?
- Was würde ich gerne mal wieder machen? Was fehlt mir?
- Wie erlebe ich gerade meine Beziehung?

Diese Punkte geht man als Paar durch. Und zwar nacheinander – was in diesem Fall bedeutet, dass tatsächlich erst die eine Person ohne Unterbrechung 15 bis 20 Minuten spricht und dann die andere. Ziel ist es, den Partner/die Partnerin an seinem Innenleben teilhaben zu lassen. Zentral ist, dass ihr über euch und nicht über den Partner/die Partnerin sprecht.

Dafür fokussiert ihr euch auf Ich-Botschaften. Denn Ich-Botschaften machen es möglich, eigene Gefühle, Bedürfnisse oder Ziele zum Ausdruck zu bringen. Es geht also darum, eure persönliche Sichtweise zu schildern, und nicht darum, über Wahrheiten zu sprechen. Damit hat eine Ich-Botschaft vor allem einen informativen Charakter. Ich-Botschaften enthalten keine Beschuldigungen und ermöglichen so, die Sach- von der Beziehungsebene zu trennen. Hütet euch vor Bewertungen, bleibt dabei, eure Wahrnehmung zu schildern. Also statt »Nie bringst du von allein den Müll runter!« zu »Der Mülleimer war gestern übervoll«. Seid dabei so konkret wie möglich. Was habt ihr wahrgenommen? Wann war das? Verallgemeinernde Worte wie *immer*, *nie* und *dauernd* treiben das Gegenüber in eine Abwehrhaltung. Denn »Nie ist immer falsch«. Beschreibt dann die Wirkung eurer Wahrnehmung: »Der Anblick hat bei mir Frust ausgelöst.«

Für viele ist es schwer, sich bei diesen Gesprächen anzusehen. Wenn wir sprechen und die Reaktion des anderen sehen, löst das meistens Reaktionen in uns aus. Vielleicht hilft es euch, wenn ihr Rücken an Rücken sitzt oder den Partner/die Partnerin nicht anschaut.

Diese Art, miteinander zu sprechen, braucht Übung. Denn mit den Ich-Botschaften ist es gar nicht so einfach. Manche Sätze, die mit »Ich« anfangen, sind getarnte Vorwürfe oder Anschuldigungen: »Ich finde, du bist anstrengend.« Wir sind außerdem darauf getrimmt, ständig alles zu bewerten. Am Anfang hilft es, wenn man sich zu dem, was man mitteilen möchte, Notizen macht. Das hält die Gedanken zusammen, schärft die Formulierungen und verhindert auch, dass man zu viele Themen durchmengt.

Hat man sich den Raum erst mal gegeben, kann man in einen Dialog treten und Bezug aufeinander nehmen. Man kann beschreiben, was die Aussagen in einem ausgelöst haben: »Als du gesagt hast, dass … habe ich gespürt, dass mich das traurig macht …«, oder Details nachfragen oder sich rückversichern, dass das, was man verstanden hat, das ist, was das Gegenüber ausdrücken wollte: »Habe ich richtig verstanden, dass …«

Im Grunde kehren wir mit diesen Gesprächen an den Anfang unserer Beziehung zurück, wo wir uns noch Zeit füreinander genommen haben und interessiert an dem waren, was im Gegenüber vor sich geht. Langzeitbeziehungen können daran kränkeln, dass wir zu wenig Schnittstellen haben und uns schleichend in völlig verschiedene Richtungen entwickeln. Ein regelmäßiger Austausch verhindert das. Statt dass uns die Außenbedingungen lenken, nehmen wir das Steuer selbst in die Hand. Persönlich hilft es mir immer sehr, zu wissen, warum wir tun, was wir tun.*

In meinen Augen ist das besonders nötig, wenn es um die Verteilung von Erwerbs- und Sorgearbeit geht. Denn: Natürlich schafft man es nicht, alles zu jedem Zeitpunkt fifty-fifty zu teilen. Das ist auch gar nicht nötig. Die Aufteilung muss zu den persönlichen Ressourcen passen, und die schwanken. Dass es passt, merkt man daran, dass man keinen Groll dem Partner gegenüber spürt.

Es gibt Zeiten, da hat mein Partner total viel Erwerbsarbeit, dann mache ich mehr Sorgearbeit. Und dann habe ich viel Erwerbsarbeit, also macht er mehr. Das kann wochen- und auch monatsweise gehen. Manchmal auch länger. Zum Beispiel weil man sich einen neuen Arbeitgeber sucht, Kapazitäten für die Bewerbungsphase braucht oder ein Kind geboren wird. Da ist dann aber der nächste Schritt relevant: Was ist nach sechs Monaten? Nach zwei Jahren? Wie soll es da aussehen, und vor allem, wie werden wir dahin kommen? Was sind die einzelnen Schritte? Mir fällt es viel leichter, mich zu fokussieren, wenn ich ein Ziel habe.

In jedem Fall ist es wichtig, an der eigenen Paarbeziehung zu arbeiten. Denn hier kommt noch eine überraschende Erkenntnis aus der Väterforschung zum Tragen: Je glücklicher ein Mann sich in

* Ich finde die Methode OKR (Objectives and Key Results) zur Steuerung von Unternehmen total gut und folge auf Instagram einem Account, der sich okr_fuer_paare nennt. Schaut da mal rein. Ich finde ihn inspirierend.

seiner Beziehung fühlt, desto fürsorglicher wendet er sich seinem Nachwuchs zu, bei Frauen gibt es diesen Zusammenhang nicht. Häufen sich Streitigkeiten und steigt die Unzufriedenheit, wirkt sich das weitaus negativer auf die väterliche Fürsorglichkeit aus als auf die mütterliche. »Die Väter wenden sich dann schneller von Kind und Mutter ab und suchen Trost in anderen Herausforderungen«, schreibt Lieselotte Ahnert.[147] Wer weiß. Vielleicht auch eine Erklärung, warum vor allem Väter gerne Überstunden machen? Im Kapitel *Weniger erwerbsarbeiten* sprachen wir davon.

Dass männliche Fürsorgebereitschaft von der Paarzufriedenheit abhängt, befördert zwei Kreisläufe. Bei vielen Paaren setzt nach der Geburt eine Traditionalisierung der Rollen ein. Das macht besonders die Frauen unzufriedener, die bislang in einer gleichberechtigten Beziehung gelebt haben. Die Partnerschaft verschlechtert sich, was dazu führt, dass der Vater sich dem Kind gegenüber weniger fürsorglich zeigt, was die Mutter noch unzufriedener macht, was weiter begünstigt, dass der Vater sich zurückzieht.

Im schlimmsten Fall führt das irgendwann zur Trennung. Fürsorgetätigkeit des Vaters – selbst das Sorgen für die Familie im finanziellen Sinne – fällt dann für viele Frauen ganz weg. Das spiegeln die Zahlen zu Alleinerziehenden wieder: 25 Prozent bekommen die volle Höhe, 25 Prozent einen Anteil des errechneten Unterhalts für das Kind und ganze 50 Prozent bekommen vom Kindesvater keinen Cent.[148] Dieses Verhalten vieler Männer erscheint erst dann schlüssig, wenn man berücksichtigt, dass die Fürsorge für die Familie so stark an das Bestehen und die Zufriedenheit der Paarbeziehung gekoppelt ist.

Der Kreislauf kann aber auch umgekehrt laufen. Ist der Vater von Geburt an bei der Sache und kümmert sich gleichwertig ums Kind (zum Beispiel, indem er die Frau besonders gut beim Stillen unterstützt und sich wesentlich in die Sorgearbeit einbringt), sind die Mütter zufriedener. Sie haben dann Kapazitäten zur Beziehungspflege, was dem Mann guttut und bewirkt, dass er sich umso mehr dem Kind zuwendet.[149]

Für die Kontaktgespräche halten wir abschließend fest:

- Sie sollen regelmäßig stattfinden, damit der rote Faden gehalten werden kann. Einmal in der Woche ist ideal.
- In den Gesprächen kommt jede*r gleichermaßen zu Wort. Am besten 15 bis 20 Minuten.
- Jede Person spricht aus der eigenen Perspektive.

Falls euch das künstlich vorkommt, fragt euch: Kommen euch Verabredungen zum Essen oder ins Kino auch künstlich vor?

MEIN PARTNER WILL ABER NICHT REDEN

Einige Partner von Leserinnen meines Mental-Load-Buches erlebten, dass Redebedarf entstand, als die Frauen Begriffe für ihre Überlastung und strukturelle Probleme wie den Gender Care Gap kannten. Einer schreibt in seiner Rezension: »Und die Frau jammert wegen Mentalload seit sie dieses Buch gelesen hat. Die Autorin hat [nicht verstanden], dass ihr Buch sowohl Frauen unglücklich macht, als auch ihr Partner.«

Sehr wahrscheinlich war die Partnerin schon vor der Lektüre meines Buchs unglücklich. Sie hatte nur nicht die richtigen Worte, das zu formulieren. Vorher konnte sie das vielleicht nicht, weil sie keine Begrifflichkeiten hatte. Worüber soll man ohne die Worte und Zahlen streiten? Umgekehrt: Wenn ich die ganzen Gaps kenne und es trotzdem nicht schaffe, individuell Verbesserungen zu erzielen, sind Frust und Streit quasi vorprogrammiert.

Konflikte zu lösen, ist zentral, wenn es darum geht, dass Zuständigkeiten neu ausgehandelt werden. Erst dann kommt ein Paar zu dem Punkt, dass die neu ausgehandelten Fürsorgetätigkeiten auch neue Freiheiten bringen. Was aber, wenn der Partner nicht reden möchte?

Das betrifft in erster Linie Gespräche, in denen Konflikte zu erwarten sind, nicht die im Abschnitt zuvor beschriebenen Vorsorgegespräche. Ein Partner, der nicht reden möchte, hat gelernt, dass Gespräche nicht konstruktiv verlaufen, dass es nicht um Lösungsfindung, sondern um Vorwürfe geht. Der Paartherapeut Oskar Holzberg hat dazu den Leitsatz »Wenn aus Überforderung Forderung wird« formuliert. Wenn sich nämlich schon lange Frustration und Überlastung aufgestaut haben und sie sich dann unerwartet entladen, steht das Gegenüber mit dem Rücken zur Wand. Verständlicherweise wird das als sehr unangenehm erlebt und das Gespräch verweigert. In der Psychologie nennt sich das Phänomen Reaktanz. Reaktanz entsteht dann, wenn der Partner Schuldzuweisungen und Anklagen erwartet.

Oft steckt hinter der Weigerung schlichtweg auch Angst – und zwar die Angst vor der eigenen Überforderung: Das Leben ist schon so voll, wie soll man denn noch mehr übernehmen?

Geht es um Mental Load und die Verteilung von Sorgearbeit, haben sich in den letzten Jahren folgende Verweigerungsargumente herauskristallisiert.

»Ich arbeite Vollzeit, du nicht! Also ist doch klar, dass du dich um Haushalt und Kinder kümmerst …«

Ich würde denken, dass fast niemand, der einer Vollzeiterwerbstätigkeit nachgeht, das Gefühl hat, er oder sie arbeitet nicht genug beziehungsweise hat noch besonders viel Kapazitäten für zusätzliche Arbeiten übrig. Eröffnet ein Gespräch deswegen mit einer Ich-Botschaft, in der ihr schildert, wie es euch geht: »Ich fühle mich überfordert mit meinem Aufgabenpensum und dem, was ich alles im Kopf habe. Ich möchte darüber sprechen, wie wir das gemeinsam ändern können.« Räumt ein, dass ihr bereit seid, auch die andere Seite zu hören. Es gibt wenig Paare, bei denen die Haupterwerbsperson nicht auch Sorgearbeit leistet. Jede*r lebt in seiner Welt, und wir übersehen leicht, wie das Gegenüber seine Mitarbeit ausdrückt.

Vielleicht geht es auch gar nicht darum, dass Aufgaben umverteilt werden müssen, sondern es fehlt erst mal die Wertschätzung für das Geleistete. Oft fühlen beide diese fehlende Wertschätzung. Der Leidensdruck für die Person, die mehr Sorgearbeit leistet, ist vielleicht ein bisschen größer, denn Erwerbsarbeit hat eine Mindestwertschätzung – das Gehalt. Sorgearbeit hingegen hat oft keine Mindestwertschätzung, sie hat nicht mal gesellschaftliches Prestige. In unserer Gesellschaft wird der Satz »Ich kümmere mich um die Kinder und den Haushalt« in der Regel weniger Anerkennung finden als »Ich arbeite als Software-Entwickler*in«. Das ist denjenigen, die sich primär über die Erwerbsarbeit definieren, nicht so richtig klar. Auch wird wahrscheinlich oft übersehen, dass Sorgearbeit nahezu endlos ist, dass sie keinen Feierabend kennt, kein Wochenende und auch keinen Urlaub. Das wird dann eine große Belastung, wenn eine*r der beiden beides tut: erwerbsarbeiten und Sorgearbeit leisten. Genauer gesagt, über 75 Prozent der Frauen erwerbsarbeiten ebenfalls und sind dieser Doppelbelastung ausgesetzt.[150]

Es geht also im ersten Schritt gar nicht darum, eine Lösung für ein Ungleichgewicht zu erarbeiten, sondern sich gegenseitig die Lebenswelt zu schildern. Was stresst einen? Was beschäftigt einen? Was zieht Aufmerksamkeit ab? Wo fühlt man sich nicht gesehen? Wie entsteht Überforderung? Erst wenn beide Seiten das Gefühl haben, in ihrem Einsatz für die Familie wahr- und ernst genommen zu werden, sind die weiteren Schritte möglich.

»Wir teilen doch schon!«
Im Grunde geht es hier um was Ähnliches wie im ersten Punkt. Es ist deswegen wichtig, dass ausgesprochen wird, wer was als Engagement für die Familie versteht. Männer sehen sich auch heute hauptsächlich verantwortlich für die Familienfinanzen. Sie übernehmen außerdem (so zeigt es die Vermächtnisstudie 2023) oft Aufgaben rund um Instandhaltung und kümmern sich um Geldangelegenheiten. Damit ein Gespräch möglich ist, sollte das auch gesehen werden. Das kann man in der Gesprächseröffnung entsprechend formulieren: »Ich sehe, dass du auch deinen Teil für die Familie leistest. Ich merke einfach, meine Energie reicht aktuell nicht, und möchte besprechen, warum das so ist und was wir daran ändern können.«

Erst dann ist es sinnvoll, darüber zu sprechen, wie diese Tätigkeiten sich von denen unterscheiden, die in der Regel von Frauen geleistet werden: Wie regelmäßig treten diese Aufgaben auf? Wie dröge sind sie? Wie fremdbestimmt? Wie stark ist der emotionale Druck und wie groß sind die Schuldgefühle, wenn Dinge nicht klappen? Letzteres wird gerne übersehen.

Alles, was mit direkter Sorgearbeit und den damit verbundenen Menschen zusammenhängt (in der Regel die eigenen Kinder oder Angehörige, um die man sich kümmert), ist gebunden an eine Verantwortung für deren Gedeihen, Gesundheit und Lebenszufriedenheit. Dass ein Bild von der Wand fällt, weil der Dübel der falsche war, ist vielleicht ärgerlich, weil das Glas des Bilderrahmens kaputtgegangen ist und der Boden eine Schramme hat. Ein Kind, das sich in einer mühevoll ausgesuchten Schule nicht wohlfühlt, verursacht andere Gefühle bei der Person, die die Hauptverantwortung für die Auswahl und Anmeldung getragen hat. Ja, selbst ein vergessenes Lieblingsstofftier im Urlaub hat einen anderen Effekt, denn ein untröstliches Kind setzt einen emotional anders unter Druck, als wenn jemand vergessen hat, vor der Reise die Scheibenwischerflüssigkeit aufzufüllen.

Diese Unterschiede zu besprechen, ist sinnvoll, weil nur so klar wird, dass es nicht um das Aufrechnen von To-dos geht. Richtet dann den Blick nach vorne: Wie soll es denn zukünftig sein? Wer kann was übernehmen, und zwar nicht nur das To-do, sondern den kompletten Prozess, also eine Aufgabe inklusive rechtzeitiger Initiierung, Planung, Umsetzung und Nacharbeit, wenn etwas schiefgeht? Das kann hervorragend klappen. Hört euch mal an, wie Alexandra und Brian Robinson das machen. Alexandra sagt: »We've lived together now for 6 years and I have not done the laundry once.«*

Alexandra und Brian Robinson berichten von ihrem Modell der Arbeitsteilung[151]

»Ich mache es doch eh nie richtig!«

Dieser Satz kann eine bequeme Ausrede sein. Die Fachwelt spricht in solchen Fällen von *strategischer Inkompetenz*. Es gibt Menschen, die Dinge extra schlecht machen, damit sie sie zukünftig nicht mehr machen müssen. Meist wird dieser Satz in einem Atemzug mit *Maternal Gatekeeping* genannt: Man würde ja, wenn die Frau einen lassen würde. Beides gibt es tatsächlich, aber es kommt selten vor. Es sind Kampfbegriffe, die viel Applaus ernten, es aber schwer machen, eine gemeinsame Lösung zu erarbeiten. Wahrscheinlicher ist es, dass das Gegenüber diesen Satz wirklich fühlt. Denn wer bislang

* »Wir leben jetzt seit 6 Jahren zusammen und ich habe nicht ein einziges Mal die Wäsche gemacht.«

wenig im Bereich Sorgearbeit gemacht hat, hat weniger Erfahrung. Das macht unsicher und langsam. Es passieren Fehler, es werden Sachen vergessen. Das führt dann zu Konflikten, wenn man nicht gemeinsam anfängt, Kompetenz in Sachen Sorgearbeit aufzubauen, sondern erst Jahre später einsteigt.

In solchen Fällen hilft es, darüber zu sprechen, wie ein Ergebnis im Idealfall aussehen sollte, und sich gemeinsam auf einen Mindeststandard zu einigen. Dabei sollte man im Auge behalten, dass es im Detail immer Unterschiede geben wird – das kann man aber tolerieren lernen, wenn eben die vereinbarten Mindeststandards eingehalten werden. Vereinbart man beispielsweise, dass die Erwachsenen wochenweise abwechselnd für das Essen zuständig sind, kann man sich darauf einigen, dass es zum Beispiel dreimal die Woche Obst, Salat oder Gemüse als Teil der Mahlzeit geben sollte, weil das wichtig für eine ausgewogene Ernährung ist, und dass es nicht später als 18 Uhr Essen geben sollte. Der Rest ist dann Gestaltungsspielraum. Eine*r bringt sich dann mehr ein, und eine*r nimmt sich mehr zurück.

Das Zurücknehmen ist oft nicht einfach, und es ist sinnvoll, darüber zu sprechen, warum das so ist: Während männliche Sorgearbeit etwas Optionales ist, das Anerkennung und Lob erntet, wenn es überhaupt stattfindet, ist weibliche Sorgearbeit selbstverständlich und stark an die Bewertung von außen gebunden. Bringt ein Vater ein Kind mit zwei unterschiedlichen Socken und einem Fleck auf dem Pullover in die Kita, wird das unter: »Bisschen verplant, aber wie toll, dass der Papa sich kümmert!« abgehakt, wohingegen dasselbe Verhalten bei einer Mutter eher ein Stirnrunzeln einbringt, denn: »Da war die Mutti aber ein bisschen überfordert, hm?« Sucht Beispiele aus eurem Alltag – vielleicht versteht der Partner dann besser, wieso »Frauen es sich immer so schwer machen« und warum sie andere Ansprüche an Ergebnisse haben als Männer.

Florian Hacke: Eine kleine Diskussion über die Verteilung der Aufgaben[152]

RICHTIG STREITEN

Mögt ihr Tattoos? Falls ja, hier ein Vorschlag für einen Schriftzug: »Attack the problem, not each other« (Tattoosprüche sind natürlich in Englisch). Denn die Grundregel eines jeden Paarstreits lautet: »Gemeinsam gegen das Problem, nicht gegeneinander.«

Meistens gibt es bei den Dingen, um die wir im Alltag streiten, keine absolute Wahrheit. Man kann Spannbettlaken falten oder knüddeln, man kann Socken vor dem Waschen auf die richtige Seite drehen oder nicht, man kann Klamotten bügeln oder nicht (liebe Grüße an meine Mama: man kann wirklich *nicht* bügeln), man kann Wäsche nach Farbe trennen oder nicht. Ist so. Nicht mal in der Frage, wie man Klopapierrollen richtigrum einhängt, gibt es eine Wahrheit. Glaubt ihr nicht? Dann schaut euch das Video an.

@innr.slf zeigt, wie falsch richtig aufgehängtes Klopapier ist, wenn man ein Kleinkind hat[153]

Im Paarkonflikt gibt es meine Wahrheit und deine Wahrheit. Es verschwendet Energie auszudiskutieren, wessen Wahrheit die wirkliche Wahrheit ist. Konstruktiv streitet man anders.

Nehmen wir an, etwas stört euch. Zum Beispiel, die Partnerin (ich) lässt ständig Schmodder in der Spüle. Schon der Anblick des Schmodders erhöht euren Blutdruck. Fragt euch als Erstes:

1. Was vermute ich hinter diesem Verhalten?
2. Ist das wirklich so, und wie kann ich mir sicher sein, dass das wirklich so ist?
3. Was nervt mich daran?

Natürlich ist es meistens nicht der Schmodder an sich, sondern die Tatsache, dass man ignoriert wird oder, genauer gesagt, dass die Partnerin das Bedürfnis des Partners nach einer sauberen Spüle ignoriert. Der Ärger über den Schmodder ist eine Art Stellvertreterkonflikt. Tief in einem brodeln ganz andere Enttäuschungen. Es ist aber viel einfacher, sich über die schmutzige Spüle zu streiten, als den eigenen Gefühlen Ausdruck zu verleihen. Zum Beispiel: »Wenn ich die schmutzige Spüle sehe, fühle ich mich übergangen und ignoriert. Das macht mich gleichzeitig wütend und traurig. Ich wünsche mir, dass du mich und meine Bedürfnisse ernst nimmst.«

Im nächsten Schritt muss sich jede*r damit auseinandersetzen, wie wichtig ihm/ihr die Lösung des konkreten Problems ist und wie eine zufriedenstellende Lösung aussehen kann. Ist der Schmodder wirklich etwas, über das man sich immer und immer wieder aufregen muss? Was passiert, wenn man ihn einfach im Abflusssieb

lässt? Wie sehr wühlt es einen auf, wenn man sich entschließt, den Schmodder selbst zu entsorgen?

Für mich ist auch eine wichtige Frage: »War der Partner schon immer so? Wenn ja, warum regt es mich plötzlich jetzt auf?« und: »Was ist mir wichtiger? Dass etwas überhaupt erledigt ist oder dass es auf eine bestimmte Weise erledigt ist?«

Und wenn weder das Akzeptieren noch das Selbst-Erledigen infrage kommt, wie kann dann eine Lösung aussehen? Dabei muss man sich erst mal auf eine gemeinsame Grundlage einigen. Was ist einem wichtig? Es tut gut, dabei festzustellen, dass man zum Beispiel als Gemeinsamkeit teilt, dass man über so was eigentlich gar nicht streiten sollte. Ab da geht es viel leichter, sich auf Eckpunkte zu einigen: Muss jeder Schmodder sofort entsorgt werden? Reicht es, wenn abends einmal alles sauber gemacht wird? Nervt es, dass das Wasser nicht abfließen kann? Was kann man dagegen tun?

Wir brauchen in uns die Gewissheit, dass der Partner oder die Partnerin das nicht macht, um einen zu ärgern. Nur so können wir der wohlwollenden Maxime »Im Zweifel für den Angeklagten« folgen.

Wenn er oder sie aber immer wieder das Gleiche tut, obwohl bereits ausgesprochen worden ist, dass das gezeigte Verhalten negative Gefühle auslöst, müssen wir klären, warum das so ist. Denn es sind dann nicht die unterschiedlichen Standards, um die wir streiten, sondern der Umstand, dass das Problem bekannt ist und ignoriert wird. Das ist verletzend und kann wütend machen. Genau das kann man aber aufgreifen, indem man fragt: »Wir haben darüber schon öfter gesprochen. Ich hatte auch den Eindruck, dass wir zu einer Übereinkunft gekommen sind. Trotzdem hat sich nichts geändert. Wie kommt das? Was hält dich davon ab, unsere Vereinbarung einzuhalten?« Nur so kommen wir dem Kern des Problems auf die Spur.

Man muss übrigens nicht alles total nachvollziehbar finden. So wie der eine Partner sich regulieren kann, indem er oder sie Sachen einfach macht, statt sich immer wieder zu ärgern, kann der andere Dinge auch einfach dem anderen zuliebe tun, auch wenn er oder sie den tieferen Sinn in der Tätigkeit nicht entdeckt. Wir können in beide Richtungen großzügig miteinander sein. Wir können lernen, den/die Partner*in in seinen/ihren Gefühlen und Bedürfnissen ernst zu nehmen, selbst wenn unsere sich davon unterscheiden. Dadurch signalisieren wir Respekt und den Willen, Dinge zukünftig anders zu machen. Verharren wir in der eigenen Sicht, kommunizieren wir dem Gegenüber unbewusst: »Ich werde dich in Zukunft wieder verletzen (denn ich werde an meinem Verhalten nichts ändern).« Eine Beziehung zerbricht dann nicht an einem großen Konflikt, sondern an vielen kleinen Alltäglichkeiten. *Death by a thousand cuts* sagt man im Englischen dazu.

Das Fatale: Einer der beiden Beziehungspartner ahnt nicht, dass diese Verletzungen sich so aufsummieren, dass sie zum Trennungsgrund werden. Er glaubt: Ich liebe meine Partnerin, das sind nur Kleinigkeiten, deswegen ist das anstrengend, aber nicht beziehungsgefährdend. Wenn die Partnerin final die Trennung fordert, fallen solche Männer völlig aus den Wolken.

Mark Rosenfeld:
Warum Frauen meckern[154]

DES PUDELS KERN

- Es besteht die Gefahr, dass langjährige Beziehungen vor allem verwaltet werden.
- Räumen wir der Beziehungspflege keinen Platz ein, stauen sich Konflikte auf.
- Um in Kontakt zu bleiben, uns wertzuschätzen und uns zu sehen, braucht es regelmäßigen Austausch.
- Was sich am Anfang künstlich anfühlt, kann ein Ventil sein, mit dem gezielt kleine Mengen Dampf entlassen werden. So platzt der Schnellkochtopf nicht.
- Wir sollten beim Streiten im Hinterkopf behalten: Es gibt keine Wahrheit, nur eigene Wahrnehmungen.
- Sowohl die Wahrnehmungen als auch unsere Gefühle dazu sind legitim und sollten vom anderen nicht in Zweifel gezogen werden.
- Wiederholen sich Themen, müssen wir unter die Oberfläche schauen und uns fragen: Welche Bedürfnisse werden ignoriert – und dann dagegen arbeiten.
- Dafür ist es wichtig, dass wir über unsere Gefühle sprechen können.

STEREOTYPE ÜBERWINDEN IST FÜR ALLE SCHWER

»Meine Frau hat irgendwann entschieden, dass sie ein phänomenaler Vater ist. Eine gute Mutter zu sein, ist gar nicht möglich. […] Aber ein guter Vater ist man ja schon, wenn man die Kinder angezogen zur Kita bringt.«

@BenjaminLukas15

Gerne möchte ich dieses Kapitel zum Anlass nehmen, um auch an den eigenen Rollenvorstellungen zu sägen. Dabei verfolge ich folgende These: Der politisch-gesellschaftliche Druck, Frauen in die Erwerbswelt zu integrieren, war die letzten Jahre größer, als Männer in die unbezahlte Sorgearbeit einzubinden. Für ehemals Westdeutschland gilt das noch viel mehr als ehemals Ostdeutschland. Hier war die Erwerbsquote von Frauen annähernd so hoch wie die der Männer.* Diese Strategie hatte Erfolg, wie die steigende Erwerbstätigenquote der Frauen bestätigen kann.[155] Das hat dazu geführt, dass sich Bilder von Weiblichkeit ändern. Nicht radikal – das Kümmern hängt noch stark an Weiblichkeit –, aber eben doch so sehr, dass Weiblichkeit heute auch bedeutet, Teil der Erwerbswelt zu sein.

In offiziellen Erhebungen wird nicht erfasst, wie viel Prozent Hausfrauen oder Hausmänner es in Deutschland gibt. Man kann diese Zahlen nur sehr grob aus dem Anteil der nicht berufstätigen Mütter und Väter mit Kindern im Haushalt unter 18 Jahren erschließen. Hier zeigt sich, dass es 2,5-mal so viele Frauen wie Männer

* 1989 betrug die Erwerbsquote der Frauen in der DDR 92,4 Prozent.[j]

sind (grob 25 Prozent Mütter gegenüber 10 Prozent Vätern[156]). Männer, die sich dauerhaft oder zeitweise ausschließlich um Kinder und Haushalt kümmern, bleiben rar.

Der emotional engagierte, sorgende Mann ist im Alltag noch selten zu finden. Er ist in bestimmten Milieus ein Leitbild, aber noch weit davon entfernt, integraler Bestandteil von allgemeinen Männlichkeitsbildern zu sein. Wir müssen uns zum einen also damit beschäftigen, wie die Männer, die dieses Leitbild in sich tragen, es schaffen, es in die Realität umzusetzen. Zum anderen müssen wir uns aber auch fragen, wie ausschlaggebend dieses Leitbild vom fürsorglichen Mann für die Partnerwahl der Frauen in der Realität heute wirklich ist. Was man theoretisch attraktiv findet und mit wem man dann lebt beziehungsweise wie man dann lebt, das sind oft zwei Paar Schuhe.

Selbst da, wo Frauen sich eigentlich eine Beziehung auf Augenhöhe wünschen, weichen sie bei der Partnerwahl selten von den gängigen Mustern ab, wie Sarah Speck und Cornelia Koppetsch schreiben: »Sie bevorzugen sozial attraktive, *coole* Männer, die ihr *eigenes Ding durchziehen* und autonom sind«, zu deren Selbstbild es nicht gehört, sich in Haushalt und Familie einbinden zu lassen.[157]

Die Rollen zu Hause ganz umzukehren, scheint für viele Frauen außerdem nicht so attraktiv zu sein. Familienernährerin wollen die wenigsten sein, wie sich ebenfalls bei den beiden Autorinnen nachlesen lässt: »Viele moderne Frauen, die erfolgreich Karriere machen und eine ganze Familie mühelos ernähren könnten, streben dies keineswegs an. Im Gegenteil: Sie haben Mühe, einen Partner zu akzeptieren, der beruflich schlechter gestellt ist als sie selbst.«[158]

Wie so oft, ist es also nicht ganz so leicht. Beide Seiten müssen sich bewegen, wenn man wirklich Veränderung möchte. Im Alltag bedeutet das zum Beispiel für mich, dass ich lerne, meinem Partner das Geburtstagskuchenbacken, das Wohnungsschmücken oder das Geschenkeeinpacken zu überlassen. Das ist deswegen besonders witzig und widersinnig, weil ich nichts davon besonders gut kann oder gerne mache. Ich habe es dennoch immer als meine genuine Aufgabe als Frau gesehen, mich darum zu kümmern. Es gehört für mich zu meinem Bild von Weiblichkeit, diese Dinge zu tun. Sie nicht zu tun beziehungsweise sie auch meinem Partner zu überlassen, fiel mir am Anfang schwer.

Umgekehrt ist es natürlich megabequem, wenn mein Partner schnell mal dem einen Kind erklärt, wie man ein Cloud-Back-up vom Handy macht, oder dem anderen die Zeitschaltuhr programmiert. Er ist schließlich viel schneller darin … Es kostet mich also Überwindung, diese Themen nicht so lange rumliegen zu lassen, bis sich die Kinder automatisch an ihn wenden. Der Alltag ist außerdem voll von Widersprüchen. So wünsche ich mir wie viele Frauen einen emotional zugänglichen Partner, der mit mir über seine Gefühle spricht, aber wenn er es praktisch tut, finde ich das wahnsinnig anstrengend. Ich frage mich dann immer, ob mein Leben nicht viel leichter wäre, wenn wir nicht ständig alles in der Tiefe diskutieren müssten. Die Beispiele mögen banal erscheinen, aber doch haben viele Dinge mit Rollenerwartungen zu tun. Umso wichtiger ist es, diese in beide Richtungen zu hinterfragen.

Es gibt eigentlich kaum ein Thema, bei dem man sich nicht an die eigene Nase packen kann. Deswegen lohnt es, auch als Frau darüber nachzudenken, was man männlich (und weiblich) findet und wie diese Vorstellung dazu beiträgt, bestehende Paardynamiken und Aufgabenverteilungen aufrechtzuerhalten. Wir sind alle geprägt durch unsere Sozialisation und unsere Erfahrungen.

MÄNNLICHKEIT

Soll das Ideal des fürsorglichen Mannes gelebte Realität werden, müssen auch Männer intensiver an ihren Vorstellungen von Männlichkeit arbeiten, damit sie sich am Ende wohlfühlen können. Die wohl bekannteste popkulturelle Auseinandersetzung zu diesem Thema ist das Lied *Männer* von Herbert Grönemeyer (1984), der sich mit den Widersprüchlichkeiten des Mannseins im Patriarchat auseinandersetzt: »Männer haben's schwer, nehmen's leicht / Außen hart und innen ganz weich / Werd'n als Kind schon auf Mann geeicht / Wann ist ein Mann ein Mann?«

Das, was wir als männlich empfinden, zeigt in unserer Gesellschaft zwei sich widersprechende Effekte: Zum einen ermöglichen gängige Männlichkeitsbilder die Vormachtstellung der Männer. Zum anderen schaden sie den Männern. Einige Beispiele:

- Männer verdienen im Schnitt 18 Prozent mehr.[159]
- Über 90 Prozent der Topverdiener sind Männer.[160]
- 71 Prozent der Führungsetagen sind männlich besetzt.[161]
- Männer sind als politische Entscheidungsträger stark überpräsentiert.[162]

Auf der anderen Seite:

- Die Suizidrate von Männern ist mehr als doppelt so hoch wie bei Frauen.[163]
- Es sind mehr als doppelt so viele Männer wie Frauen obdachlos.[164]
- Die durchschnittliche Lebenserwartung von Männern liegt deutlich unter der von Frauen.[165]

Ein Anfang kann sein, dass Männer reflektieren, wie Männlichkeitsbilder sie im Alltag leiten. Für den wahrscheinlichen Fall, dass hier eher die Partnerin/Freundin eines Mannes mitliest, stellt doch mal nachfolgende Fragen:

- Welche Bilder von Männlichkeit haben dich geprägt und wie beeinflussen sie dich?
- Hast du Vorbilder? Sind das dieselben wie als Jugendlicher?
- Wenn sie sich geändert haben – warum?
- Wie wichtig ist dir Erwerbsarbeit? Was ziehst du daraus?
- Welche Rolle spielt Fürsorge in deinem Leben? Was ziehst du daraus?
- Wann fühlst du dich unmännlich und warum?
- Welche Erwartungen werden an deine Männlichkeit gestellt, wer richtet diese Erwartungen an dich und wie fühlst du dich damit?
- Sind deine Männlichkeitsvorstellungen vor allem dadurch geprägt, dass du dich von Geschlechtsrollen anderer Geschlechter abgrenzt?
- Wertest du *weibliche* Eigenschaften und Verhaltensweisen von Frauen ab (Muttikram, Weiberkram, Stutenbissigkeit …)?
- Was passiert, wenn du Männlichkeitsvorstellungen nicht entsprichst? Wie fühlt sich das an? Was folgt daraus für dich?
- Wie steht es um deine Emotionen? Leidest du darunter, dass Männer häufig ermutigt werden, ihre Emotionen zu unterdrücken, um als *stark* und *männlich* zu gelten?
- Was hält dich davon ab, dich in typisch weibliche Felder einzubringen (Basteln mit den Kindern, Kuchenbacken, Krankenpflege, Spannungen in der Familie ausgleichen …)?
- Wie fühlt es sich für dich an, wenn Frauen in typisch männliche Felder eindringen (Auto fahren, mehr Geld verdienen, Fußball spielen)? Wie gehst du damit um?
- Was unternimmst du mit deiner Tochter/deinem Sohn? Machst du Unterschiede? Warum machst du die?

Die Liste lässt sich nahezu unendlich erweitern. Ich denke auch, egal, wie aufgeklärt man bei Rollenbildern ist, man kann sich immer wieder dabei ertappen, dass man bestimmte Unterschiede macht. Selbstverständlich auch als Frau. Ich neige etwa dazu, meine Tochter öfter zu fragen, ob sie mir im Haushalt hilft, als meinen Sohn. Sie ist sehr viel routinierter und geübter, und deswegen geht dann alles schneller, und ja, genau das ist das Problem: Weil ich sie öfter frage, hat sie mehr Übung … ein unendlicher Kreislauf. Mir ist völlig klar, wie falsch das ist – gleichzeitig passieren solche Dinge eben immer wieder. Der Alltag ist durchsetzt von solchen Beispielen. Es ist wirklich schwer, dem aktiv entgegenzuwirken.

Ich möchte im Zusammenhang mit Männlichkeitsbildern auf einen wichtigen Widerspruch eingehen, den aufzulösen für mich einige Zeit in Anspruch genommen hat. Wie oben angerissen, verfolge ich die Grundthese, dass bestehende Männlichkeitsvorstellungen für einen relevant großen Teil von Männern nicht förderlich sind. Emotionale Härte, Konkurrenzverhalten, Leistungsorientierung, Erwerbsarbeitszentrierung haben negative Folgen für die physische und psychische Gesundheit von Männern. Nur wenige profitieren wirklich davon und erreichen Einfluss, Anerkennung und Reichtum.

Das Patriarchat tut vielen Männern auch nicht gut. Erwerbsarbeit als zentralen Bestandteil der eigenen Identität zu definieren, birgt beispielsweise viele Gefahren: Was, wenn man arbeitslos wird? Was, wenn man in Rente geht? Was, wenn man keinen Job findet, der einem Sinn stiftet? Denn nicht jeder Erwerbsjob muss oder kann Sinn stiften. Man kann ihn auch einfach machen, weil man Geld damit verdient. Aber wenn man Überstunden macht (vor allem unbezahlte), dann lohnt es sich zu fragen: Werde ich mich in fünf Jahren noch erinnern, warum wir da stundenlang rumsaßen? Und an was wird sich die Familie erinnern? Wahrscheinlich an nichts – außer, dass man nicht da war.

Davon ausgehend könnte man nun fordern, dass Männlichkeitsbilder vielfältiger werden müssen und jeder seinen eigenen Weg, sein eigenes Mannsein entwickeln kann. Bezogen auf Vaterschaft lese ich oft davon. Mütterlichkeit und Fürsorge werden mit Abhängigkeit verbunden und sind deswegen nicht erstrebenswert. Folglich ist die Rede davon, dass Väter ihre eigene Art finden müssen, Dinge zu tun, die sich dann meist darüber definiert, dass sie sich zur bestehenden Mütterpraxis abgrenzt. Väter tun dann nicht, was Mütter tun – oder tun es ganz anders. Formate wie die Vater-Kolumne »Cool trotz Kind« zeugen von diesen Bestrebungen.

Im Kapitel *Vorbilder finden – Fürsorge leben* werden wir noch näher darauf eingehen. In mir regen sich bei diesen Abgrenzungen alle Widerstände. Das Ziel muss aus meiner Sicht sein, dass wir uns alle Richtung Fürsorge entwickeln, und da es hier bereits bewährte Methodiken gibt, kann man auf diese pragmatisch gesehen zurückgreifen. Nur so kann das Ungleichgewicht der Verteilung von Sorge- und Erwerbsarbeit zwischen den Geschlechtern behoben werden. Der Zuwachs an Frauen in der Erwerbswelt muss ausgeglichen werden durch einen Zuwachs von Männern in der Fürsorgewelt. Dafür brauchen wir eine Orientierung Richtung Fürsorge.

Denkt man das für Männer konsequent weiter, bedeutet das aber, dass wir die alte Norm gegen eine neue Norm auswechseln und eben nicht, dass die Vielfalt möglicher Männerbilder ausdifferenziert wird. Dieser Ansatz ruft in öffentlichen Diskussionen oft Widerstand hervor. Wie lässt sich diese Idee rechtfertigen?

Eine Antwort habe ich bei Markus Theunert gefunden. Er verweist auf das Grundgesetz, das Verteilungsgerechtigkeit zwischen den Geschlechtern vorsieht. Diese Gerechtigkeit zu erreichen, sei ein höherwertiges Ziel als die Summe individueller Entwicklungs- und Entfaltungswünsche. »In der Folge wäre es für die Einzelnen zwar schmerzhaft, für die Gesellschaft aber legitim, das Gerechtigkeitsziel auch auf Kosten individueller Entwicklungs- und Entfaltungswünsche durchzusetzen.«[166] Artikel 3, Absatz 2 des Grundgesetzes lautet: »Männer und Frauen sind gleichberechtigt. Der Staat fördert die tatsächliche Durchsetzung der Gleichberechtigung von Frauen und Männern und wirkt auf die Beseitigung bestehender Nachteile hin.«[167]

Das Bild des fürsorglichen Menschen ist nur schwer mit bestehenden Männlichkeitsbildern vereinbar, denn diese konzentrieren sich auf Berufstätigkeit, Status und Einkommen. Damit widersprechen sie der zeitintensiven und durch Empathie geprägten Familienwelt. »Männer, die diesen Idealen nicht folgen wollen, geraten daher in Konflikt mit dem sozial akzeptierten Bild von Männlichkeit«, schreibt die Professorin für Politikwissenschaft und Geschlechterforschung Mariam Irene Tazi-Preve.[168]

Um eine Vorstellung von Männlichkeit zu bekommen, die sich an Fürsorglichkeit ausrichtet, will ich abschließend einige Beispiele auflisten, die helfen könnten. Da es eine Tendenz gibt, dass man, sofern man selbst gemeint ist, sich bestimmte Dinge nur von denjenigen sagen lassen möchte, die davon direkt betroffen sind, halte ich das für zielführender, als das Thema Männlichkeitsbilder selbst auszuweiten. Ich befürchte sogar, dass Frauen eher schwer etwas daran ändern können, wie Männer Männlichkeit definieren und leben. Der wesentliche Impuls muss von den Männern selbst ausgehen:

- Heiner Fischer (auf X und Instagram @vaterwelten)
- Felix Schenk (auf Instagram @papa_ohne_plan, Buch: *Hat die Mutti heute frei? Alte Rollenbilder überwinden und zu aktiver Vaterschaft finden*)
- Fikri Anıl Altıntaş (auf Instagram @_faanil)
- Nils Pickert (auf X und Instagram @pickinese, Buch: *er/ihm: Eine Einladung, Männlichkeit neu zu denken*)

- Jochen König (auf Mastodon @koenigjochen@mastodon.social, auf Instagram @koenigjochen, Buch: *Fritzi und ich: Von der Angst eines Vaters, keine gute Mutter zu sein*)
- Christoph May (auf Instagram @detoxmasculinity)
- Patrick Catuz (auf Instagram @patrick.catuz)
- Markus Theunert (auf Instagram @markus.theunert, ansonsten in den Zeitungen nach Interviews mit ihm Ausschau halten)

Abschließend lege ich allen die dritte Staffel der Serie *Ted Lasso* ans Herz. Hier kann man wirklich sehr viel über Männlichkeitsbilder, Gefühle und Vaterschaft lernen.

WEIBLICHKEIT

Nach der Geburt meines ersten Kindes habe ich mir notiert: »Wer die Alien-Filmreihe gesehen hat, hat eine ungefähre Vorstellung davon, wie es ist, schwanger zu sein. Letztendlich ist der einzige Unterschied, wie das Alien geboren wird. Während nämlich das garstige Alien aus dem All in einer angemessen kurzen Zeitspanne aus dem Bauch platzt, muss das Menschenbaby in einer mehrstündigen Tortur aktiv aus einem winzigen Loch gepresst werden.«

Ich weiß nicht, wie Simone de Beauvoir zu *Alien* stand, sie war 71 Jahre alt, als der erste Teil der Reihe ins Kino kam, aber die Parallele zwischen Alienparasit und Schwangerschaft kam ihr auch in den Sinn: »[Die Frau] empfindet [die Schwangerschaft] gleichzeitig als eine Bereicherung und als eine Verstümmelung. Der Foetus ist ein Teil ihres Körpers und auch wieder ein Parasit, der auf ihre Kosten lebt.«

Bis zu meiner Schwangerschaft war ich der festen Überzeugung, dass Männer und Frauen, abgesehen von zwei winzigen

Unterschieden, tatsächlich gleich sind. Im Psychologiestudium hatte ich gelernt, dass beide Gruppen bei ausreichend großer Stichprobe in so ziemlich allem gleich abschnitten. Lediglich in der Dimension *mentale Rotationsfähigkeit* wiesen Männer bessere Werte auf. Offenbar können Männer vor ihrem geistigen Auge besser sich windende Schläuche in Glaskästen drehen. O.k.!

Außerdem sind Männer im Schnitt mit mehr Muskelmasse ausgestattet und deswegen ein bisschen kräftiger. Humanoide auf der Erde jedenfalls. Xelayarinnen sind dementgegen viel stärker als humanoide Männer, aber das weiß man nur, wenn man *The Orville* geschaut hat.

An diese weitreichende Gleichheit glaubte ich, und so habe ich mich bis dahin auch verhalten. Bis ich eben schwanger wurde. Da habe ich den Satz »Schwangersein ist keine Krankheit« hassen gelernt. Denn natürlich ist Schwangerschaft keine Krankheit, aber schwanger zu sein, ist nicht nichts. Selbst wenn alles regelhaft verläuft, ist es mindestens anstrengend, schwanger zu sein: Übelkeit, Dauermüdigkeit, Wasser in den Beinen und Symphysen-Schmerzen gehören zu den weitverbreiteten Begleiterscheinungen. Ich selbst hatte bei beiden Schwangerschaften in unterschiedlichen Ausprägungen Hyperemesis gravidarium. Flapsig kann man das als Dauerkotzerei beschreiben, die in den ersten Schwangerschaftswochen beginnt und einem dann vierzig Wochen erhalten bleibt. Ich habe mich das letzte Mal bei der Geburt übergeben und war zwischendrin mehrere Male wegen Dauererbrechen und damit verbundener Dehydrierung im Krankenhaus (man erbricht dann um die zwanzigmal pro Stunde). Dort bekommt man Flüssigkeit und Elektrolyte direkt über die Vene zugeführt und – Wunder des Stoffwechsels – man kann auch ohne den Umweg der Flüssigkeitsaufnahme über den Magen weitererbrechen. Sobald ich aus dem Krankenhaus entlassen war, bin ich wieder erwerbsarbeiten gegangen. Denn an guten Tagen habe ich nur zehnmal am Tag erbrechen müssen und da kann man ja arbeiten!

Im Nachhinein doppelt unglaublich. Zum einen, weil meine Frauenärztin mich nicht erwerbsunfähig geschrieben hat, und zum anderen, weil ich einfach nie danach gefragt hatte: Ich wollte zeigen, dass ich leistungsfähig bleibe. Auch als Schwangere. Nichts wäre mir unangenehmer gewesen, als in einer männerdominierten Berufsbranche auszufallen, weil ich irgendwie zu schwach bin. Diese *Frauenbelange* sollten die Abläufe nicht stören.

Warum erzähle ich das? Zum einen: Ich glaube, für viele Frauen ist Schwangerschaft der Punkt, an dem man versteht, dass Frau und Mann nicht komplett gleich sind. Und zum anderen versteht man, dass Frausein in bestimmten Lebensphasen etwas mit Fremdbestimmung zu tun hat. Ist man die biologische Mutter, ist Mutterschaft besonders zu Beginn eine körperliche Erfahrung (Schwangerschaft, Geburt, ggf. Stillen), wohingegen Vaterschaft zunächst einen eher theoretischen Charakter hat. Ein Mann entscheidet sich bewusst für die Vaterschaft und kann dann wählen, wie sehr er sich einbringt.

Jana Ballenthien schreibt in *The Mamas and the Papas* über ihre Schwangerschaft: »Ich, die *Anti-Biologistin*, die Handeln vorläufig immer für sozial erlernt hält, tappte manches Mal im Dunkeln, ob ich gerade den gesellschaftlichen Diskursen oder der reinen Macht des Östrogens unterlag.«[169] Es sind nicht nur die körperlichen Veränderungen, die das Gefühl von Fremdbestimmtheit geben. Banalste Alltagserlebnisse erinnern einen daran, dass man nun kein autonomes Lebewesen mehr ist, das frei für sich entscheidet. Ich weiß nicht, wie oft es mir passiert ist, dass ich mit Schwangerschaftsbauch beim Bestellen eines Kaffees korrigiert wurde mit: »… aber koffeinfrei?«

Das richtige Abhängigkeitserwachen hat man spätestens mit der Geburt des Kindes, denn das hat Bedürfnisse, die gestillt werden müssen und die vor allem die ersten Lebensmonate nicht aufschiebbar und schon gar nicht verhandelbar sind. Schwangerschaft, Säuglings- und Kleinkindzeit absorbieren das Selbst. Bis dahin war es vielleicht möglich, sich deutlich als autonomes Subjekt wahrzunehmen. Durch die Mutterwerdung ist das nur noch begrenzt möglich. Selbst wenn wir die Biologie an dieser Stelle abschütteln könnten, es setzt zeitgleich ein gesellschaftlicher Druck ein, den man nicht unterschätzen darf. Plötzlich wissen alle, wie man sich zu verhalten hat, was man richtig, falsch oder anders machen sollte. Schreit das Baby in der Öffentlichkeit, weiß eine x-beliebige ältere Frau in der Nähe: »Das Kind hat Hunger!« – »Nee, hat es nicht, es hat gerade gegessen.« – »Ach? Aber es schreit doch!«

In Anbetracht dieses Drucks ist es schwer, sich nicht doch irgendwann den ganzen Mutterschaftsvorstellungen unterzuordnen. Eine gute Mutter tut dies und das, sie macht dies und jenes aber auf keinen Fall. Es hilft deswegen, wenn man irgendwann mal aufschreibt, was man selbst wichtig findet und denkt. Vielleicht schreibt man sich Briefe ans zukünftige Ich, in denen man sich Leitsätze schenkt.

»Ein Kind braucht feste Bezugspersonen. Das kann der Vater sein, die Mutter, die Schwester, die beste Freundin … alle, die das Kind lieb haben und regelmäßig Zeit mit ihm verbringen können und wollen. Die Verantwortung, die ich als Mutter trage, kann ich teilen. Das schadet dem Kind nicht.« Oder »Auch Mütter brauchen Erholung. Ich werde deswegen, sobald mein Körper das wieder zulässt, einmal die Woche einen Slot für Freizeit einplanen. Der Slot soll mir heilig sein. Ich spare nicht an meiner Selbstfürsorge.« Oder »In anstrengenden Zeiten ist es total okay, wenn die Wohnung chaotisch aussieht.« Oder »Ich will weiter erwerbsarbeiten und weiß, dass mich das nicht zu einer schlechten Mutter macht. Niemand würde je auf die Idee kommen, einen Vater, nur weil er erwerbsarbeiten geht, als schlechten Vater zu bezeichnen. Wichtig ist nur, dass das Kind gut versorgt ist.«

Natürlich kann man sich diese Werte und Vorsätze zu jedem beliebigen Zeitpunkt im Leben notieren. Es hilft, sich anhand dieser Vorsätze immer wieder zu kalibrieren, denn mit der Mutterwerdung bricht viel auf einen herein, das man so vielleicht mal gelesen hat, aber das sich am eigenen Leib erlebt doch noch mal anders anfühlt, sei es nun körperlich oder durch das Umfeld. Man erlebt hier die seltsamsten Dinge. Aus der ehemals feministisch geglaubten Mutter des Partners wird eine Feministin light, die grundsätzlich zustimmt, dass auch Väter Sorgearbeit übernehmen sollen, die dann aber um die Karriere des Sohnes fürchtet, wenn der wirklich mehr als zwei Monate Elternzeit bei seinem Arbeitgeber einreicht.

Das System um uns herum spielt auch im größeren Rahmen eine Rolle: Meistens verdient die Frau schlechter (weil es einen Gender Pay Gap gibt oder weil Berufe, in denen traditionell mehr Frauen arbeiten, besonders schlecht bezahlt sind), das Ehegattensplitting bevorteilt das Modell, in dem ein Paar sich in Sorge- und Erwerbsperson aufteilt, und die kostenlose Mitversicherung der Sorgeperson bei den Krankenkassen lockt – obwohl man es anders geplant hat, retraditionalisiert man die Paarrollen.

Mein ehemals naives Verständnis von Gleichheit hat sich jedenfalls durch die Schwanger- und Mutterschaft gewandelt: Ich habe verstanden, dass nicht alle gleich *sind*, sondern dass unsere Rechte und Pflichten nicht davon abhängen sollten, mit welchem Geschlecht (zu erweitern um Ethnizität, Klasse, Religion, Weltanschauung, sexuelle Orientierung, Gesundheit, Alter etc.) wir geboren wurden.

SUPERMOMS

Bestimmt sind sie euch schon begegnet, die Sprüche über Supermoms: »Superhelden ohne Umhang nennt man Mütter« oder »Mütter sind die wahren Superheldinnen des Alltags«. Sie sind nett gemeint und sollen Müttern helfen, den Alltagsstress zu kompensieren. Man könnte sagen, sie erkennen an, dass der Spagat zwischen Frau sein, in einer Partnerschaft leben, einer Erwerbsarbeit nachgehen und Kinder haben, anstrengend ist – so anstrengend, dass das eigentlich kein Mensch schafft, es sei denn, man hat Superkräfte.

Solche Sprüche vermitteln uns, dass es total normal ist, als Sorgeperson dauererschöpft und übermüdet zu sein. Das hilft uns, diesen Zustand zu akzeptieren und nicht auf die Idee zu kommen, dass es auch anders sein könnte, und das auch einzufordern. Wir verinnerlichen, dass es unsere Privatangelegenheit ist, unter welchen Bedingungen Mutterschaft und Familie stattfinden. Drastisch gesagt: Sprüche wie diese entpolitisieren uns.

Zudem schwingt im Superheldinnennarrativ nicht nur mit, dass man *alles* schaffen kann, sondern auch, dass man es *allein* schaffen kann. Antonia Baum schreibt zu dem Anspruch, Mutter zu sein und Vollzeit erwerbszuarbeiten: »Tatsächlich gilt es inzwischen als offiziell ausgemacht, dass [Mütter] es können, aber ich denke: Nein, eigentlich können Mütter es nicht. Sie können es nicht – und wenn doch, dann nur weil sie sich selber auf brutalste Weise ausbeuten (oder andere: Putzhilfen, Nannys etc.).«[170] Wir wissen und fühlen das, und nicht wenige sind dennoch stolz darauf, eine Supermom zu sein.

Unsere Gesellschaft kann ohne Kinder nicht fortbestehen. Ohne nachfolgende Generationen wird es nicht nur schwer mit der Rente, sondern es stellt sich die Frage: Wer wird uns pflegen, wenn wir alt sind? Wer wird sich um uns kümmern? Und diese Frage stellt sich allen Menschen – nicht nur Menschen, die selbst Kinder bekommen haben. Es ist deswegen auch die Verantwortung der gesamten Gesellschaft, unter welchen Bedingungen Elternschaft stattfinden kann. Mütter sollten keine Superkräfte haben müssen, um Kinder großzuziehen. Wir sollten nicht akzeptieren, dass das lediglich dann möglich ist, wenn man Raubbau an sich selbst betreibt.

Zahlen, wie der Wochenbericht des Deutschen Instituts für Wirtschaftsforschung sie nennt, sollten uns wachrütteln: »30 Prozent der untersuchten Mütter erfahren eine substanzielle Verschlechterung des gesundheitsbezogenen Wohlbefindens innerhalb der ersten sieben Jahre.«[171] Die Pandemie hat diese Situation eher verschlimmert als verbessert. In einem Interview sagt die Geschäftsführerin des Müttergenesungswerks Yvonne Bovermann: »Früher kamen die Frauen nahe am Burn-out im Müttergenesungswerk an. Jetzt sind viele bereits im Burn-out.« Sie führt aus: »Das ist vor allem Erschöpfung, reicht aber bis zu Nervenzusammenbrüchen und dem Gefühl, es geht gar nichts mehr.«[172] Die Akkus lassen sich dann auch nicht mehr durch Ruhepausen oder Schlaf auffüllen. Die Mütter-Akkus sind tiefenentladen.

Es ist deswegen sehr wichtig, dass wir davon ablassen, Überlastung zu glorifizieren, und uns lieber Gedanken darüber machen, wie wir allen Sorgepersonen rechtzeitig Unterstützung angedeihen lassen können. Mein Ideal wäre es deswegen, dass wir Mutter- und Vatertag zusammenlegen und zum Elterntag machen und uns darauf spezialisieren, nötige Unterstützungsangebote zu formulieren. Mütter sind nämlich durchaus in der Lage, selbst zu entscheiden, was für sie und ihre Familien am besten ist. Von mir aus könnte auch endlich das Ehegattensplitting zum Muttertag abgeschafft werden. Eine Ehe kostet nämlich – außer Nerven – nicht viel. Kinder sind indessen ein Armutsrisiko.

Ein erster, privater Schritt, das Narrativ der Supermom abzuschaffen, ist ganz einfach: Wir müssen lernen, offen und radikal ehrlich über Mutterschaft zu sprechen. Wir müssen Ambivalenzen aussprechen und aushalten. Mutterschaft ist nicht ein einziger Glücksrausch, sondern manchmal wirklich richtig ätzend. Das liegt aber an den Rahmenbedingungen und nicht an unseren Kindern. Kinder brauchen keine Supermoms. Kinder brauchen Gut-genug-Mütter.

MUTTERWERDUNG

Ziemlich bekannt sollte Simone Beauvoirs Satz »Man kommt nicht als Frau zur Welt, man wird es« sein. Das trifft für das Muttersein noch viel mehr zu: Frauen sind keine Mütter per Geburt, sondern sie lernen, Mütter zu sein.

Bei Männern haben wir viel eher das Bewusstsein, dass es um eine Transformation geht. Wir haben jedes Verständnis, wenn sie Sachen (noch) nicht können, wenn sie Fehler machen, wenn sie sich im Lernprozess befinden. Bei Frauen ist die gesellschaftliche Sicht eine andere: Frauen sind die geborenen Mütter, die ohne Übung alles in sich tragen, was man zur Säuglingspflege können oder wissen muss. Der Glaube an den Mutterinstinkt hält sich hartnäckig.

Neurobiologische Studien legen nahe, dass Frauen per se nicht besser geeignet sind, sich um Kinder zu kümmern, als Männer, oder gar über einen diesbezüglichen Instinkt verfügen. Die Fähigkeit, sich um den Nachwuchs kümmern zu können, entsteht vielmehr aus Erfahrung. Das Tun wiederum nimmt Einfluss auf die Hormone. So sinkt bei Personen, die sich intensiv kümmern, das Testosteronlevel und gleichzeitig wird vermehrt Oxytocin ausgeschüttet.[173] Die Journalistin Chelsea Conaboy fasst in ihrem Buch

Mutterhirn zusammen: »In Wirklichkeit ist die Fähigkeit, eine Bindung mit Kindern einzugehen, jedoch flexibel, in jedem Menschen vorhanden und je nach Individuum unterschiedlich geregelt.«[174]

Wenn Frauen in Sachen Haushalt oder Kinderbetreuung also zu irgendeinem Zeitpunkt schneller, geschickter oder besser sind, dann nicht, weil Gene oder Hormone das verursachen, sondern weil sie einen Kompetenzvorsprung haben. So zu tun, als ob bestimmte Fähigkeiten angeboren sind, und sich dem Lernen zu verweigern, ist kindisch und respektlos gegenüber dem anderen, an dem die Aufgaben dann hängen bleiben.

NEUE MÄNNER BRAUCHEN NEUE FRAUEN

Wer neue Männer will, braucht auch neue Frauen. Folglich müssen wir darüber nachdenken, was Frauen männlich oder was sie attraktiv finden. Geht es um die Wahl des Partners, zeigen Umfragen auf Dating-Portalen, dass die typischen Männer-Klischees letztlich doch für viele Frauen attraktiv sind.[175] Frauen wünschen sich ältere Partner, sie finden es gut, wenn der potenzielle Partner größer ist als sie selbst, sie finden es attraktiv, wenn der Mann einen höheren sozialen Status hat, also mehr Geld verdient und/oder einen höheren Bildungsabschluss hat. »›Je mehr soziale und materielle Sicherheit ein Mann verspricht, desto attraktiver wird er. Frauen suchen immer noch den Ernährertypen‹«, bestätigt der Soziologe Hans-Peter Blossfeld.[176]

Ob Augenhöhe überhaupt gewünscht ist, variiert je nach Paarvorstellungen. Besonders eindrücklich findet sich das zusammengestellt in dem Buch *Wenn der Mann kein Ernährer mehr ist,* das Paare in drei Kategorien einteilt. Bei traditionalen Paaren haben der Partner und die Partnerin (wie der Name schon andeutet) sehr traditionelle Rollenvorstellungen. Es gibt hier die größte Übereinstimmung mit »Beharrungstendenzen traditioneller Geschlechterverhältnisse«, und »Herkunftsfamilie, Verwandtschaftsnetzwerke und Ehefrau üben Druck auf den Mann aus, [Ernährer zu sein]«.[177] Es herrscht ein »Leitbild der Sphärentrennung«, und es wird nicht ernsthaft erwartet, dass Männer sich in Hausarbeit und Kindererziehung einbringen. Frauen hingegen sehen sich unabhängig von ihrem Erwerbsumfang hauptverantwortlich für das Private.

Eine zweite Gruppe von Paaren, es wird hier vom individualisierten Milieu gesprochen, findet zwar das theoretische Leitbild gut, dass Aufgabenverteilung nicht am Geschlecht hängen sollte, jedoch bringen sich die Männer in der Realität nicht allzu engagiert in die typisch weiblichen Aufgaben Haushalt und Kinderversorgung ein.

Die Frauen wiederum finden das okay. Dafür stellen sie die Autonomie und Coolness ihrer Partner heraus und finden sie gerade deswegen liebens- und bewundernswert. Auch eine emotionale Entkoppelung des Partners ist für sie attraktiv, und die demonstrativen Autonomiebestrebungen des Partners werden zum Ansporn, um ihn zu kämpfen: »Denn ein Teil der Dynamik zwischen dem coolen Mann und der anspruchsvollen, beruflich erfolgreichen Frau besteht in ihrem Verlangen, einen solchen Kerl für sich zu gewinnen und dann auch halten zu können – also zu erreichen, dass er sich auf sie einlässt.«[178] Geht aus solchen Beziehungen ein Kind hervor, wird das als ein großes Zugeständnis gewertet. Die Frau ist dauerdankbar und verzichtet auf Forderungen.

Lediglich in der dritten Gruppe der familistisch orientierten Paare dominiert eine komplementäre Rollenaufteilung: »Im Zentrum steht das An-einem-Strang-Ziehen. Die Gemeinschaft hat Vorrang vor der individuellen Selbstverwirklichung. Auch Karriere und Status spielen demgegenüber eine untergeordnete Rolle.«[179]

In dieser Gruppe ist es möglich, dass die traditionellen Rollen verdreht werden.

Wir können also festhalten: Es sind nicht pauschal die *bösen* Männer, die Gleichberechtigung verhindern. Ob Paare auf Augenhöhe und gleichberechtigt leben, hängt maßgeblich damit zusammen, wie sie sich selbst sehen und was sie am Verhalten des Gegenübers als selbstverständlich empfinden.

Schaut man auf die nachkommende Generation, bewegen sich diese Vorstellungen nicht wesentlich. Die *Shell-Jugendstudie* 2019 zeigt, dass Jugendliche zwischen zwölf und 25 Jahren sich wünschen, dass die Frau in einer späteren Partnerschaft mit einem kleinen Kind beruflich kürzertreten soll und nicht der Mann. Darin sind sich die Jugendlichen unabhängig vom Geschlecht einig. Mehr noch: 65 Prozent der jungen Frauen stellen sich maximal einen Halbtagsjob vor, 68 Prozent der jungen Männer wünschen sich genau das von ihrer Partnerin.[180]

Ich würde mich daher aus dem Fenster lehnen und behaupten: Solange es keine Kinder in einer Beziehung gibt, sind Wunsch und Wirklichkeit bei vielen Paaren relativ deckungsgleich. So bewerten die Frauen Ende zwanzig es oft schon als ausreichend, wenn ein möglicher Partner im Haushalt *hilft* (auch wenn es sich hierbei um seinen eigenen Haushalt handelt), wenn er bereit ist, gelegentlich die eigenen Kinder zu *babysitten*, wenn er nicht gewalttätig ist oder zum Jahrestag regelmäßig Blumen besorgt.

Denn erst mit dem Älterwerden (und gegebenenfalls der Familiengründung) fällt Frauen auf, wie die bestehenden Verhältnisse sich konkret auf ihr eigenes Leben auswirken (finanzielle Abhängigkeit, Dauererschöpfung Mitte dreißig in der Rushhour des Lebens, eingeschränkte Karrierechancen, geistige Unterforderung und Langeweile in der Elternzeit etc.), und ihre Vorstellungen wandeln sich. Es mag deswegen vielleicht nicht verwundern, dass einer Studie zufolge unverheiratete, kinderlose Frauen zu den glücklichsten Bevölkerungsgruppen gehören.[181] Das erscheint auch stimmig mit der Erkenntnis, dass die Ungleichberechtigung bei modernen Paaren vor allem mit der Mutterwerdung in die Familien einzieht. Während sich viele Paare bis zum ersten Kind als gleichberechtigt erleben, erfahren sie danach einen großen Rückschritt. Dafür gibt es den passenden Spruch: »Paare gehen gleichberechtigt in den Kreißsaal und verlassen ihn als ein Paar der 1950er-Jahre.«

Natürlich spielen Vorstellungen von Weiblichkeit auch jenseits des Kinderhabens eine große Rolle. Wie Frauen Weiblichkeit definieren, trägt viel dazu bei, ob Frauen und Männer auf Augenhöhe leben. So ist zum Beispiel Fürsorglichkeit Teil des Selbstbilds der meisten Frauen, unabhängig davon, ob sie Mütter sind oder nicht. Wenn aber Fürsorglichkeit nur bei Frauen und nicht bei Männern Teil des Selbstbildes ist, bedeutet das auch, dass Frauen aus eigenem Antrieb mehr Kümmern übernehmen. Es fühlt sich für die meisten Frauen nur nicht belastend an, solange die eigenen Ressourcen zu den Fürsorgetätigkeiten passen.

Dasselbe gilt für Emotionalität und Beziehungspflege. Niemand drängt Frauen aktiv bestimmte Tätigkeiten auf. Frauen ziehen sich aufgrund ihrer psychischen Entwicklung und Sozialisation den Schuh freiwillig selbst an. Sie sorgen für Harmonie, managen die Gefühle ihrer Partner, kümmern sich um die sozialen Beziehungen, halten Kontakt zur Verwandtschaft (*Kinkeeping*), dekorieren, sorgen für ausgewogene und gesunde Ernährung. Viele Männer sind das dementsprechend gewöhnt und konsumieren diese Dinge bereitwillig. Egal ob wir Mütter sind oder nicht, für viele Frauen ist Fürsorglichkeit und die Ausrichtung auf andere Menschen Teil ihres Selbstbildes.

Es ist also ziemlich kompliziert, was sich da alles zwischen Wunsch und Wirklichkeit entfaltet, und es zeigt sich deutlich, dass

Frauen in ihren Werten und Vorstellungen an der Zementierung der Rollenzuschreibungen genauso beteiligt sind wie die Männer. Frauen müssen also auch darüber nachdenken:

- Was finde ich anziehend oder männlich?
- Wie lässt sich das in meine Vorstellung von Partnerschaft und die Aufteilung von Sorgearbeit langfristig integrieren?
- Welche traditionell männlichen Aufgaben werde ich übernehmen, wenn mein Partner traditionell weibliche Aufgaben übernimmt?
- Wie werde ich mich fühlen, wenn meine Kinder in meiner Abwesenheit nie nach mir fragen, weil sie sich vom Vater ebenso gut umsorgt fühlen?
- Wie kann ich meinem Umfeld begegnen, wenn wir von den traditionell weiblichen bzw. männlichen Rollen abweichen?

DES PUDELS KERN

- Egal, ob wir uns weiblich oder männlich lesen, gängige Stereotype tragen dazu bei, das bestehende System der Ungleichberechtigung aufrechtzuerhalten.
- Wir müssen deswegen sowohl an unseren Bildern von Männlichkeit als auch an unseren Bildern zu Weiblichkeit, und da besonders an unseren Vorstellungen zu Mutterschaft arbeiten.
- Männer sind aufgefordert, Fürsorge, emotionale Zugänglichkeit und Sanftheit in ihr Bild von Männlichkeit zu integrieren. Sie müssen Kompetenzen in den typisch weiblichen Domänen der Sorgearbeit entwickeln (Kinderversorgung, Haushaltsführung, Beziehungsarbeit).

- Frauen sind gefragt, ihre Männlichkeitsbilder zu reflektieren und dies in ihre Muster der Partnerschaftswahl einzubeziehen. Sie müssen Kompetenzen in den typisch männlichen Domänen entwickeln (Finanzen, Instandhaltung/handwerkliche Tätigkeiten/Technik) und ihren Wert nicht ausschließlich vom Grad ihrer Fürsorglichkeit ableiten.

VORBILDER FINDEN – FÜRSORGE LEBEN

»Nicht der Wind, sondern das Segel bestimmt die Richtung.«

Quelle unbekannt

Die modernen Väter bleiben derzeit eher Wunsch denn Wirklichkeit. Oder wie es der Autor Patrick Catuz auf Purpurr.at so schön formuliert: »Der moderne Vater ist kein Mythos (aber eine Rarität).«[182] Was aber hält Männer davon ab, aktive Väter zu sein und sich in die Sorgearbeit einzubringen? Als einer der häufigsten Gründe wird genannt: ein Mangel an Vorbildern. Das stimmt mich nachdenklich, denn Menschen, die sich aktiv um Kinder kümmern, gibt es *en masse*, oder?

Es stellt sich also die Frage, ob Vaterschaft etwas anderes als Mutterschaft ist. Die meisten Artikel, die man so lesen kann, behaupten das zumindest.

Väter machen Dinge eben anders. Sie interessieren sich für andere Sachen, sind wilder, raufen auch mal, machen sich nicht andauernd Sorgen et cetera pp. Auch das führe zu Konflikten: Weil Väter halt anders sind als Mütter, meckern die Mütter dann rum und machen es den willigen Vätern schwer. Mütter akzeptieren diese Andersartigkeit nicht. Das Gemeckere habe zur Folge, dass die Väter sich dann eben nicht mehr engagieren. Das war ein großes Thema etwa im *Spiegel* mit dem Covertitel *Papa kann das schon alleine*: »Mütter rühmen sich großer Weisheit, wenn es um ihre Domäne geht. Sie halten es nicht aus, wenn der Vater dem Kleinkind den gestreiften Pulli zur karierten Hose anzieht. Sie runzeln die

Stirn, wenn er vom Einkaufen eine andere Windelmarke mitbringt als sie.«*

Aha, das ist es, was Väter anders machen? Also klar, mein Partner macht Dinge anders als ich. Zum Beispiel trägt er alles, an was gedacht werden muss, in seinen Kalender ein, der ihn dann erinnert. Ich trage alles in eine schnöde Erinnerungsapp ein. Er macht Knoblauch in die Bolognese, ich nicht, und wenn er Wäsche aufhängt, dann faltet er die Bettlaken einmal und zieht sie straff – wohingegen ich die Laken auf der Leine lieber zusammenraffe, damit sie draufpassen. Ich glaube aber nicht, dass es an seinem Mannsein hängt, dass er Dinge anders macht, und bei mir sehe ich auch keinen Zusammenhang mit meinem Frausein. Er macht Dinge anders, weil na ja … er ist halt ein anderer Mensch.

Die aktuelle Forschung zu Geschlechterunterschieden kommt zu ähnlichen Ergebnissen: Es gibt eigentlich keine Unterschiede in Eigenschaften oder Verhalten, die wirklich auf den Umstand zurückzuführen sind, dass man biologisch ein Mann oder eine Frau ist. Die Hormone sind nicht die Ursache, dass Frauen, wenn sie Besuch bekommen, eher noch mal durchwischen als Männer. Es gibt keinen biologisch verankerten höheren Sauberkeitsstandard bei Frauen, sondern Frauen beugen sich im vorauseilenden Gehorsam der gesellschaftlichen Zuschreibung von Verantwortung für einen sauberen Haushalt. Schaut man sich einzelne Studien zu Geschlechtsunterschieden an, zeigt sich: Biologie und Sozialisation lassen sich kaum voneinander trennen. Aber statistisch gibt es meist eine größere Varianz innerhalb eines Geschlechts als zwischen den Geschlechtern. Was eben auch erklärt, dass Person X Dinge anders macht als Person Y.

* Wenn der Artikel die Mütter nicht so abwerten würde, wäre übrigens sichtbarer geworden, dass er auch wichtige Sichtweisen zum Vatersein nennt.[k]

Um auf diese Väter-/Müttersache zurückzukommen: Was ja oft wirklich gemeint ist mit *Väter machen Dinge eben anders*, ist ja so was wie »Wenn sie mit den Kindern schwimmen gehen, räumen sie hinterher die Schwimmbadtasche nicht aus« (weil sie darauf zählen können, dass die Partnerin das erledigt, bevor alles schimmelt) oder »Sie raufen mit den Kindern, aber wenn was passiert, das dazu führt, dass das Kind nicht in die Kita kann, dann nehmen sie eher nicht die Kinderkrankentage« (sondern gehen davon aus, dass die Mutter das tut). Oder wie das Beispiel im Zitat aus dem *Spiegel*-Leitartikel *Väter kaufen eine andere Windelmarke* (obwohl die Erfahrung bereits gezeigt hat, dass diese nicht so gut sitzt und nachts ausläuft, was dazu führt, dass man nachts aufstehen und wickeln muss).

Diese Art des Andersmachens führt aus naheliegenden Gründen zu Streits. Aber nicht, weil Väter Dinge per se anders machen als Mütter, sondern weil in solchen Fällen, um einen Begriff aus der agilen Software-Entwicklung zu verwenden, die *Definitions of Done* sehr weit auseinanderliegen und Verantwortung nicht für den ganzen Prozess, sondern oft nur für die Fun-Parts übernommen wird (sogenanntes *onkeln*).

Oft wird weiblicher Perfektionismus unterstellt, wo keiner ist. Wenn eine Mutter will, dass die Kinder Punkt acht im Bett sind, dann weil sie verbindliche Erholungszeiten braucht. Es ist also keine unbegründete Vorstellung eines Tagesablaufs, der eingehalten werden soll, weil die Mutter perfektionistisch ist. Wenn eine Mutter darauf besteht, dass der Fiebersaft an einer ganz bestimmten Stelle steht, kommt das daher, dass sie ihn auch im Halbschlaf griffbereit haben will, wenn das Kind mal fiebernd oder mit Schmerzen aufwacht – was darin begründet liegt, dass sie bereits weiß, wie hart der nächste Tag werden kann, wenn das Kind nicht schnell wieder zur Ruhe kommt. Mütter rühmen sich in der Regel also nicht nur großer Weisheit, sie sind tatsächlich alltags- und erfahrungsweise, weil sie oft die Hauptverantwortlichen in Sachen Sorgearbeit sind.

Paare, die sich dementgegen die ganze Palette an Kacke, Kotze und Elternabende teilen, werden sich eher nicht darüber streiten, ob das Kind nun Möhren- oder Apfelschnitze mit in die Brotbox nimmt (weil sie wissen, dass das Kind beides isst), und noch weniger werden sie diskutieren, ob ein gestreifter Pulli zu einer karierten Hose passt. Sprich, es gibt einfach sehr, sehr viele Dinge, bei denen es eher wirklich wurscht ist, wie sie genau gemacht werden. Bei anderen ist es eben aus verschiedenen Gründen doch wichtig, wie sie gemacht werden. Das kann man aber besprechen.

Frauen haben im Vergleich zu Männern oft mehr Definitionsmacht im Privaten – das ist richtig. Vor allem dann, wenn sie Hauptverantwortliche sind, wenn sie die Sorgearbeit die ersten Monate oder Jahre alleine übernehmen. Startet ein Paar gemeinsam in die Elternschaft und teilt sich Aufgaben und Verantwortung, gestaltet es die Prozesse und gewünschten Ergebnisse gemeinsam. Das läuft nicht ohne Reibungen, denn jeder Mensch macht Dinge anders, aber das Ergebnis sind ausgearbeitete Paar- und Erziehungsstandards. Massive Konflikte treten erst dann auf, wenn einer der beiden Jahre später einsteigt und ohne große Erfahrung auf Neudefinitionen pocht. Das Maternal Gatekeeping zu nennen, verschleiert die Verantwortungsgeschichte des jeweiligen Paares.

Hier eine kleine Reflexionshilfe: Nehmen wir an, ihr kennt euch aus mit Radwechsel und wisst genau, dass man einen Drehmomentschlüssel braucht, um den korrekten Sitz der Schrauben sicherzustellen. Nehmen wir an, ihr habt bereits fünf bis zehn Jahre Erfahrung im Wechseln von Rädern, und eure Partnerin beschließt jetzt: Das mache ich zukünftig auch, und kommt mit einem Ring-/Gabelschlüssel und steckt hinten in den Ring noch einen Schraubenzieher in die Öffnung, um das Ganze per Hebel so RICHTIG festzuziehen.

Was macht das für ein Gefühl? Was hat das mit Perfektionismus zu tun? Ich sag nur: »Nach fest kommt ab.«

Jedenfalls – ist Vaterschaft was anderes als Mutterschaft? Braucht man als Vater Vätervorbilder? Reichen nicht die Drölfzigmillionen Mütter im Umfeld als Vorbild (mindestens für den Einstieg)? Wieso ist der Drang so groß, für Dinge, die bereits gelöst sind, eigene Lösungen finden zu wollen? Wieso reicht der Erfahrungsschatz von Müttern nicht, um sich die Dinge zusammenzusuchen, die zu einem passen?

Ich befürchte, ein Teil der Antwort ist zu finden in den Worten, die in unserer Gesellschaft zum Teil noch verwendet werden, um zu beleidigen: »Du Mädchen!« – »Wie so ne Mutti.« Vermutlich ist es für einige Männer eben nicht leicht, sich an Frauen – an *weiblichen* Eigenschaften – zu orientieren. Wahrscheinlich ist es eben nicht erstrebenswert, der weiche, kümmernde, empathische Papi zu sein. Denn wo bleibt dann die Männlichkeit? Weil also all diese weiblich konnotierten Mütter-Ideale hart mit gängigen Männlichkeitsbildern kollidieren, kann Vaterschaft nicht wie Mutterschaft aussehen – muss Vaterschaft was anderes sein als Mutterschaft!

Tatsächlich ist es so, dass fürsorgliche Männer, die sich stark in die Sorgearbeit einbringen, die tatsächlich als Hausmann leben oder ausgedehnt Elternzeit nehmen, den gängigen Vorstellungen von Männlichkeit (dominante Macher und Leistungsträger, die Kohle ranschaffen und so für ihre Familie sorgen) widersprechen. Nicht selten müssen sie dagegen ankämpfen, als Schwächling, Weichei oder Pantoffelheld dargestellt zu werden. Daher rührt vermutlich auch das starke Abgrenzungsbedürfnis mancher Männer, die Vaterschaft als etwas anderes definieren wollen als Mutterschaft.[183]

Auf damals noch Twitter habe ich die Frage, warum Männer sich nicht an Frauen orientieren können, ebenfalls aufgeworfen und dann viele mehr oder minder wütende Antworten von Männern bekommen, wie ausgerechnet ich als Feministin, die ja genau wisse, wie wichtig weibliche Vorbilder im Berufsleben seien, auf die Idee komme, dass sich Väter ihre Vorbilder bei Müttern suchen könnten.

Die Antwort ist in meinen Augen folgende: Ein guter Elternteil zu sein, bedeutet, ein guter Kümmerer zu sein. Das Kümmern liegt zurzeit lediglich gesellschaftlich begründet vor allem in Frauenhand. Kümmern hat sehr vereinfacht gesagt viel mit Bedürfnisbefriedigung zu tun. Je jünger die Kinder sind, desto mehr. Neugeborene sind vollkommen abhängige Lebewesen. Sie sind darauf angewiesen, dass jemand lernt, ihre Bedürfnisse zu erkennen und diese zu befriedigen. Im Laufe dieser Bedürfnisbefriedigung entsteht eine Bindung.

Die Soziologin Franziska Schutzbach[184] schreibt in *Die Erschöpfung der Frauen* dazu, dass die Natur nicht vorschreibe, welche Rolle die gebärende Person nach der Geburt für ein Kind und in der Gesellschaft einnehme. »Wie wir dieses Kümmern organisieren, wer die Verantwortung übernimmt, ist der Gesellschaft überlassen. Auch wenn Biologie und körperliche Beschaffenheiten in allem, was wir tun, eine Rolle spielen, gehen die meisten Biologinnen davon aus, dass sich unsere Art zu leben aus einer Wechselbeziehung zwischen Biologie und Kultur, zwischen Gewohnheiten und Ideologien ergibt.«

Sich gut zu kümmern, ist demnach nicht geschlechtsspezifisch festgelegt. Wenn es also eine große Gruppe von erfahrenen Kümmerern gibt, die zufällig Frauen sind, spricht in meinen Augen nichts dagegen, sich an deren erworbenen Fähigkeiten und Erfahrungen zu orientieren. Hier sehe ich auch das Konfliktpotenzial begründet. Hat eine Person einen großen Kompetenzvorsprung und will eine zweite Person sich nun in das Thema einarbeiten, erscheint es schon ein wenig seltsam, wenn die zweite Person sagt: »Egal, was du die letzten fünf bis zehn Jahre gelernt hast, ich fange ganz von vorne an, und ich werde es auf meine eigene Weise machen, und auf keinen Fall werde ich irgendwas von dir übernehmen.«

Im Jobleben würde man so auf jeden Fall nicht vorgehen. Im Gegenteil. Will eine Firma etwas Neues lernen, sagen wir mal beispielsweise agiler werden, dann gibt man oft sogar Geld für erfahrene Expert*innen aus, die das Personal schulen und Best-Practice-Beispiele mitbringen, damit man eben nicht bei Adam und Eva anfängt, alles mühsam, zeitaufwendig und teuer neu erfindet oder bereits gemachte Fehler wiederholt.

Warum das nun im Falle Vaterschaft ausgerechnet so gehandhabt werden soll, ist vollends unklar. Wie gesagt, natürlich gibt es zahlreiche Gebiete in der Sorgearbeit, in denen die genaue Ausführung egal ist (Kleidungskombinationen, gesunde Snackbefüllung der Brotbox), aber in vielen anderen Gebieten kann man durchaus darüber sprechen, aus welchen Gründen die bereits erfahrene Person A findet, dass ein bestimmtes Ergebnis oder ein gewisser Ablauf relevant ist.

Und um noch den Punkt zu beantworten, warum Frauen in der Arbeitswelt weibliche Vorbilder benötigen: Tatsächlich beschäftigen sich zahlreiche Ratgeber und Coachings damit, Frauen *männliche* Verhaltensweisen beizubringen. Sicherlich hat das einige Frauen auch in (Spitzen-)Führungspositionen gebracht. Den meisten hilft es offensichtlich aber nicht. Offensichtlich, weil in vielen Branchen und in den Führungsebenen Frauen nach wie vor rar sind. Das wiederum liegt daran, dass typisch männliche Verhaltensweisen bei Frauen nicht zu denselben Ergebnissen führen.

Mein Vater erzählt gerne die Anekdote, wie er in seinem Job seine Durchsetzungsstärke bewiesen hat, in dem er in einer Sitzung mal mit seiner Faust so auf den Tisch geschlagen hat, dass sämtliche Kaffeetassen umgefallen sind. Ich stelle mir immer gerne vor, ich würde das in Meetings machen. Ich bin mir ziemlich sicher, dass meine Kollegen mich danach nicht für meine Entschlossenheit loben würden, sondern sie würden sich entweder fragen, wieso ich so irrational und übermäßig emotional geworden sei, oder besorgt nachhaken, ob alles in Ordnung sei. Wer sich näher mit dem Thema Doppelstandards beschäftigen möchte, dem lege ich sehr Alexandra Zykunovs Buch *Wir sind doch alle längst gleichberechtigt* ans Herz.[185] Sie arbeitet studienbasiert so schöne Bullshitsätze wie »Frauen sollten einfach verhandeln wie Männer« auf.

Am Ende brauchen Frauen vor allem andere Frauen, um überhaupt berücksichtigt zu werden. Denn es gilt: Befördert werden die, die einem selbst am ähnlichsten sind (»Thomas-Kreislauf«). Deswegen galt immerhin bis 2019, dass es in den Vorständen mehr Vorstandsmitglieder gab, die Thomas oder Michael heißen, als Frauen insgesamt.[186] Unsere starren Rollenbilder stehen uns stark im Weg, wenn es darum geht, in unserer Gesellschaft – mindestens für die nächste Generation – nachhaltig etwas zu verändern.

Im Übrigen halte ich es für eine Ausrede zu sagen, man könne etwas nicht tun, weil man keine Vorbilder hat. Da beißt sich die Katze irgendwie in den Schwanz. Die Logik erinnert mich ein bisschen an die Situation, wenn man sich für den ersten Job bewirbt und eine Ablehnung mit dem Argument: »Wir hätten gerne jemanden mit Vorerfahrung« erhält und sich denkt: »Äh, wie soll ich die sammeln, wenn mir niemand eine Chance gibt?«. Nur umgekehrt. Wenn nicht einer den ersten Schritt Richtung involvierte Vaterschaft macht … woher sollen denn die involvierten Väter der Zukunft jemals kommen?

Ich selbst hatte bis in meine späten Zwanziger keine Vorbilder in Sachen Mutterschaft. Ich war in Westdeutschland, genauer gesagt im konservativen Bayern aufgewachsen und umgeben von mir nicht besonders erfüllt erscheinenden Müttern. Sie gingen selten erwerbsarbeiten, natürlich auch, weil es gar keine Kinderbetreuungsmöglichkeiten gab – wenn überhaupt, dann Halbtagskindergärten, die erst mit drei Jahren besucht werden konnten, und so was wie Horte nach der Schule gab es auch nirgendwo. Erst in Berlin habe ich in den Müttern meiner Freund*innen Frauen gesehen, die Erstaunliches taten: erwerbsarbeiten, feiern, Hobbys nachgehen (die nicht indirekt irgendeinen Nutzen für die Familie haben, sondern einfach Freude bereiten). Für mich quasi eine neue Spezies!

Ich würde fast denken, so geht es vielen Frauen, die in Westdeutschland groß geworden sind. Vielleicht haben einige sich sogar eher gedacht: »Wie meine eigene Mutter will ich auf keinen Fall werden!« Als Jugendliche oder junge Erwachsene hat man nämlich oft noch keinen Blick für die strukturellen Bedingungen von Mutterschaft. Wir sehen dann nur die überlasteten, gestressten Mütter und empfinden die Sphäre des Privaten, in dem die eigenen Mütter ihr Hoheitsgebiet hatten, als etwas glanzlos und langweilig. Wir denken zurück an unsere Mütter und sehen nur, dass sie wenig Raum für sich selbst beansprucht haben, dass sie beinahe unsichtbar waren.

Dass Frauen trotz fehlender Vorbilder in die Kümmerrolle gehen, liegt daran, dass sie in der Regel nicht die Wahl haben, ob sie sich kümmern oder nicht. Eine Mutter, die sich nicht kümmert, wird als schlechter Mensch abgestempelt. Dass Muttersein im eigenen Kopf fest mit Kümmern verknüpft ist, kann man meistens schnell nachfühlen, wenn man sich Folgendes vorstellt: Ein Paar mit Kindern lässt sich scheiden. Die Mutter zieht in eine andere Stadt, weil sie dort ein attraktives Jobangebot hat. Die Kinder besuchen sie alle zwei Wochen am Wochenende.

Frauen, die sich so entscheiden, schlägt oft völliges Unverständnis entgegen. Sie müssen sich typischerweise Sprüche anhören wie: »Aber vermisst du denn nicht deine Kinder? Also, ich könnte das nicht!«

Fast überflüssig zu erwähnen, dass das mit vertauschten Rollen eher die Norm als ein Grund zum Schockiertsein ist. Männer können oft nicht nur entscheiden, *wie* sie sich kümmern, sie können sogar entscheiden, *ob* sie sich überhaupt kümmern. Tun sie es nicht, werden sie nicht als schlechte Menschen, sondern lediglich als nicht modern eingestellt bewertet. Wenn sie Sorgearbeit leisten, dann steht ihnen Lob zu. Sie tun es ja freiwillig.

Kollektivet: Compliments[187]

Auf Twitter und Mastodon habe ich mal gefragt, wie man es schafft, eine gute Mutter oder ein guter Vater zu werden, und ob es dafür Vorbilder gab. Auch wenn die Antworten natürlich keinerlei Anspruch auf Repräsentativität haben, ist bemerkenswert, dass die meisten gar keine Vorbilder haben und hatten. Viele haben ihre Elternschaft einfach neu entworfen, geben eine Mischung aus Selbstreflexion/Therapie an sowie empathisches Einfühlen in die Kinder beziehungsweise in das, was man sich als Kind selbst gewünscht hätte. Vielleicht helfen euch diese Aspekte auf eurer Suche nach Vorbildern auch:

- Ich habe mich in meine Kindheit und meine damaligen Bedürfnisse versetzt und davon abgeleitet, was ich gebraucht hätte.
- Ich habe reflektiert, welche Bilder von Elternschaft ich kenne (durch die eigenen Eltern, das persönliche Umfeld, aber auch durch die Medien etc.), und mir das ausgesucht, was sich richtig anfühlte.
- Ich habe für mich festgestellt, dass vor allem Anwesenheit ein wichtiger Faktor ist, aus dem sich alles andere ergibt.

- Ich habe für mich wesentliche Faktoren identifiziert, an denen ich mich orientiere: Zeit. Reflexion. Weiterbildung. Empathie.
- Ich habe es mit evidenzbasierter Elternschaft probiert und mich mithilfe von Sachbüchern fortgebildet.
- Ich habe Therapie gemacht und stark reflektiert, was ich brauche und was ich für andere sein kann und will.

Es ist also ein Dreiklang aus informieren, reflektieren und eigene Bilder entwerfen:

INFORMIEREN

Wenn es die gewünschten Vorbilder gar nicht gibt, muss man ja trotzdem irgendwie in die Elternrolle finden. Ein guter Einstieg sind Sachbücher und Ratgeber. Auch hier erstaunt mich immer wieder, dass das eine Frauendomäne zu sein scheint. Wie oft habe ich schon von Männern gehört, dass Sachbücher für Kindererziehung und -entwicklung Humbug seien. Am Ende spiegelt sich hier eine Einstellung wider, die frauentypische Domänen abwertet. Ernährung, kochen, backen, handarbeiten, putzen, Kinderentwicklung und -erziehung – laaangweilig! Handwerkern, Sachen bauen, reparieren, grillen, mit schwerem Gerät umgehen – eine Wissenschaft für sich! Da lohnt es sich, YouTube-Tutorials anzuschauen und Fachzeitschriften zu wälzen.

Sachbücher und Ratgeber sind nicht die einzigen Wissensquellen, natürlich kann man sich Best-Practice-Beispiele überall in der

Umgebung abschauen. Die Antwort der X-Userin @Iniurancemaster hat mir diesbezüglich sehr gut gefallen: »Ich orientiere mich an allen aus meinem Umfeld und bin eine bunte Mischung aus Dunja, Steffie, Claudia, Nina, Herrn Schulze, Martin, David, Frau Müller und der coolen Frau, die ich mal in der U-Bahn beobachtet habe.«[188]

REFLEKTIEREN UND AUSTAUSCHEN

Es hilft auch, Selbstreflexion zu betreiben. Viele tun das begleitet in Form einer Psychotherapie. Ähnlich sinnvoll ist es, sich regelmäßig mit anderen Eltern zum Thema Elternschaft auszutauschen. Dabei ist schon erstaunlich, über was man so spricht am Anfang. Während ich die ersten Monate nach der Geburt sehr damit beschäftigt war, Antworten zu finden, was ich alles kaufen müsste (Hallo Kapitalismus!), damit sich meine Kinder optimal entwickeln könnten, ist mir irgendwann aufgegangen, dass das vielleicht doch nicht die drängenden Fragen zum Thema gute Mutterschaft sind, und wir haben mehr darüber gesprochen, wie man eigentlich klarkommt ohne Schlaf, ständige Überlastung und den Kopf voller Planungsdetails, die dem Partner nicht sichtbar waren.

Gibt es wenig Möglichkeiten zum Austausch in der Kohlenstoffwelt, versucht es doch mal im Internet. Es gibt so viele wunderbare Accounts für ehrliche Elternschaft:*

- @annamendel.official
- @dukannstdas_ella
- @_zachiii_
- @grossekoepfe
- @piepmadame

* Väter findet ihr im Abschnitt *Männlichkeit* im Kapitel *Stereotype überwinden ist für alle schwer*.

WERTVORSTELLUNGEN ENTWICKELN UND ANPASSEN

Über Information und Reflexion entwickeln sich im ersten Schritt Vorstellungen über ideale Mutter- und Vaterschaft. Doch spätestens, wenn die Erwerbsarbeit und/oder ein zweites Kind dazukommen, werden die meisten feststellen, dass man das mit dem *ideal* am besten ganz schnell vergisst und Versionen von Elternschaft findet, die sich unter *gut genug* zusammenfassen lassen. Alle Vorstellungen von perfekt und ideal helfen nicht, denn sonst hat man am Ende lediglich ein Bild von Elternschaft, an dem man nur scheitern kann.

Realistische Blaupausen sind gefragt. Sich vorzunehmen, nie zu schreien, immer gut auszusehen oder stets geduldig zu sein, ist am Ende eben nicht sehr hilfreich. Im Englischen gibt es den schönen Satz »Be who you needed when you were younger«. Also »Sei die Person, die du gebraucht hättest, als du jünger warst«. Das ist ein sehr viel besserer Ausgangspunkt, als abstrakte Elternschaftsideale das je sein könnten.

- Was habt ihr euch von euren Eltern gewünscht?
- Was war euch wichtig? Was war euch überhaupt nicht wichtig?
- Worauf haben eure Eltern Wert gelegt – wie wichtig war das für euch?
- Wie wollt ihr von euren Kindern erinnert werden?

Am Ende: Verabschiedet euch von der Vorstellung, dass ihr diejenigen seid, die hauptsächlich Einfluss auf eure Kinder nehmen. Kinder wachsen mit so vielen Einflüssen auf. Je älter sie werden, desto mehr treten die Eltern in den Hintergrund. Das könnt ihr nutzen, indem ihr ein Umfeld schafft, das vielfältig ist. Kinder können sich dann eigenständig aussuchen, was sie von wem übernehmen. Sie haben viele Ansprechpartner*innen und Bezugspersonen. Das im Kopf zu behalten, ist ungemein entlastend.

Ich kann zum Beispiel nicht oft genug betonen, dass meine Kinder so tolle Menschen geworden sind, weil sie so wunderbare Erzieher*innen hatten. Andere haben vielleicht Großeltern, Nachbar*innen, Freund*innen oder Lehrer*innen, die den Kindern einen Rahmen geben, der sie gedeihen und wachsen lässt.

DES PUDELS KERN

- Angeblich können Männer ohne männliche Vorbilder nur schwer fürsorgliche Väter werden. Frauen sind geborene Mütter, denn ihnen liegt das Kümmern im Blut.
- Folglich bleiben Männer in ihren traditionellen Rollen als Ernährer. Mütter hingegen wurschteln sich durch. Kirsten Fuchs hat dafür auf Instagram mal den Begriff *Aalmütter* verwendet. Wie wunderbar!
- Wollen wir das aufbrechen, müssen wir Fürsorglichkeit als eine erlernbare Fähigkeit sehen, die unabhängig vom Geschlecht existiert. Wir können unsere Vorstellung dann selbst entwickeln oder zusammensetzen anhand der existierenden Modelle unserer Umgebung.

EIGENE STANDARDS SETZEN

»Ein großer Teil des feministischen Kampfes besteht darin, anderen Frauen die Freiheit zu geben, Entscheidungen zu treffen, die man für sich selbst vielleicht nicht getroffen hätte.«

Lena Dunham

Viele begreifen Gleichberechtigung im engeren Sinne nicht als Wahlfreiheit, sondern als Weg, dass Frauen so leben können wie Männer: erwerbsarbeitszentriert. Das, was heute als männlich gilt, soll den Frauen auch möglich sein. Sie sollen erwerbsarbeiten können, dabei Rentenpunkte sammeln, (Führungs-)Karrieren anstreben, durchsetzungsfähig sein, möglichst frei von Sorgearbeit sein und sich auf das Rationale konzentrieren. *Mensch* ist eigentlich immer noch mit *Mann* gleichzusetzen. Die englische Sprache trägt diese Gleichsetzung unverändert in sich: *man* = Mensch. Das Weibliche ist nur eine Abwandlung davon, das Wort wo*man* trägt im Kern das *man*.

Als Resultat der Gleichstellungsmaßnahmen haben wir am Ende tatsächlich mehr Frauen in männlich dominierten Gebieten, aber es sind eben auch vor allem Frauen, die sich durch einen vorwiegend männlichen Habitus durchgesetzt haben, denn dieser bleibt Standard, um in einer überwiegend männlich orientierten Außenwelt Erfolg zu haben. In diesem Zusammenhang kann man sich dann fragen, was wir als Gesellschaft eigentlich gewinnen, wenn Frauen sich immer stärker dem männlichen Stereotyp annähern.

Der emanzipatorische Albtraum auf der anderen Seite ist quasi die Hausfrau. Frauen, die sich *nur* um Haushalt und Kinder kümmern, sind Frauen, die *nicht arbeiten*. Viele von uns, mich eingeschlossen, sagen Sätze (oder haben gesagt) wie: »Ich arbeite nicht, ich bin in Elternzeit.«

Das ist, wie in dem Buch bis hierher hoffentlich klar geworden sein sollte, völliger Humbug. Sorgearbeit ist Arbeit, nur eben nicht im Sinne des derzeit vorherrschenden Wirtschaftsverständnisses, weil sie nicht wertschöpfend ist. Es gibt den bekannten Satz des Ökonomen Friedrich List, der 1959 gesagt hat: »Wer Schweine erzieht, ist ein produktives, wer Menschen erzieht, ein unproduktives Mitglied der Gesellschaft.«[189] Für Aussagen wie diese gibt es das Emoji mit dem explodierenden Gehirn. Aber so ist die Logik derzeit. Eine Frau, die sich zeit ihres Lebens um andere gekümmert hat, die drei Kinder großgezogen hat, ihre Eltern versorgt hat, sich im Kindergarten um Feste gekümmert hat, die in der Schule für den Förderverein gearbeitet hat, die in der Gemeinde für die Flüchtlingshilfe Essen gekocht und ausgegeben hat, die ihren Mann bei Krankheit versorgt hat, hat so gut wie keine Rentenpunkte sammeln können. Ist sie nicht durch den Partner finanziell versorgt, gehört sie zu den zahlreichen Rentnerinnen, die in Armut werden leben müssen. Ich finde, es gibt kaum etwas Erschütternderes als das.

Deswegen sollte Gleichberechtigung nicht zum ultimativen Ziel haben, dass alle erwerbsarbeiten. Das würde auch gar nicht funktionieren. Der Staat hat in allen Bemühungen, alle Menschen in die Erwerbsarbeit zu bringen, leider übersehen, dass Menschen nicht nur finanziell versorgt werden müssen und dass es auch Menschen gibt, die ein Recht auf ein lebenswertes Leben haben, auch wenn sie aus verschiedenen Gründen nicht wertschöpfend tätig sein können. Er bedient sich der kostenlosen Sorgearbeit von Menschen, um die Gesellschaft am Laufen zu halten.

Die Logik unseres Staats sieht vor, dass es relevant viele Menschen gibt, die kostenlos Sorgearbeit leisten. Diese Sorgearbeit ist zum einen nötig, um die bereits Erwerbstätigen in die Lage zu versetzen, bis zur Rente einer Lohnarbeit nachzugehen, und diese Sorgearbeit ist auch nötig, um neue Erwerbsarbeitende zu schaffen. Das klingt so hässlich, wie es ist. Indirekt haben viele verinnerlicht, dass wertvoll nur derjenige ist, der Wert schafft.

Zunehmende Kinderfeindlichkeit kann als Symptom der Erwerbsarbeitszentrierung gewertet werden. Denn Kinder werden oft als unnütze, anstrengende Mitglieder unserer Gesellschaft gesehen. Sie hindern Erwachsene daran, sich zu entspannen, um ihre Leistungsfähigkeit für die Erwerbsarbeit zu erhalten: in Restaurants, Parks und Schwimmbädern. Sie sind laut und haben, besonders wenn sie jung sind, unaufschiebbare Bedürfnisse. Kindern wird wenig Wert beigemessen, denn sie, na ja, erziehen keine Schweine.

Aber zurück zur Hausfrau. Kann eine Frau Hausfrau sein wollen und gleichzeitig feministisch sein? Persönlich glaube ich, dass das eine mit dem anderen nichts zu tun hat. Die Arbeit, die Hausfrauen (und Hausmänner) leisten, ist wertvoll. Gesellschaftlich gesehen ist sie unverzichtbar. Die Wichtigkeit kann in Vergessenheit geraten, wenn sich alles um die Lohnarbeit dreht.

Das Umeinanderkümmern ist Grundlage unserer Gesellschaft. Wir Menschen brauchen andere, die sich um uns kümmern. Eine Gesellschaftsordnung, die das sichtbar in den Vordergrund stellt, würde ganz anders aussehen als unsere Gesellschaft heute, die zwar Betreuungs- und Pflegeinfrastruktur bereitstellt, aber eben nur, damit die Menschen erwerbsarbeiten gehen können. In dieser Logik ist Betreuungs- und Pflegeinfrastruktur kostenpflichtig (oder zumindest zuzahlungspflichtig), und diese Einrichtungen müssen mindestens kostendeckend, oft auch gewinnorientiert betrieben werden.

Würden wir anerkennen, dass diese Infrastruktur da ist, weil sie notwendig ist, damit wir ein gutes und menschenwürdiges Leben führen können, sähe das zwangsläufig anders aus. Der komplette Care-Sektor wäre dazu da, menschliche Grundbedürfnisse zu erfüllen, und müsste sich nicht der Wertschöpfungslogik unterwerfen.

ZEIT ZUM KÜMMERN

Ich muss gestehen, ich war selbst sehr überrascht, wie wichtig es für meine relativ großen Kinder ist, dass ich im Alltag anwesend bin. Ich wusste das bis zur Pandemie nicht, denn ich war immer im Büro. Die Kinder waren in der Schule und dann im Hort, und als sie alt genug waren, sind sie nach Hause gekommen und waren alleine, bis wir Eltern von der Erwerbsarbeit gekommen sind.

Als im März 2020 die Pandemie für uns Homeoffice brachte, waren wir plötzlich die ganze Zeit zusammen. Wir haben unsere Tage umstrukturiert, sodass wir mittags gemeinsam essen konnten. Das hat den Kindern gefallen. Die Pandemie hat uns Austausch und viele wunderbare Gespräche geschenkt. Im Alltag davor war so wenig Zeit für Begegnungen. Natürlich war das nicht für alle Familien so. Wir hatten großes Glück, dass die Erwerbsarbeit sich gestalten und sich an unsere Bedürfnisse anpassen ließ, die Kinder groß und wir ohne finanzielle Sorgen waren.

Mein Punkt ist: Ich hatte keine Ahnung, dass die Kinder es selbst als Teenager mögen, dass die Eltern in ihrer Nähe sind, und dass es ihnen etwas bedeutet, sie verfügbar zu wissen. Im Luxusbundesland Berlin, wo es wirklich viele Krippen, Kindergärten, Horte gibt, war uns das nie aufgefallen. Ich bin dankbar, dass es diese Einrichtungen gibt. Nicht nur, weil sie meine Kinder betreuen, sondern auch, weil ich nervlich nicht in der Lage gewesen wäre, dauerhaft Vollzeitmutter zu sein. Es wäre mir nicht möglich gewesen, die unterschiedlichen Bedürfnisse meiner Kinder zu befriedigen. Sie hatten beispielsweise ein großes Bastelbedürfnis. Stundenlang konnten sie basteln. Ich hätte ihnen das nicht bieten können, denn nichts bringt mich schneller in die Nähe eines Nervenzusammenbruchs als Basteln mit Kleinkindern.

Aber ich bin eben nicht jede*r. Es gibt durchaus Menschen, die es erfüllend finden, Mutter und Hausfrau zu sein. Eine gleichberechtigte Welt würde erlauben, dass man sich frei entscheiden kann, ob man erwerbsarbeitet oder sorgearbeitet. Eine gerechte Welt würde dann aber dafür sorgen, dass, egal wie die Wahl ausgefallen ist, die Menschen nicht finanziell abhängig sind und auf Altersarmut zusteuern. Und die Wahl würde eben nicht beeinflusst von Argumenten wie: »Du verdienst weniger Geld, also ist es logisch, dass du die Sorgearbeit übernimmst«. Solange es beispielsweise einen Gender Pay Gap gibt, zweifle ich zumindest daran, dass diese Entscheidung frei getroffen werden kann. Deswegen wäre meine Einschränkung: Natürlich soll jede*r Hausfrau und Mutter sein können (Väter eingeschlossen), aber sie müssen auch versorgt sein.

Wir müssen gleichzeitig darauf achten, dass die Diskussion um Erwerbsarbeit und Fürsorgearbeit nicht so tut, als sei Fürsorgearbeit etwas Lästiges, eigentlich Unerwünschtes, das es vor allem gilt loszuwerden. »Es ist ein gesellschaftlicher Druck geworden, Sorgearbeit zurückzuweisen«,[190] sagt die Philosophin Tove Soiland. Selbst wenn uns Fürsorgearbeit vielleicht nicht liegt und wir darin keine Erfüllung finden, am Diskurs der Abwertung sollten wir uns nicht beteiligen. Das Plädoyer muss anders lauten: Wir brauchen Platz für Sorgearbeit. Soiland führt weiter aus: »Fürsorge ist eine Gabe; sie besteht nicht in einer von Personen trennbaren Handlung, sondern in der Beziehung: Die Gebende gibt einen Teil von sich.«

Beziehung kann man aber nicht eintakten, deswegen braucht Fürsorge unverplante Zeiträume. Tiefe Gespräche, emotionaler Austausch, das Teilhabenlassen am eigenen Leben finden oft zufällig, spontan und irgendwann am Tag statt und entfalten sich erst nach und nach durch Vertrautheit. Auf: »Na, wie wars in der Schule?« wird ein Kind vielleicht nicht immer besonders ausführlich antworten. Zu einem anderen Zeitpunkt sprudelt es nur so vor Mitteilungsdrang (meist um 20:25 Uhr, wenn das Kind schlafen soll – aber das ist eine andere Geschichte).

Deswegen ist es wichtig, dass Fürsorge nicht nur eine Mindestzeit zugewiesen bekommt und mit bloßer Versorgung gleichgesetzt wird. Fürsorge braucht reichlich Zeit. Der Begriff Quality time ist für mich deswegen irreführend. Er vertröstet uns auf eine winzige Zeitspanne, die wir besonders effektiv nutzen sollen. So wie die hanebüchene 5-Minuten-Me-Time. Dabei baut sich Beziehung durch Beständigkeit auf, durch die Gewissheit, da ist jemand, der sich um mich kümmert, der mir Platz in seinem Leben einräumt, der da ist, und zwar nicht nur 20 Minuten am Abend. CC – Constant Care vor Quality time. Für unser aller Seelen wäre es gut, die Fürsorge nicht als zweitklassig neben Erwerbsarbeit zu sehen, sondern uns dafür einzusetzen, dass wir wieder mehr Zeit mit denen verbringen können, die uns kümmern.

Und hier sind wir wieder am Anfang der Debatte: Wir tun so, als sei es für alle erstrebenswert, sich auf die Erwerbsarbeit zu konzentrieren und dem männlichen Stereotyp zu folgen. Damit werten wir in einem Atemzug Sorgearbeit ab und wischen weg, dass stereotype männliche Rollenbilder auch Nachteile haben (vgl. Abschnitt *Männlichkeit* im Kapitel *Stereotype überwinden ist für alle schwer*). Nicht alle Männer wollen so leben. Es gibt fürsorgliche, emotionale Männer genauso wie karrierebewusste, durchsetzungsstarke Frauen. Dass Letztere in der Gesellschaft in eher kleineren Gruppen wahrzunehmen sind, liegt an den derzeitigen Systembedingungen, die jeweils ein anderes Ideal fördern. Die Fokussierung auf die Erwerbsarbeit und das Geld hat uns blind dafür gemacht, dass Sorgearbeit auch ein Privileg sein kann, weil wir so engere, emotional erfüllende Beziehungen zu unseren Kindern und anderen uns nahen Menschen aufbauen können. »Care gilt es zu erledigen«, schreibt der Erziehungswissenschaftler Stephan Höyng im Band *Männlichkeiten und Care*. Er hält fest: »Damit gut ausgebildete Väter dem Markt nicht entzogen werden, wird fürsorgendes Verhalten vor allem im Privatleben angesiedelt. […] So müssen fürsorgende Väter im Konflikt mit Erwerbsarbeit Vereinbarkeit wie schon Mütter überwiegend individuell herstellen. […] Diese Anforderung löst jedoch Männer nicht aus ihrer Ernährerfunktion, sondern wird zusätzlich erwartet.«[191]

Willkommen im Leben der Frauen … Sie erleben das schließlich genauso, nur eben umgekehrt: Während sie durch politische Maßnahmen in die Erwerbswelt gedrängt werden, nimmt ihnen niemand die Sorgearbeit ab. Eigentlich der perfekte Zeitpunkt, dass Sorgepersonen sich unabhängig vom Geschlecht miteinander solidarisieren. Seltsam, dass das nicht schon lange passiert. Mag man der wissenschaftlichen Literatur glauben, besteht das Ideal der aktiven Vaterschaft schon seit mehr als einem Jahrzehnt.

Ich sehe dafür zwei Hindernisse: Zum einen erleben Frauen schon seit vielen Jahren diese Vereinbarkeitskonflikte und fühlen sich ebenso lange schon alleingelassen. Wenngleich vielleicht die bestehenden Männlichkeitsbilder bis dahin Fürsorge noch nicht als Ziel oder Wert für sich integriert hatten, wäre es doch schön gewesen, Fürsorge wenigstens wertzuschätzen und nicht zweitrangig, klein und unsichtbar zu machen. Aus dem Gefühl der mangelnden Unterstützung entsteht vielleicht in vielen Diskursen eher Häme als Solidarität, wenn Männer sich heute schwer mit Teilzeit und Elternzeit tun.

Zum anderen sehe ich ein weiteres Hindernis in der Art und Weise, wie männliche Fürsorge oft inszeniert wird, wenn sie denn stattfindet: als etwas, das auf jeden Fall anders ist als weibliche Fürsorge. Die unbedingte Abgrenzung männlicher Fürsorge sendet eine starke Botschaft, dass von Frauen erbrachte Fürsorge etwas ist, das nicht erstrebenswert ist, sondern eher etwas Übertriebenes oder Läppisches, das durch männliche Fürsorge nicht unterstützt und vertieft, sondern neu erfunden werden muss.

Ich weiß nicht, wie oft ich gelesen habe, dass Väterlichkeit nicht nach dem Vorbild der Mütterlichkeit gelebt werden kann, sondern eine eigene – am besten konträre – Ausgestaltung braucht (der coole Papa, der sich nicht ständig einen Kopp macht und auch mal fünfe gerade sein lässt).

Verletzung und Abwertung machen es jedenfalls schwer, aufeinander zuzugehen. Wahrscheinlich müssen wir versöhnlicher und kompromissbereiter werden, wenn wir als Menschen mit Sorgewillen bessere Bedingungen für uns schaffen wollen.

Wir müssen außerdem die Story um Fürsorge ändern. Fürsorge ist etwas, das positiv auf die fürsorgende Person zurückwirken kann. Dabei sind Männer explizit mitgemeint. Denn auch Männer können darin soziale Beziehung erleben, die toxische Welt von

Konkurrenz, emotionaler Kälte und Leistungszentrierung verlassen und daran wachsen.

Wir vernachlässigen all das Schöne, das mit einer fürsorglichen Gesellschaft einhergeht, weil wir aufgrund der Rahmenbedingungen (besonders der wenigen Zeit) Fürsorge oft als weiteren Stressfaktor werten. Wir übersehen: Unsere Arbeitsstätten lieben uns nicht zurück, egal, wie viel Liebe und Zeit wir in sie investieren.

FÜRSORGE FINANZIELL ABSICHERN

Im Idealfall würde der Staat Fürsorge finanziell ausreichend absichern. Er tut es aber nicht. Jedenfalls nicht langfristig und nachhaltig und vor allem unabhängig vom Konzept der Versorgerehe. Es bleibt traurigerweise also eine Frage des Anstands und der Fairness, sorgende Partner*innen finanziell abzusichern. Lebt ihr also in einer Partnerschaft, deren Arrangement es ist, dass eine*r erwerbsarbeitet und eine*r die Sorgearbeit übernimmt, schaut, dass die Sorgearbeit leistende Person auch finanziell abgesichert ist. Und zwar nicht nur heute, sondern auch morgen und übermorgen. Klingt wie der Werbeslogan einer Versicherung, ist aber wichtig. Wie wertvoll Sorgearbeit in Euro ist, kann man sich mal mit Hilfsmitteln wie dem CareRechner ausrechnen. Das ist wirklich erkenntnisreich. Viele Menschen, die hauptsächlich Sorgearbeit leisten, haben nämlich selbst oft ein Wertschätzungsproblem. Das bisschen Haushalt eben … Also erfasst doch mal euren Arbeitseinsatz, und schaut euch an, was am Ende in Euro rauskommt.

Ihr müsst auch kein schlechtes Gewissen haben. Es ist nur ein Experiment. Etwas in Euro zu bemessen, hat nichts damit zu tun, ob man es mit Liebe tut. Ihr könnt alles mit Liebe tun und es hat trotzdem einen quantifizierbaren Wert. Kein*e Manager*in würde sagen: »Ich liebe meinen Job! Ich liebe, was ich tue! Deswegen kann und will ich kein Geld dafür nehmen!« Also:

- Welcher Betrag kommt bei euch zusammen?
- Wart ihr erstaunt?
- Wie fühlt es sich an, diesen Betrag zu sehen?

Ich empfehle außerdem, dass ihr euch, sofern ihr euch als Team seht, in einem Drei-Konten-System organisiert. Der Deal ist: Eine*r erwerbsarbeitet, eine*r leistet die Sorgearbeit. Die Hälfte des Gehalts der erwerbsarbeitenden Person gehört der Sorgearbeit leistenden Person. Alle Einnahmen fließen dafür auf ein Gemeinschaftskonto. Von dort werden alle gemeinsamen Kosten getragen: Miete, Kredite, Internetanschluss, Rundfunkgebühr, Versicherungen, Nahrungsmittel etc.

Was übrig bleibt, wird halbiert, geht auf die Privatkonten der Beteiligten und kann für das ausgegeben werden, was die Person konsumieren/kaufen möchte: Badeschaum, fernsteuerbare Steckdosen, Blumen, Bier, Laugencroissants.

Das Modell funktioniert auch, wenn beide arbeiten, und ebenso, wenn man unterschiedlich verdient. Erst mal geht alles auf das gemeinsame Konto und wird dann wieder halbiert. Wenn ihr mich fragt, ist beim Geld einzig und allein die 50/50-Aufteilung fair. Das anteilig nach tatsächlichen Einnahmen zu machen, finde ich bizarr. Will man als Bereichsleiterin Einkauf dem Partner, der Krankenpfleger ist, wirklich sagen, dass er dafür verantwortlich ist, dass einem Krankenpfleger weniger Geld als einer Bereichsleiterin gezahlt wird? Kann man machen, ist aber … uncool.

Ich gehe sogar noch weiter. Ist eine Person wirklich *ausschließlich* Sorgeperson, sollte es zu den gemeinsamen Ausgaben gehören, dass man dieser Person (sofern das finanziell überhaupt möglich ist) eine private Altersvorsorge zahlt. Das verhindert nämlich, dass die Sorgeperson im Falle einer Trennung mit einer ziemlich kleinen Rente dasteht. Trennt man sich nicht: Wie toll! Dann gibt man das Geld als hoffentlich fideles Rentnerpaar gemeinsam aus.

In der Realität ist Geld schnell ein Streitpunkt. Was dem einen als sinnvolle Ausgabe erscheint, muss dem anderen nicht ebenso einleuchtend gut investiertes Geld sein. Es ist wichtig, dass man sich einigt, was alles in welcher Höhe zu den gemeinsamen Ausgaben gehört. Wenn der eine denkt: »Mensch, 1 000 Mbit/s Glasfaseranschluss, das brauchen wir unbedingt! Kostet ja nur 75 Euro im Monat!«, mag der andere das für eine unsinnige Ausgabe halten. Man muss dann eben schauen, dass es einigermaßen ausgeglichen ist. Manchmal hilft es, erst über ein paar Monate ein Haushaltsbuch zu führen und dann gemeinsam die Ausgaben zu bewerten.

Zugegeben wird das Drei-Konten-Modell bei Selbstständigkeit etwas komplizierter. Die Logik bleibt jedoch dieselbe, man hat dann vielleicht noch ein Extrakonto, um Umsatzsteuer und Einkommenssteuer etc. direkt wegzusparen.

Also: Hausfrau/-mann und Vollzeitmutter/-vater zu sein, ist ein absolut berechtigter Wunsch. Finanziell abgesichert durch den Staat ist man dann aber nicht. Also muss man innerhalb der Beziehung ein Absicherungsmodell finden, das auch auf lange Zeit trägt. Augen zu und das Beste hoffen ist kein nachhaltiges Modell. Fragt die rund 18 Prozent Rentner*innen, die 2021 von Altersarmut betroffen sind.[192]

ENTSCHEIDUNGEN BEWUSST TREFFEN

Habt ihr schon mal ein gebrauchtes Auto gekauft? Wenn ja, wie seid ihr vorgegangen? Auto angeschaut, festgestellt, dass es von außen gut aussieht, Handschlag, dem Verkäufer das Geld gegeben und Tschüss?

Ziemlich sicher nicht. Sehr viel wahrscheinlicher habt ihr einen Kaufvertrag abgeschlossen, um sicher zu sein, dass beide Seiten wirklich das bekommen, was sie möchten, und im Zweifels- oder Streitfall auf das zurückgreifen zu können, was ihr schriftlich vereinbart hattet. Jetzt ist die Ehe zugegebenermaßen kein Auto, aber in Sachen Ehe sind die meisten sehr viel entspannter, obwohl es doch um beträchtliche Summen geht.

Nehmen wir beispielsweise das Geld, das im Laufe eines Lebens verdient beziehungsweise nicht verdient wird. Spätestens wenn Kinder ins Leben kommen, muss jemand die zusätzliche (Sorge-)Arbeit übernehmen. Um das möglich zu machen, verzichtet in der Regel eine*r auf Einkommen. Statistisch sind das meist Frauen. Während Männer im Durchschnitt 1,3 Millionen Euro verdienen werden, beträgt das durchschnittliche Lebenseinkommen von Frauen 750 000 Euro.[193] Es geht also um 550 000 Euro, auf die die Frau zugunsten des Mannes verzichtet, weil sie die Sorgearbeit für die gemeinsamen Kinder übernimmt. Diese Zahl zu kennen, ist auch deswegen wichtig, weil Frauen sich oft schwertun, den Wert ihres Beitrags zu erkennen, und viele Verhandlungen über die Verteilung von Sorgearbeit mit dem Argument abgeschmettert werden, dass die Frau schließlich so wenig verdient.

Dieser Verzicht bleibt bis zum Ende des Lebens erhalten, denn es schließt sich die Rentenlücke an. Ohne schriftlich festgehaltene Absprachen sind diejenigen, die weniger verdienen, auf den guten Willen des Mehrverdieners angewiesen. Lebenslang. Kann man natürlich machen, wegen Liebe und so, ist rein rational mit Blick auf die Scheidungsrate, die rund 40 Prozent beträgt,[194] mindestens ein bisschen leichtsinnig.

Eheverträge werden selten geschlossen. Valide Zahlen dazu gibt es keine, lediglich Umfragen, die persönliche Einstellungen abfragen. »Ein Ehevertrag gehört zur Ehe« – dem stimmen knapp

15 Prozent der Befragten zu.[195] Deutschland – ein Land der Romantiker*innen! Wir heiraten und hoffen das Beste, vor allem, ohne einmal wirklich unter die Motorhaube geschaut zu haben. Vielleicht haben wir grundsätzlich darüber gesprochen, ob wir überhaupt Kinder wollen. Aber der Rest? Wie soll das konkret aussehen? Wer wird sich kümmern? Wer erwerbsarbeitet wie viel? Wer nimmt Elternzeit? Wie lange? Wird er/sie das ausschließlich tun oder auch einem Beruf nachgehen? Wie wird das aussehen, wenn die Kinder drei Jahre alt sind, wie, wenn sie in die Schule kommen?

Wie krass wäre es, wenn man all das klärt, bevor man die großen Lebensentscheidungen trifft? Ich finde die Idee toll. Meine Lieblingsanwaltsserie *The Good Fight* (um genau zu sein: Staffel 6, Folge 5) ist sogar noch weiter gegangen. Da werden nicht nur Eheverträge (Englisch *pre-* bzw. *postnup*), sondern Schwangerschaftsverträge (*push-nup*) ausgehandelt. Die Klientin der Anwältin Elsbeth Tascioni möchte gern einen finanziellen Ausgleich für andauernde Morgenübelkeit, die Strapazen und Veränderungen, die der Körper aufgrund der Schwangerschaft erleidet, dafür, dass sie ihre Karriere zurückstellt: »Marriage gets a contract, so why shouldn't motherhood?« Der zukünftige Vater hat sogar Verständnis: »She is so afraid of giving up her life – so why not?« Ja, why not eigentlich?*

Wir denken, wir haben einen Partner oder eine Partnerin, die alles so denkt, wie man es selbst denkt, und der Witz ist: Wir haben

* »Wenn Ehe einen Vertrag haben kann, warum nicht auch Mutterschaft?« Der zukünftige Vater hat sogar Verständnis: »Sie hat Angst davor, ihr Leben aufzugeben. Warum also nicht?« Funfact: Männer finden Eheverträge erfahrungsgemäß unromantisch. Vermutlich, weil Männer viel stärker an der rationalen, gefühlsarmen Welt der Erwerbsarbeit ausgerichtet sind. Das Zuhause und die Beziehung sind oft der einzige Ort der Liebe, der Ort, wo man im Idealfall nicht an seiner Leistung gemessen wird, der Ort, wo man Geborgenheit erfährt. Hier nun auch mit Verträgen und Zahlen einzufallen, fühlt sich verständlicherweise nicht gut an.

oft selbst noch nie genauer nachgedacht, was *wir* eigentlich denken. Das ist mir erst so richtig klar geworden, als sich in meinem Familienkreis ein Paar an einem Adoptionsverfahren versucht hat. Ich fand die Hürden, die Adoptionen mit sich bringen, augenöffnend. Was da alles gefragt wird! Was da alles geplant, reflektiert und bedacht werden muss.

Es ist vor allem unfair, dass Menschen mit unerfülltem Kinderwunsch das alles durchlaufen müssen, wohingegen andere Familien einfach mit dem Kind starten und kaum einen Plan vorab im Kopf haben.

Nachfolgend ein paar Beispiele, welche Fragen bei Adoptionswunsch gestellt werden. Ich habe sie aus unterschiedlichen Broschüren zusammengestellt und verallgemeinert:

- Welche Beweggründe leiten Sie, ein Kind haben zu wollen?
- Was spricht gegen das Kinderhaben? Wie haben Sie für sich diese Argumente entkräftet? Wie wollen Sie negative Auswirkungen auf Ihr Leben verhindern?
- Wie lange planen Sie, zu Hause zu bleiben, um sich um das Kind zu kümmern?
- Wie haben Sie sich auf die Elternschaft vorbereitet? Haben Sie an Kursen oder Seminaren teilgenommen?
- Wie stellen Sie sich den Tagesablauf mit dem Kind vor?
- Wie wird Ihre Familie, wie werden Ihre Freunde auf das Kind reagieren?
- Von wem können Sie Unterstützung erwarten?
- Was ist Ihnen in der Erziehung wichtig?
- Sind Sie bereit, für ein Kind, auch über die Volljährigkeit hinaus, Verantwortung zu übernehmen und eigene Wünsche in den Hintergrund zu stellen?
- Wie sieht Ihre Wohnsituation aus? Werden Sie diese noch verändern müssen, wenn das Kind größer wird?

- Wie sehen Ihre finanziellen Verhältnisse aus? Haben Sie genügend finanzielle Mittel, um ein Kind großzuziehen?
- Haben Sie Erfahrung im Umgang mit Kindern?

Persönlich habe ich vor dem Kinderbekommen besonders an der Geldfrage geknobelt. Bei allem anderen habe ich mir gedacht: »Wird schon/Sehen wir dann.« So eine Rechnung geht ziemlich sicher für verheiratete heterosexuelle Paare der Mittelschicht auf, da die staatliche Unterstützung sich stark auf diese Paare ausrichtet. Alle anderen müssen tatsächlich über vieles sehr viel intensiver nachdenken. Wie sieht es bei euch aus?

Vielleicht habt ihr am Ende tatsächlich keinen Bock auf einen Partnerschaftsvertrag. Zwischen *Wir reden gar nicht über Details und hoffen das Beste* und *Wir gehen zum Notar und halten alles schriftlich fest* gibt es einen Mittelweg: Sich vorab über die zentralen Themen zu informieren. Das Gleichstellungsbüro und das Familienmanagement der Stadt Hannover haben hierzu einen Leitfaden herausgegeben, der über alle rechtlichen und finanziellen Folgen aufklärt. Er heißt *Verliebt, verlobt, versorgt*[196] und führt auf 48 Seiten durch alle wichtigen Punkte in Sachen Geschlechtergerechtigkeit. Wenn man den liest, gibt es mit Mitte vierzig (wenn die rund 40 Prozent Ehen geschieden werden) wenigstens kein böses Erwachen. Man kann zumindest nicht behaupten, man habe vorher nichts gewusst. Warum bekommt man so was nicht in allen Städten in die Hand gedrückt, wenn man beim Amt die Eheschließung beantragt?

DES PUDELS KERN

- Wir haben zugelassen, dass Gleichberechtigung bedeutet, dass Frauen wie Männer leben können. Dabei haben wir übersehen, dass die bestehende Welt auch für viele Männer gar nicht erstrebenswert ist.
- Wir haben zugelassen, dass Sorgearbeit zu etwas Zweitklassigem degradiert wurde, das lästigerweise stattfinden muss, man aber im besten Fall auslagert.
- Wenn wir eine menschliche Gesellschaft wollen, die es ernst meint mit Würde, dann dürfen wir unser Selbst nicht daran festmachen, ob und wie wertschöpfend wir im Sinne der Wirtschaft handeln. Wir müssen für unsere Leben Platz für Fürsorge einfordern und dafür sorgen, dass das Geld, das die eine Person für ihre Erwerbsarbeit erhält, mit der Person geteilt wird, welche die Sorgearbeit übernimmt.
- Ehen als Organisationseinheiten für Familie werden v. a. in Zuversicht geschlossen, dass sich alles fügen wird.
- Fügt sich aber oft nicht, sondern scheitert sogar in fast der Hälfte der Fälle.
- Deswegen: Zeit investieren, gegenseitige Vorstellungen und Erwartungen ausformulieren und einen groben Plan für die nächsten 10 bis 15 Jahre mit wesentlichen Meilensteinen entwerfen und den regelmäßig mit der Wirklichkeit abgleichen.

POLITISCH SEIN

»Auf Veränderung zu hoffen,
ohne selbst etwas dafür zu tun, ist, wie am Bahnhof
zu stehen und auf ein Schiff zu warten.«

Albert Einstein

Um das Buch zu schreiben, habe ich viele Studien und andere Bücher gelesen. Immer wieder begegnete mir dabei das Wort Potenzfeminismus oder Choicefeminismus. Beide Begriffe meinen Ähnliches: eine Form des Feminismus, der die Lösungen für bestehende Ungerechtigkeiten ausschließlich im Individuum sucht, der herausstellt, dass alle Schwierigkeiten aufzulösen seien, wenn man sich nur ausreichend anstrenge.

Vertreterinnen des Choicefeminismus werfen Menschen, die Ungerechtigkeiten benennen, oft eine Opferhaltung vor. Sie betonen, dass sie selbst nicht in Passivität verharren würden und ehrgeizig nach dem streben, was ihnen wichtig ist. Choicefeminist*innen ignorieren dabei, dass der institutionelle Rahmen und die gesellschaftlichen Bedingungen enorm unterschiedliche Startbedingungen schaffen und dass nur bestimmte Lebensmodelle durch den Staat gefördert werden. So unterstützt das Ehegattensplitting nach wie vor die Alleinverdiener- oder Zuverdienerehen – nicht aber Familien mit Kindern; das Elterngeld belohnt besonders die Gutverdiener; und im Wesentlichen zielen staatliche Fördermaßnahmen darauf ab, Frauen wie Männer in die Erwerbsarbeit zu integrieren, ohne dabei die Frage zu stellen, wer soll eigentlich wann und wie die Sorgearbeit leisten, die ja kein Nice-to-have ist, sondern eine gesellschaftliche Lebensnotwendigkeit darstellt.

Mir war es wichtig, im Buch einen Mittelweg zu finden. Parolen wie »Patriarchat anzünden!« sind leicht gesagt. Aber was genau kommt dann? Ich bin auch oft wütend über die ganzen Ungerechtigkeiten im Kleinen wie im Großen.

Wie kann es sein, dass im Jahr 2023 Schülerinnen immer noch Kleidungsvorschriften gemacht werden, weil die armen Jungs nicht klarkommen, wenn sie so viel nackte Haut sehen? Wie kann es sein, dass wir immer noch einen Gender Pay Gap von 18 Prozent haben und Medien und Politik diese Differenz runterspielen, weil es schließlich nur der *unbereinigte* Pay Gap sei, und der falle lediglich so hoch aus, weil Frauen mit Sorgearbeit beschäftigt sind. Weil? Ja, weil was? Was soll das bedeuten? Dass Sorgearbeit wertlos ist, dass Sorgearbeit nicht miteingerechnet werden darf? Wo soll ohne Sorgearbeit der Nachwuchs herkommen, der uns später Arbeitskräfte und Rentenzahlungen beschert? Und was ist mit uns, wenn wir alt, krank und/oder pflegebedürftig werden?

Mich macht wütend, dass Frauen nicht angstfrei leben können, dass sie 2023 nachts immer noch spitze Gegenstände in ihre Hand nehmen, wenn sie nach Hause laufen, um sich notfalls zur Wehr setzen zu können, dass jedes Jahr weiterhin so viele Frauen von ihren Partnern und Expartnern umgebracht werden, dass wir ein Wort dafür brauchen: Femizide.

Mich macht wütend, dass Altersarmut ein Frauenproblem ist. Die ganze Pandemie war für mich ein einziger Wutritt, was das Ignorieren von Sorgearbeit, Kinderrechten und Bildungsungleichheit angeht. Eine Familienministerin, die keine Unterstützung schafft, nicht mal fokussiert als ein Mindestmaß für mittellose Familien, die vom Homeschooling abgehängt werden, weil sie keine Endgeräte haben, für die es ein ernst zu nehmendes Problem war, dass es keine Schulspeisung mehr gab, die ihre Kinder alleine lassen mussten, weil ihre Jobs sich nicht in Homeofficejobs umstellen ließen, die sich aber hinstellt und dann Sätze sagt wie: »HomeOffice mit Kindern ist anstrengend, aber möglich.«[197]

Ich finde es unbegreiflich, dass Alleinerziehende, die immerhin jede fünfte Familie in Deutschland und die am stärksten wachsende Familienform in Deutschland darstellen, mit so Scherzen wie Lohnsteuerklasse II* abgespeist werden. Dass in einem so reichen Land wie Deutschland jedes fünfte Kind von Armut betroffen ist und so etwas wie die Kindergrundsicherung auf das Jahr 2025 verschoben werden kann. Die Liste der Dinge, die mich wirklich wütend machen, lässt sich nahezu unendlich erweitern.

Was ich sagen will: Nein, es ist nicht ausschließlich eine Frage des Willens, ob man gut und gleichberechtigt leben kann. Für viele bedeutet es eine unglaubliche Anstrengung, an eine Stelle im Leben zu kommen, wo es sich einigermaßen gut leben lässt.

Doch gleichzeitig glaube ich, dass sich in manchen Lebenssituationen und gesellschaftlichen Schichten durchaus mehr Gerechtigkeit herstellen lässt. Und ich finde es wichtig, dass diese Handlungsspielräume genutzt werden. Ich gehe sogar weiter und denke, diejenigen, die die Dinge verändern können, haben eine Verantwortung, es auch zu tun. Viele wollen das ja auch. Sie wissen nur nicht, wie.

Wir sind alle Teil eines Systems, und durch Veränderung einzelner Komponenten verändert sich nach und nach das ganze System. Gibt es eine positive Entsprechung des Wortes Teufelskreis? Ein sich selbst verstärkender Kreislauf? Studien zeigen, wenn männliche Führungskräfte in Elternzeit gehen, ist die Wahrscheinlichkeit fünfmal höher, dass andere Männer auch Elternzeit nehmen.[198]

* Aus strukturellen Gründen ist ein Großteil der Alleinerziehenden gleichzeitig Geringverdienerinnen. Die Erleichterungen, die sich aus Steuerklasse II ergeben, sind deswegen nahezu nicht vorhanden. Mehr zu der Situation von Alleinerziehenden im Buch von Anne Dittmann: Solo, selbst & ständig: Was Alleinerziehende wirklich brauchen.

Der Mensch ist ein Gruppentier. Er fühlt sich am wohlsten, wenn er das tut, was alle anderen auch tun. Es ist deswegen wichtig, dass möglichst viele als gute Vorbilder für Gleichberechtigung leben. Im Erwerbsleben und im Privaten. Ein Vater, der sich kümmert, der weiß, wann der nächste U-Termin ist, und dessen Standardantwort auf Kinderfragen nicht: »Frag die Mama« ist, der zeigt seinen Kindern: Kümmern ist an kein Geschlecht gebunden. Kümmern kann sich jede*r. Eine Mutter, die Freizeit wahrnehmen kann, zeigt ihren Kindern: Niemand muss sich komplett aufopfern, wir alle brauchen Regenerationsphasen.

Ich habe die Hoffnung, dass ein gleichberechtigteres Leben Freiräume schafft, und diese Freiräume können und sollten auch genutzt werden, um sich politisch zu engagieren. Weil ein Großteil der Ungerechtigkeiten sich nicht durch Verhaltensänderungen von Individuen ändern werden. Dabei haben diejenigen, die stark durch das ungerechte System belastet sind, nämlich selbst kaum Kapazitäten, sich zu engagieren. (Gut für die Politiker*innen der Pandemie, denn ich weiß nicht, wie unsere Straßen ausgesehen hätten, wenn Sorgetragende die Energie gehabt hätten, in der Pandemie zu protestieren …)

Umso wichtiger ist es, dass alle, die Kapazitäten haben, sich engagieren. Man wird nicht alles auf einmal ändern können, aber es gibt so viele Baustellen, bei denen man anfangen kann. Ich wünsche mir dabei sehr, dass wir unser Engagement nicht mit gegenseitigen What-aboutism-Vorwürfen zunichtemachen. Wenn sich jemand für Kinderrechte einsetzt: Danke! Wenn sich jemand für Frauenrechte einsetzt: Danke! Wenn sich jemand einsetzt, Männern Fürsorge zu ermöglichen: Danke! Wenn sich jemand für die Rechte queerer Paare einsetzt: Danke! All das zahlt auf dasselbe Ziel ein: die Gleichberechtigung aller Geschlechter, den Abbau von Hierarchien und Machtstrukturen qua Geschlecht.

Betrachtet man demgegenüber bisherige gleichstellungspolitische Maßnahmen, kann man anzweifeln, ob diese das jemals als Ziel hatten.

Vergleicht man die Zahlen des Mikrozensus 2011[199] mit denen aus dem Jahr 2021[200], zeigt sich, dass sich an der Verteilung von Erwerbs- und Sorgearbeit die letzten Jahre wenig getan hat. Man könnte nun anhand der Zahlen den Finger heben und sagen: Männer zeigen sich verhaltensstarrer als Frauen (Die Teilzeitquote ist von 6,1 auf 7,6 Prozent gestiegen, wohingegen sie bei Frauen von 78,8 auf 71,9 Prozent gesunken ist). Die Werte der Frauen haben sich immerhin viermal so stark geändert wie die der Männer. Beim näheren Darübernachdenken erscheint mir das albern. Es wäre genauso legitim zu sagen: In den letzten zehn Jahren hat sich insgesamt sehr wenig geändert.

Was als Verhaltensstarre interpretiert werden kann, ist in Wahrheit ein Signal für die Unwirksamkeit gleichstellungspolitischer Maßnahmen. Was erreichbar war, ist erreicht. Mehr vom Gleichen scheint keine wesentlichen Effekte mehr zu haben. Im Vordergrund der staatlichen Gleichstellung steht gar nicht das Wohl der Familien, Frauen und Männer, sondern das der Wirtschaft. Die Leitfrage war und ist: »Wie bekommen wir mehr Menschen in die Erwerbsarbeit?« bzw. »Wie zapfen wir die Humanressource Mütter an?«

Die Frage war auch nie: »Wie bringen wir mehr Väter/Männer in die Sorgearbeit?«. Die Politik hat ihnen den kleinen Gnädigkeitshappen Partnermonate (ganze 0,93 Prozent im Leben unserer Kinder, bis sie 18 Jahre alt sind) zugeworfen und sich gleichzeitig gescheut, Unternehmen mit in die Verantwortung zu nehmen, damit wenigstens diese zwei Monate wirklich breit genutzt werden.

Das Ziel war nie, für Sorgearbeit Platz zu schaffen und sich für eine Gesellschaft einzusetzen, in der das Leben lebenswert, voller enger Beziehungen und erfüllend ist.

Deswegen: Geht wählen, setzt euch mit den einzelnen Positionen der Parteien auseinander. Nutzt Volksentscheide und andere demokratische Verfahren. Schreibt euren Abgeordneten, unterzeichnet Petitionen, organisiert euch, tretet in Parteien ein, nehmt Teil am Diskurs, tretet in Gewerkschaften ein, seid solidarisch mit Streikenden, gründet Betriebsräte, geht demonstrieren. Es gibt so viel zu tun. Lasst es uns gemeinsam tun und uns nicht gegenseitig im Weg stehen.

Rutger Bregman schreibt in *Utopien für Realisten*: »Uns fällt es noch schwer, uns eine zukünftige Gesellschaft vorzustellen, in der die Erwerbsarbeit nicht der einzige Sinn und Zweck des Daseins sein wird. Aber diese Unfähigkeit, sich eine Welt auszumalen, in der die Dinge anders sein werden als in der Gegenwart, beweist nicht, dass der Wandel unmöglich ist, sondern ist lediglich ein Beleg für einen Mangel an Phantasie.«[201] Wir können Dinge bewegen. Politiker*innen sind Volksvertreter*innen. Wenn wir unsere Anliegen an sie herantragen, müssen sie aktiv werden. Tun es nur Einzelne, können sie abwinken und sagen: Es ist nicht genug Interesse für das Thema da. Tun wir es in großen Gruppen, müssen sie Themen auf die Agenda nehmen. Wenn ihr also Anliegen habt, wendet euch an eure Abgeordneten.*

Wir können unsere Gesellschaft formen durch das, was wir leben, was wir uns wünschen und was wir einfordern. Wir sind die Gestalter*innen unserer Gesellschaft. Lasst uns von dieser Möglichkeit Gebrauch machen!

* Eure*n findet ihr unter https://www.abgeordnetenwatch.de/, wenn ihr eure Postleitzahl eingebt. Schreibt besser Briefe und Faxe als Mails, aber schreibt ihnen.

Ich trete in eine Partei ein, die meine Interessen vertritt!
Ich in eine Gewerkschaft!
HÄTTE
SOLLTE
KÖNNTE
machen!
Ab zur Kinder-Demo!

DANKSAGUNG

Allen voran gilt mein Dank meinem Partner Marcus Richter: Du hältst mir Rücken und Kopf frei, wenn ich schreibe. Dank deiner Fürsorglichkeit weiß ich unsere Kinder immer gut versorgt. Es ist so ein großer Luxus, dass ich mich phasenweise auch ganz aus dem Alltag zurückziehen kann, um meinen Kopf mit dem Inhalt von Büchern, Studien und Podcasts zu befüllen, sodass sich in der Ungestörtheit die Gedanken neu zusammenfügen. Irgendein männlicher Clown hat im Internet mal geschrieben, dass Frauen vermutlich nicht so viel Nennenswertes produzieren, weil sie die Einsamkeit der kreativen Arbeit scheuen, obwohl sie doch niemand an durchwachten Nächten, an Kaffee- und Tabakexzessen hindert. Dabei hat dieser offensichtlich von Sorgepflichten befreite Mann übersehen, dass viele weder Einsamkeit noch durchwachte Nächte scheuen, sondern sich eher vor dem 6:30-Uhr-Wecker fürchten, der unerbittlich jeden Tag mahnt, dass die Kinder zur Schule müssen.

Danke auch meinen Kindern: Ihr ahnt nicht, wie sehr ihr mein Leben mit euren Gedanken und Widerworten bereichert. Ich habe mir mit 25 nicht vorstellen können, wie schön es sein kann, Kinder zu haben. In einer fürsorglichen Gesellschaft würde ich meinem Vergangenheits-Ich deswegen zu vielen Kindern raten. Ich danke euch auch für zahlreiche Rhabarberkuchen und die langen Spazierbegleitungen.

Danke auch meinem Arbeitgeber SysEleven, der mit dem Sabbatical dieses Buch möglich gemacht hat, und da speziell meiner Chefin Sonja und dem ganzen Team, die meine Arbeitskraft in diesen Monaten durch ihre eigene Arbeitskraft ersetzt haben.

Ein herzliches Dankeschön auch an meine Lektorin Daniela Gasteiger, die gleichermaßen behutsam (gut für meine sensible

Seele) wie scharfsinnig (gut für die Leser*innen) das Buch mitgeformt hat.

Liebe Frollein Motte: Ich bin voller Liebe für deine Illustrationen. Sie bringen Warmherzigkeit und Humor in die gelegentlich trüben Farben des Patriarchats.

Auch dieses Mal großen Dank an meine Community, die meine Arbeit mit Beispielen und Kommentaren bereichert und mich in vielen Dingen so supportet!

Nicht zuletzt gilt mein Dank all den Autorinnen, Podcasterinnen und Aktivistinnen wie Susanne Mierau, Almut Schnerring, Jo Lücke, Franziska Schutzbach, Alexandra Zykunov und Ellen Girod, ohne die es meine Bücher nicht gäbe. Ich denke auch beinahe täglich an Journelle, deren pointierte und überaus lustige Analysen mir so sehr fehlen.

LITERATURVERZEICHNIS

Abé, N./Vieira, R. (2022): Wie Solomütter in Brasilien ihre Kinder gemeinsam mit anderen Frauen großziehen, in: Spiegel online v. 30.10., https://www.spiegel.de/ausland/kleine-matriarchate-wie-solo-muetter-in-brasilien-ihre-kinder-gemeinsam-mit-anderen-frauen-grossziehen-a-1feca24e-4426-4332-a681-94bbfe508ab4

Benjamin, J. (1991): Die Fesseln der Liebe. Basel, Frankfurt/Main: Stroemfeld.

Ahnert, L. (2023): Auf die Väter kommt es an: Wie ihr Denken, Fühlen und Handeln unsere Kinder von Anfang an prägen. Berlin: Ullstein.

AllBright Stiftung (2022): Fakten … oder: Warum unsere Arbeit gebraucht wird, https://www.allbright-stiftung.de/fakten

Baum, A. (2022): Heldin sein heißt, es allen zu zeigen. Nur interessiert sich leider niemand dafür, in: Zeit online v. 1.10., https://www.zeit.de/2022/40/work-life-balance-mutter-care-arbeit-beruf

Beblo, M. (2001): The Leisure Gap between Working Parents, in: Bargaining over Time Allocation. Contributions to Economics. Physica, Heidelberg. https://doi.org/10.1007/978-3-642-57579-2_7

Beninati, W./Harris, C./Herold, D./Shepard, J. (1999): The Effect of Snoring and Obstructive Sleep Apnea on the Sleep Quality of Bed Partners, in: Historical Profiles of Mayo 74,10, S. 955–958, https://doi.org/10.4065/74.10.955

Bertelsmann Stiftung (Hrsg.) (2020): Wer gewinnt? Wer verliert? Die Entwicklung und Prognose von Lebenserwerbseinkommen in Deutschland, https://www.bertelsmann-stiftung.de/index.php?id=5772&tx_rsmbstpublications_pi2%5bdoi%5d=10.11586/2019055&no_cache=1

Bertelsmann-Stiftung (2016): Wachsende Armut Alleinerziehender geht zu Lasten der Kinder, https://www.bertelsmann-stiftung.de/de/presse/pressemitteilungen/pressemitteilung/pid/wachsene-armut-alleinerziehender-geht-zu-lasten-der-kinder/

Birken, A./Eschen, N. (Hrsg.) (2020): Links leben mit Kindern: Care-Revolution zwischen Anspruch und Wirklichkeit. Münster: Unrast Verlag.

BMAS – Bundesministerium für Arbeit und Soziales (2019): Teilzeit – alles, was Recht ist, https://www.bmas.de/SharedDocs/Downloads/DE/Publikationen/a263-teilzeit-alles-was-recht-ist.pdf?__blob=publicationFile&v=1

BMAS – Bundesministerium für Arbeit und Soziales (2009): Abenteuer Teilzeit. Argumente für Männer https://web.archive.org/web/20211229013153/ https://

www.erfolgsfaktor-familie.de/fileadmin/ef/data/mediathek/BMAS_Teilzeit_maennerbroschuere.pdf

BMFSFJ – Bundesministerium für Familie, Senioren, Frauen und Jugend (2023a): So sage ich's meinem Vorgesetzten, https://www.bmfsfj.de/bmfsfj/service/publikationen/so-sag-ich-s-meinen-vorgesetzten--75702

BMFSFJ – Bundesministerium für Familie, Senioren, Frauen und Jugend (2023b): Unternehmensnetzwerk »Erfolgsfaktor Familie« – Erfahrungen teilen, Ideen entwickeln, https://www.bmfsfj.de/bmfsfj/service/publikationen/unternehmensnetzwerk-erfolgsfaktor-familie-erfahrungen-teilen-ideen-entwickeln--96130

BMFSFJ – Bundesministerium für Familie, Senioren, Frauen und Jugend (2022): Kinder, Haushalt, Pflege – wer kümmert sich?, https://www.bmfsfj.de/resource/blob/160276/07bc7f5964d25456ac870fec86eb47a2/kinder-haushalt-pflege-wer-kuemmert-sich-dossier-sorgearbeit-deutsch-data.pdf

BMFSFJ – Bundesministerium für Familie, Senioren, Frauen und Jugend (2021a): Familie heute. Daten. Fakten. Trends. Familienreport 2020, 2. Aufl., https://www.bmfsfj.de/resource/blob/163108/ceb1abd3901f50a0dc484d899881a223/familienreport-2020-familie-heute-daten-fakten-trends-data.pdf

BMFSFJ – Bundesministerium für Familie, Senioren, Frauen und Jugend (2021b): Väterreport. Update 2021 https://www.bmfsfj.de/bmfsfj/service/publikationen/vaeterreport-update-2021-186180

BMFSFJ – Bundesministerium für Familie, Senioren, Frauen und Jugend (2020a): Frauen und Politik, https://www.bmfsfj.de/bmfsfj/themen/gleichstellung/gleichstellung-und-teilhabe/frauen-und-politik/frauen-und-politik-80454

BMFSFJ – Bundesministerium für Familie, Senioren, Frauen und Jugend (2020b): Gleichstellungspolitik für Jungen und Männer in Deutschland, https://www.bmfsfj.de/resource/blob/160754/f4f3a6b03c6e7451f56ab68ddea28ff8/gleichstellungspolitik-fuer-jungen-und-maenner-in-deutschland-langfassung-data.pdf

BMFSFJ – Bundesministerium für Familie, Senioren, Frauen und Jugend (2019a): Familienfreundliche Unternehmenskultur. Der entscheidende Erfolgsfaktor für die Vereinbarkeit von Familie und Beruf https://www.bmfsfj.de/resource/blob/118380/04eeda28a64064308ebb5f68cca3e8c0/familienfreundliche-unternehmenskultur-data.pdf

BMFSFJ – Bundesministerium für Familie, Senioren, Frauen und Jugend (2019b): Gender Care Gap – ein Indikator für die Gleichstellung, https://www.bmfsfj.de/bmfsfj/themen/gleichstellung/gender-care-gap/indikator-fuer-die-gleichstellung/gender-care-gap-ein-indikator-fuer-die-gleichstellung-137294

BMFSFJ – Bundesministerium für Familie, Senioren, Frauen und Jugend (2019c): Unternehmensmonitor Familienfreundlichkeit 2019, https://www.bmfsfj.de/

bmfsfj/service/publikationen/unternehmensmonitor-familienfreundlichkeit-2019-138444?view=

BMFSFJ – Bundesministerium für Familie, Senioren, Frauen und Jugend (2018): Väterreport. Vater sein in Deutschland heute, https://www.bmfsfj.de/resource/blob/127268/2098ed4343ad836b2f0534146ce59028/vaeterreport-2018-data.pdf

BMFSFJ – Bundesministerium für Familie, Senioren, Frauen und Jugend (2017): Zweiter Gleichstellungsbericht der Bundesregierung, https://www.bmfsfj.de/resource/blob/119794/b69d114cfbe2b6c1d4e510da2d74fd8d/zweiter-gleichstellungsbericht-der-bundesregierung-bt-drucksache-data.pdf

BMFSFJ – Bundesministerium für Familie, Senioren, Frauen und Jugend (2016): Dauerhaft ungleich: berufsspezifische Lebenserwerbseinkommen von Frauen und Männern in Deutschland, https://www.bmfsfj.de/resource/blob/113474/cfb3b8047964183010cc5c9e2ae48c2b/dauerhaft-ungleich-berufsspezifische-lebenserwerbseinkommen-von-fauen-und-maennern-in-deutschland-data.pdf

BMFSFJ – Bundesministerium für Familie, Senioren, Frauen und Jugend (2013): Monitor Familienforschung – Ausgabe 31: Stief- und Patchworkfamilien in Deutschland, https://www.bmfsfj.de/bmfsfj/service/publikationen/stief-und-patchworkfamilien-in-deutschland-96024

BMFSFJ – Bundesministerium für Familie, Senioren, Frauen und Jugend (2011): Gender Pension Gap, https://www.bmfsfj.de/resource/blob/93950/422daf61f3dd6d0b08b06dd44d2a7fb7/gender-pension-gap-data.pdf

Bosch, Ise (2022): unlearn geld, in: Jaspers, L./Ryland, N./Horch, Sylvie (Hrgs.), Unlearn Patriarchy. Berlin: Ullstein, S. 234–251.

Brandt, M. (2019): Männer begehen deutlich häufiger Suizid, in: statista.de v. 9.9., https://de.statista.com/infografik/15389/suizidraten-ausgewaehlter-laender/

Bregman, R. (2023): Utopien für Realisten – Die Zeit ist reif für die 15-Stunden-Woche, offene Grenzen und das bedingungslose Grundeinkommen. Hamburg: Rowohlt.

Brehm, U./Hübner, M./Schmitz, S. (2022): 15 Jahre Elterngeld: Erfolge, aber noch Handlungsbedarf, https://www.bib.bund.de/Publikation/2022/pdf/15-Jahre-Elterngeld-Erfolge-aber-noch-Handlungsbedarf.pdf

Brehmer, W./Klenner, C./Schmidt, T. (2022): Was macht Frauen in Deutschland zu Familienernährerinnen?, in: WSI-Report 70, https://www.boeckler.de/de/faust-detail.htm?sync_id=HBS-008229

Brumfitt, Taryn (2016): Embrace (Dokumentation), Australien: Taryn Brumfitt, Anna Vincent.

Bücker, T. (2023): Alle_Zeit: Eine Frage von Macht und Freiheit. Wie eine radikal neue, sozial gerechtere Zeitkultur aussehen kann. Berlin: Ullstein.

Bücker, T. (2022): Ist es radikal, Vätern Zeit zu schenken?, in: Süddeutsche Zeitung Magazin v. 29.11., https://sz-magazin.sueddeutsche.de/freie-radikale/teresa-buecker-vater-vaterschaft-urlaub-elternzeit-92153

Bücker, T. (2020): Ist es radikal, sich die Gedankenarbeit zu teilen?, in: Süddeutsche Zeitung Magazin v. 8.12., https://sz-magazin.sueddeutsche.de/freie-radikale/mental-load-teilen-teresa-buecker-89594

Burkemann, O. (2022): 4.000 Wochen: Das Leben ist zu kurz für Zeitmanagement. München: Piper.

Catuz, P. (2019): Der moderne Vater ist kein Mythos (aber eine Rarität), in: purpurr v. 21.6., http://purpurr.at/moderne-vater-papamonat-vaterkarenz/

Chollet, M. (2023): Wir müssen die Liebe neu erfinden. Köln: DuMont Buchverlag.

Conaboy, C. (2022): Mutterhirn – Was mit uns passiert, wenn wir Eltern werden. Hamburg: HarperCollins.

Criado-Perez, Caroline (2020): Unsichtbare Frauen. München: btb.

Deggerich, M./Klovert, H./Röhlig, M./Stanek, J. (2021): Worunter moderne Väter leiden, in: Der Spiegel Nr. 33, https://www.spiegel.de/familie/familie-heute-worunter-moderne-vaeter-leiden-a-e9875cbb-4c83-4ae1-9003-a6445ad70835

Dinges, M. (Hrsg.) (2020): Männlichkeiten und Care – Selbstsorge, Familiensorge, Gesellschaftssorge. Weinheim, Basel: Beltz Juventa.

Dittmann, A. (2023): Solo, selbst & ständig: Was Alleinerziehende wirklich brauchen. München: Kösel.

Dittmann, A. (2020): Sie treffen Mütter da, wo es ihnen weh tut, in: welt.de v. 17.9., https://www.welt.de/iconist/article215801348/Rechte-Ideologie-auf-Instagram-Sie-treffen-Muetter-da-wo-es-ihnen-weh-tut.html

Dolderer, M./Holme, H./Jetzak, C./Tietge, A. (Hrsg.) (2016): O Mother Where art Thou?) (Queer-)Feministische Perspektiven auf Mutterschaft und Mütterlichkeit. Münster: Verlag Westfälisches Dampfboot.

Elternzeit.de (2023): Elternzeit Kündigung und Kündigungsschutz, https://www.elternzeit.de/elternzeit-kuendigung-kuendigungsschutz/

Emendörfer, J. (2023): Zu wenig Rente – Linken-Politikerin Reichinnek: »Fast jeder fünfte Altersrentner lebt in Armut«, https://www.rnd.de/politik/altersarmut-rund-18-prozent-der-rentner-rutschen-unter-die-armutsgrenze-UE74DTBNYBBZDBLCDJ2CG6M5GE.html

Europäische Kommission (2023): Norwegen – Leistungen bei Schwangerschaft, Geburt und Adoption, https://ec.europa.eu/social/main.jsp?catId=1123&intPageId=4704&langId=de

Fehr, R. (2018): Insgesamt leben mehr Männer als Frauen auf der Welt – aber wie sieht's pro Land aus?, in: watson, https://www.watson.ch/international/

schweiz/376923653-insgesamt-leben-mehr-maenner-als-frauen-auf-der-welt-aber-wie-sieht-s-pro-land-aus

Giesselmann, M. (2018), in: Mutterschaft geht häufig mit verringertem mentalem Wohlbefinden einher, in: DIW Wochenbericht 35, https://doi.org/10.18723/diw_wb:2018-35-1

Grobner, C. (2018): Darf's ein bisschen mehr sein?, in: an.schläge. Das Feministische Magazin, Ausgabe IV, https://anschlaege.at/darfs-ein-bisschen-mehr-sein/

Guerrilla Girls (o. J.): Do Women Still Have to Be Naked to Get into the Met. Museum?, https://www.guerrillagirls.com/naked-through-the-ages

Haller, L. Y. / Schlender, A. (Hrsg.) (2021): Handbuch Feministische Perspektiven auf Elternschaft. Opladen, Berlin: Barbara Budrich.

Hans-Böckler-Stiftung (2022): Mehr Hauptverdienerinnen, in: Böckler Impuls, Ausgabe 3, https://www.boeckler.de/de/boeckler-impuls-mehr-hauptverdienerinnen-39047.htm

Herrmann, K. (2017): Auch ein Land der Dichterinnen und Denkerinnen, in: 54Books v. 26.9., https://web.archive.org/web/20201021125936/ https://www.54books.de/auch-ein-land-der-dichterinnen/

Höyng, S. (2020): Mehr Care, mehr Share, weniger Masculinity? Neue Praxen von Männern und ihre Funktionalisierung in einer neoliberalen Gesellschaft, in: Dinges, M. (Hrsg.), Männlichkeiten und Care. Selbstsorge, Familiensorge, Gesellschaftssorge. Weinheim, Basel: Beltz Juventa, S. 68–85.

hooks, b. (2002/2022): Lieben lernen: Alles über Verbundenheit. Hamburg: HarperCollins.

Hustvedt, S. (2023): Mütter, Väter und Täter: Essays. Hamburg: Rowohlt.

Institut für Demoskopie Allensbach (2012): IfD-Umfrage 8251, https://www.ifd-allensbach.de/fileadmin/IfD/sonstige_pdfs/8251_Bericht_Elternzeit_final.pdf

Johansson, E.-A. (2010): The Effect of Own and Spousal Parental Leave on Earnings. Ifau: Uppsala, https://www.ifau.se/globalassets/pdf/se/2010/wp10-4-The-effect-of-own-and-spousal-parental-leave-on-earnings.pdf

Juncke, D. / Stoll, E. / Samtleben, C. (2022): Wie väterfreundlich ist die deutsche Wirtschaft? Trends, Rahmenbedingungen und Entwicklungspotenziale, https://www.prognos.com/de/projekt/vaeterfreundliche-wirtschaft

Klammer, C. / Klenner, U. (2022): Familienernährerinnen, in: Haller, L. Y. / Schlender, A. (Hrsg.), Handbuch Feministische Perspektiven auf Elternschaft. Opladen, Berlin: Barbara Budrich, S. 413–424.

Künder, N. (2017): Differenzierte Ermittlung des Gender Care Gap auf Basis der repräsentativen Zeitverwendungsdaten 2012/13. Berlin; Institut für Sozialarbeit und Sozialpädagogik e. V., Geschäftsstelle Zweiter Gleichstellungsbericht der Bundesregierung, https://doi.org/10.25595/1368

König, J. (2021): Feministische Vaterschaft, in: Haller, L. Y./Schlender, A. (Hrsg.), Handbuch Feministische Perspektiven auf Elternschaft. Opladen, Berlin: Barbara Budrich, S. 437–446.

Kölling, M. (2020): Erster japanischer Minister nimmt Vaterschaftsurlaub, in: Neue Zürcher Zeitung online v. 18.1., https://www.nzz.ch/international/erster-japanischer-minister-nimmt-vaterschaftsurlaub-ld.1534772

Koppetsch, C./Speck, S. (2015): Wenn der Mann kein Ernährer mehr ist: Geschlechterkonflikte in Krisenzeiten. Berlin: Suhrkamp.

Kreuzmann, L. (2023): So wird Erziehung zur Ersatzideologie, in: Zeitmagazin v. 13.1., https://www.zeit.de/zeit-magazin/familie/2023-05/attachment-parenting-eltern-kinder-psychologie

Kurt, Ş. (2021): Radikale Zärtlichkeit – Warum Liebe politisch ist. Hamburg: HarperCollins.

Ladge, J./Humberd, B. K./Baskerville Watkins, M./Harrington, B. (2015): Updating the Organization MAN: An Examination of Involved Fathering in the Workplace, in: Academ of Management Perspectives, https://doi.org/10.5465/amp.2013.0078

Landeshauptstadt Hannover (Hrsg.) (2020): Verliebt, verlobt, versorgt, https://www.hannover.de/content/download/838362/file/LHH_Flyer_Verliebt_20210_web.pdf

Lewina, K. (2018) (Protokoll): »Wenn sie keinen Busch hat, bin ich enttäuscht«, in: jetzt.de v. 18.3., https://www.jetzt.de/sex/wie-maenner-unrasierte-frauen-finden

Lewis, K./Strong, W./Kellam, J./Kikuchi, L. (2023): The Results are in: The UK's Four-Day Week Pilot, https://autonomy.work/wp-content/uploads/2023/02/The-results-are-in-The-UKs-four-day-week-pilot.pdf

List, F. (1959): Das nationale System der politischen Ökonomie. Basel: Kyklos Verlag.

Lutosch, H. (2023): Kinderhaben. Berlin: Matthes & Seitz Berlin Verlag.

Luz, A. (2018): Am I a Lesbian? https://www.docdroid.net/N46Ea3o/copy-of-am-i-a-lesbian-masterdoc-pdf

MaLisa Stiftung (o. J.): »Audiovisuelle Diversität?«, https://malisastiftung.org/studie-audiovisuelle-diversitaet/

Marinić, J. (2023): Lesebefehl – sonst knallt's: Jagoda Marinić über neue Männlichkeit, in: Esquire Editors v. 16.4., https://www.esquire.de/news/gesellschaft/modern-masculinity-jagoda-marinic-ueber-maennlichkeit

Mayer, V. (2021): Viele sagen, sie würden die Kinder nur mehr anschreien, in: sueddeutsche.de v. 15.12., https://www.sueddeutsche.de/panorama/frauen-corona-burn-out-muettergenesungswerk-1.5487452

McClelland, T. / Sliwa, P. (2022): Gendered Affordance Perception and Unequal Domestic Labour, 00, S. 1–24, in: Philosophy and Phenomenological Research, https://doi.org/10.1111/phpr.12929

Mecklenbrauck, A. / Böckmann, L. (Hrsg.) (2017): The Mamas and the Papas: Reproduktion, Pop & widerspenstige Verhältnisse. Mainz: Ventil Verlag.

Medela (o. J.): What is the range of ›normal‹ when it comes to breastfeeding?, https://www.medela.com/dam/medela-com/breastfeeding-professional/documents/general/infographics/infographic-range-of-normal-breastfeeding/infographic-range-of-normal-breastfeeding.pdf?uuid=jcr:824b9448-c5c3-43f2-b964-0a3164f412ac

Meuser, M. / Neumann, B. (2022): Vaterschaft, in: Haller, L. Y. / Schlender, A. (Hrsg.), Handbuch Feministische Perspektiven auf Elternschaft. Opladen, Berlin: Barbara Budrich, S. 27–38.

Mierau, S. (2022): New Moms for Rebel Girls: Unsere Töchter für ein gleichberechtigtes Leben stärken. Weinheim: Beltz.

Mierau, S. (2019): Mutter. Sein: von der Last eines Ideals und dem Glück des eigenen Weges. Weinheim: Beltz.

Moeller, M. L. (1992): Die Wahrheit beginnt zu zweit: Das Paar im Gespräch. Reinbek: Rowohlt.

Müller, Kai-Uwe / Samtleben, Claire (2022): Reduktion und partnerschaftliche Aufteilung unbezahlter Sorgearbeit erhöhen Erwerbsbeteiligung von Frauen, in: DIW Wochenbericht 9, https://doi.org/10.18723/diw_wb:2022-9-1

Müller, M. (2018): Psychologie: Liebe Frauen, so funktionieren Männerfreundschaften, in: Tagblatt online v. 4.1., https://www.tagblatt.ch/panorama/psychologie-liebe-frauen-so-funktionieren-maennerfreundschaften-ld.931245

Müller-Münch, I. (2013): Sprengsatz unterm Küchentisch. Wenn die Frau das Geld verdient. Stuttgart: Klett-Cotta.

Nelles, H.-G. (2022): Väter im System Geburtshilfe – Gedanken zu einer neuen Einordnung, in: lag-vaeterarbeit.nrw.de, https://www.lag-vaeterarbeit.nrw/2022/10/13/vaeter-im-system-geburtshilfe-gedanken-zu-einer-neuen-einordnung/

Notz, G. (2015): Kritik des Familismus: Theorie und soziale Realität eines ideologischen Gemäldes. Stuttgart: Schmetterling Verlag.

Noyon, A. / Kock, T. (2006): Living Apart Together: Couples Living Apart Compared with Couples in Traditional Living Arrangements, in: Zeitschrift für

Familienforschung 18,1/2006, S. 27–45, https://nbn-resolving.org/urn:nbn:de:0168-ssoar-57838

Oppenheim, M. (2019): Women who are Unmarried and Childless are the Happiest People of All, According to a Professor of Behavioral Science, in: The Independent online v. 28.5., https://www.businessinsider.com/unmarried-childless-women-are-happiest-expert-says-2019-5?r=US&IR=T

Oxfam (2020): 12 Milliarden Stunden Arbeit – ohne bezahlt zu werden, https://www.oxfam.de/ueber-uns/aktuelles/oxfams-studie-sozialer-ungleichheit-12-milliarden-stunden-arbeit-ohne-bezahlt

Petts, R./Carlson, D./Knoester, C. (2019): If I [Take] Leave, Will You Stay? Paternity Leave and Relationship Stability, in: Journal of Social Policy 49,4, S. 829–849, https://doi.org/10.1017/S0047279419000928

Pickert, N. (2022): Lebenskompliz*innen: Liebe auf Augenhöhe. Weinheim: Beltz.

Psychologie Heute (2013): Rubrik Kurzvisite, Nr. 5.

Rich, A. (1980): Compulsory Heterosexuality and Lesbian Existence, in: Journal of Women's History 3/2003, S. 11–48, https://posgrado.unam.mx/musica/lecturas/Maus/viernes/AdrienneRichCompulsoryHeterosexuality.pdf

Roig, Emilia (2022): unlearn liebe, in: Jaspers, L./Ryland, N./Horch, Sylvie (Hrsg.), Unlearn Patriarchy. Berlin: Ullstein, S. 54–72.

rp-online.de (2020): Japanischer Umweltminister geht in Elternzeit – damit macht er weltweit Schlagzeilen, in: rp-online.de v. 17.1., https://rp-online.de/panorama/ausland/japans-umweltminister-shinjiro-koizumi-geht-in-elternzeit_aid-48386319

Samtleben, Claire (2019): Auch an erwerbsfreien Tagen erledigen Frauen einen Großteil der Hausarbeit und Kinderbetreuung, in: DIW Wochenbericht 10, https://doi.org/10.18723/diw_wb:2019-10-3

Schaaf, Julia (2014): Bin ich gut genug?, in: faz.de v. 21.6., https://www.faz.net/aktuell/stil/leib-seele/frauen-leiden-haeufiger-unter-selbstzweifeln-als-maenner-13002658.html

Schareika, N. (2019): Schadet Elternzeit Vätern im Beruf?, in: wiwo.de v. 13.11., https://www.wiwo.de/erfolg/beruf/begruendete-angst-oder-ausrede-auf-vorgesetzte-und-unternehmenskultur-kommt-es-an/25214146-2.html

Schoener, Johanna (2020): In der Nebenrolle, in: Die Zeit Nr. 25, https://www.zeit.de/2020/25/franziska-giffey-corona-krise-familienministerin-kritik

Schröder, Martin (2018): How Working Hours Influence the Life Satisfaction of Childless Men and Women, Fathers and Mothers in Germany, in: Zeitschrift für Soziologie 47,1, S. 65–82, https://doi.org/10.1515/zfsoz-2018-1004

Schulte, B. (2014): Stress Levels Higher at Home than Work for those Balancing

Career and Family, in: The Guardian v. 31.5., https://www.theguardian.com/society/2014/may/31/more-stress-at-home-than-work

Schutzbach, F. (2021): Die Erschöpfung der Frauen: Wider die weibliche Verfügbarkeit. München: Droemer.

Shell Jugendstudie (2019): Zusammenfassung 19. Shell Jugendstudie, https://www.elitepartner.de/studien/partnerwahl-zwischen-anspruch-und-wirklichkeit-diese-eigenschaften-kommen-besonders-gut-an/
https://www.parship.de/ratgeber/suchen/kriterien-der-partnerwahl/

Spektrum.de (o. J.): Art. »Affordanz«, https://www.spektrum.de/lexikon/psychologie/affordanz/320

Spiegel.de (2016): Tochter krank – Vizekanzler Sigmar Gabriel nimmt sich frei, in: Spiegel online v. 8.2., https://www.spiegel.de/politik/deutschland/sigmar-gabriel-nimmt-sich-fuer-kranke-tochter-frei-a-1076329.html

Statista (2023a): Anzahl der wohnungslosen Männer, Frauen und Kinder in Deutschland von 2013 bis 2020, https://de.statista.com/statistik/daten/studie/785642/umfrage/anzahl-der-wohnungslosen-maenner-frauen-und-kinder-in-deutschland/

Statista (2023b): Bevölkerung – Zahl der männlichen Einwohner in Deutschland von 1960–1922, https://de.statista.com/statistik/daten/studie/1112607/umfrage/maennliche-bevoelkerung-in-deutschland-nach-altersgruppen/

Statista (2023c): Erwerbstätigenquote der 20–64-Jährigen nach Geschlecht 2009–2022, https://de.statista.com/statistik/daten/studie/198921/umfrage/erwerbstaetigenquote-in-deutschland-und-eu-nach-geschlecht/

Statista (2023d): Inwieweit stimmen Sie persönlich den folgenden Aussagen zum Thema Heiraten und Ehe zu?, https://de.statista.com/statistik/daten/studie/597825/umfrage/umfrage-zu-verschiedenen-ansichten-zum-thema-heirat-und-ehe/

Statista (2023e): Scheidungsquote in Deutschland von 1960 bis 1922, https://de.statista.com/statistik/daten/studie/76211/umfrage/scheidungsquote-von-1960-bis-2008/

Statista (2023f): Würden Sie sich selbst als Feminist bzw. Feministin bezeichnen?, https://de.statista.com/statistik/daten/studie/883683/umfrage/umfrage-in-deutschland-zur-bezeichnung-der-eigenen-person-als-feminist-in/

Statistisches Bundesamt (2023a): Entwicklung der Lebenserwartung in Deutschland, https://www.destatis.de/DE/Themen/Gesellschaft-Umwelt/Bevoelkerung/Sterbefaelle-Lebenserwartung/sterbetafel.html

Statistisches Bundesamt (2023b): Familien nach Lebensform und Kinderzahl in Deutschland, https://www.destatis.de/DE/Themen/Gesellschaft-Umwelt/Bevoelkerung/Haushalte-Familien/Tabellen/2-1-familien.html

Statistisches Bundesamt (2023c): Frauen in Führungspositionen weiterhin unterrepräsentiert, https://www.destatis.de/Europa/DE/Thema/Bevoelkerung-Arbeit-Soziales/Arbeitsmarkt/Frauenanteil_Fuehrungsetagen.html

Statistisches Bundesamt (2023d): Maßzahlen zu Ehescheidungen, https://www.destatis.de/DE/Themen/Gesellschaft-Umwelt/Bevoelkerung/Eheschliessungen-Ehescheidungen-Lebenspartnerschaften/Tabellen/masszahlen-ehescheidungen.html

Statistisches Bundesamt (2023e): Pressemitteilung Nr. 036 v. 30.1., https://www.destatis.de/DE/Presse/Pressemitteilungen/2023/01/PD23_036_621.html

Statistisches Bundesamt (2023f): Pressemitteilung Nr. 123 v. 29.3., https://www.destatis.de/DE/Presse/Pressemitteilungen/2023/03/PD23_123_22922.html

Statistisches Bundesamt (2023g): Statistischer Bericht: Elterngeld. Leistungsbezüge im Jahr 2022, https://www.destatis.de/DE/Themen/Gesellschaft-Umwelt/Soziales/Elterngeld/Publikationen/Downloads-Elterngeld/statistischer-bericht-elterngeld-leistungsbezuege-j-5229210227005.html

Statistisches Bundesamt (2023h): Zahl der Woche: 15 % der Alleinerziehenden mit Kindern unter 18 Jahren sind Väter, https://www.destatis.de/DE/Presse/Pressemitteilungen/Zahl-der-Woche/2023/PD23_20_p002.html

Statistisches Bundesamt (2022a): Bevölkerung und Erwerbstätigkeit. Haushalte und Familien. Ergebnisse des Mikrozensus, https://www.destatis.de/DE/Themen/Gesellschaft-Umwelt/Bevoelkerung/Haushalte-Familien/Publikationen/Downloads-Haushalte/haushalte-familien-2010300217004.pdf?__blob=publicationFile

Statistisches Bundesamt (2022b): Pressemitteilung Nr. 12 v. 7.3., https://www.destatis.de/DE/Presse/Pressemitteilungen/2022/03/PD22_N012_12.html

Statistisches Bundesamt (2022c): Pressemitteilung Nr. 14 v. 31.3., https://www.destatis.de/DE/Presse/Pressemitteilungen/2022/03/PD22_141_22922.html

Statistisches Bundesamt (2014): Bevölkerung und Erwerbstätigkeit, https://www.statistischebibliothek.de/mir/servlets/MCRFileNodeServlet/DEHeft_derivate_00014974/2010300117004_korr29122014.pdf;jsessionid=5B65BADFE3E5F6191311ED482B769A03

Statistisches Bundesamt (o. J.): Erwerbstätigkeit von Frauen, https://www.destatis.de/Europa/DE/Thema/Bevoelkerung-Arbeit-Soziales/Arbeitsmarkt/ArbeitsmarktFrauen.html

tagesschau.de (2022): Vaterschaftsurlaub soll erst 2024 kommen, https://www.tagesschau.de/inland/vaterschaftsurlaub-paus-101.html

Tamm, M. (2018): Fathers' Parental Leave-Taking, Childcare Involvement and Mothers' Labor Market Participation. IZA Discussion Paper No. 11873, http://dx.doi.org/10.2139/ssrn.3273712

Tazi-Preve, M. (2017): Vom Versagen der Kleinfamilie: Kapitalismus, Liebe und der Staat. Opladen, Berlin: Barbara Budrich.

Theunert, M. (2020): Fair heißt 50:50: Förderung männlichen Care-Engagements – eine Praxisperspektive, in: Dinges, M. (Hrsg.), Männlichkeiten und Care. Selbstsorge, Familiensorge, Gesellschaftssorge. Weinheim, Basel: Beltz Juventa, S. 109–122.

Urwin, J. (2019): Boys don't cry: Identität, Gefühl und Männlichkeit. Hamburg: Edition Nautilus.

Wanger, S. (2020): Entwicklung von Erwerbstätigkeit, Arbeitszeit und Arbeitsvolumen nach Geschlecht, in: IAB-Forschungsbericht 16, https://doku.iab.de/forschungsbericht/2020/fb1620.pdf

Weinberg, J. (2020): Kriterien der Partnerwahl: Die Suche nach der perfekten Liebe, in: parship.de v. 17.12., https://www.parship.de/ratgeber/suchen/kriterien-der-partnerwahl/

Wippermann, C. (2018): Frauen in Teilzeit: Lebensqualität oder Teilzeitfalle, https://www.delta-sozialforschung.de/cms/upload/news/frauen-in-teilzeit.pdf

World Economic Forum (2022): Global Gender Gap Report 2022, https://www.weforum.org/reports/global-gender-gap-report-2022

Die Zeit/infas/WZB: Ergebnisse aus der Vermächtnisstudie 2023, https://www.zeit-verlagsgruppe.de/wp-content/uploads/2023/05/Ergebnisse-aus-der-Vermaechtnisstudie-2023_Presse_Langversion-1.pdf

Zykunov, A. (2022): »Wir sind doch alle längst gleichberechtigt!«: 25 Bullshitsätze und wie wir sie endlich zerlegen. Eine wütende Abrechnung mit dem Patriarchat, die jede Frau lesen sollte. Berlin: Ullstein.

QUELLENNACHWEISE

1. Pickert 2022, S. 199.
2. BMFSFJ 2021a, S. 127, https://www.bmfsfj.de/resource/blob/163108/ceb1abd3901f50a0dc484d899881a223/familienreport-2020-familie-heute-daten-fakten-trends-data.pdf
3. BMFSFJ 2019b, https://www.bmfsfj.de/bmfsfj/themen/gleichstellung/gender-care-gap/indikator-fuer-die-gleichstellung/gender-care-gap-ein-indikator-fuer-die-gleichstellung-137294
4. Müller/Samtleben 2022, https://doi.org/10.18723/diw_wb:2022-9-1
5. Samtleben 2019, https://doi.org/10.18723/diw_wb:2019-10-3
6. Klünder 2017, S. 2.
7. Koppetsch/Speck 2015.
8. Schaaf 2014, https://www.faz.net/aktuell/stil/leib-seele/frauen-leiden-haeufiger-unter-selbstzweifeln-als-maenner-13002658.html
9. Brumfitt, Taryn (2016): Embrace (Dokumentation), Australien: Taryn Brumfitt, Anna Vincent.
10. Lewina 2018, https://www.jetzt.de/sex/wie-maenner-unrasierte-frauen-finden
11. https://youtu.be/p0qfCa4TezY
12. Schutzbach 2021, S. 83.
13. Guerrilla Girls (o.J.), https://www.guerrillagirls.com/naked-through-the-ages
14. Birken/Eschen 2020, S. 51.
15. World Economic Forum 2022, https://www.weforum.org/reports/global-gender-gap-report-2022
16. MaLisa Stiftung (o.J.), https://malisastiftung.org/studie-audiovisuelle-diversitaet/
17. Herrmann 2017, https://web.archive.org/web/20201021125936/ https://www.54books.de/auch-ein-land-der-dichterinnen/
18. Mierau 2022, S. 123 f.
19. hooks 2002/2022, S. 6.
20. Ebd., S. 10.
21. Ebd.
22. Benjamin 1990, S. 113 ff.
23. Lutosch 2023, S. 77 f.
24. Rich 1980/2003, https://posgrado.unam.mx/musica/lecturas/Maus/viernes/AdrienneRichCompulsoryHeterosexuality.pdf

25. hooks 2002/2022, S. 204.
26. Kurt 2021, S. 192.
27. Ebd., S. 194.
28. Roig 2022, S. 57.
29. https://www.instagram.com/reel/CoVsqzXjCOj/?igshid=MzRlODBiNWFlZ-A%3D%3D
30. Fehr 2018, https://www.watson.ch/international/schweiz/376923653-insgesamt-leben-mehr-maenner-als-frauen-auf-der-welt-aber-wie-sieht-s-pro-land-aus
31. https://www.instagram.com/reel/CsToADtoz3U/
32. Lutosch 2023, S. 100.
33. Chollet 2023, S. 202–204.
34. https://twitter.com/f_schutzbach/status/1530467938129649664
35. hooks 2002/2022, S. 199.
36. https://dasnuf.de/meine-tochter-und-sohne-sind-schneewittchen/
37. Statistisches Bundesamt (2023d), https://www.destatis.de/DE/Themen/Gesellschaft-Umwelt/Bevoelkerung/Eheschliessungen-Ehescheidungen-Lebenspartnerschaften/Tabellen/masszahlen-ehescheidungen.html
38. hooks 2002/2022, S. 188.
39. https://www.tiktok.com/@hope_peddler/video/7221602838932704558
40. Statista 2023f, https://de.statista.com/statistik/daten/studie/883683/umfrage/umfrage-in-deutschland-zur-bezeichnung-der-eigenen-person-als-feminist-in/
41. Statistisches Bundesamt 2023b, https://www.destatis.de/DE/Themen/Gesellschaft-Umwelt/Bevoelkerung/Haushalte-Familien/Tabellen/2-1-familien.html
42. Tazi-Preve 2017, S. 68.
43. Notz 2015, S. 214.
44. Ebd., S. 16.
45. Oxfam 2020, https://www.oxfam.de/ueber-uns/aktuelles/oxfams-studie-sozialer-ungleichheit-12-milliarden-stunden-arbeit-ohne-bezahlt
46. BMFSFJ 2013, https://www.bmfsfj.de/bmfsfj/service/publikationen/stief-und-patchworkfamilien-in-deutschland-96024
47. Statistisches Bundesamt 2023h, https://www.destatis.de/DE/Presse/Pressemitteilungen/Zahl-der-Woche/2023/PD23_20_p002.html
48. BMFSFJ 2021a, S. 36, https://www.bmfsfj.de/resource/blob/163108/ceb1abd3901f50a0dc484d899881a223/familienreport-2020-familie-heute-daten-fakten-trends-data.pdf
49. Grobner 2018, https://anschlaege.at/darfs-ein-bisschen-mehr-sein/

50. Notz 2015, S. 219.
51. BMFSFJ 2021a, https://www.bmfsfj.de/resource/blob/163108/ceb1abd3901f50a0dc484d899881a223/familienreport-2020-familie-heute-daten-fakten-trends-data.pdf, S. 40.
52. Notz 2015, S. 219.
53. Ebd., S. 131.
54. Tazi-Preve 2017, S. 151 ff.
55. Noyon/Kock 2006, https://nbn-resolving.org/urn:nbn:de:0168-ssoar-57838
56. Abé/Vieira 2022, https://www.spiegel.de/ausland/kleine-matriarchate-wie-solo-muetter-in-brasilien-ihre-kinder-gemeinsam-mit-anderen-frauen-gross ziehen-a-1feca24e-4426-4332-a681-94bbfe508ab4
57. Beninati/Harris/Herold/Shepard 1999, https://doi.org/10.4065/74.10.955
58. BMFSFJ 2019b, https://www.bmfsfj.de/bmfsfj/themen/gleichstellung/gender-care-gap/indikator-fuer-die-gleichstellung/gender-care-gap-ein-indikator-fuer-die-gleichstellung-137294
59. Criado-Perez 2020, S. 65.
60. Schulte 2014, https://www.theguardian.com/society/2014/may/31/more-stress-at-home-than-work
61. Spektrum.de (o. J.), https://www.spektrum.de/lexikon/psychologie/affordanz/320
62. Hustvedt 2023, S. 60 f.
63. Schutzbach 2021, S. 166.
64. Die Zeit/infas/WZB 2023, S. 16, https://www.zeit-verlagsgruppe.de/wp-content/uploads/2023/05/Ergebnisse-aus-der-Vermaechtnisstudie-2023_Presse_Langversion-1.pdf
65. Bücker 2020, https://sz-magazin.sueddeutsche.de/freie-radikale/mental-load-teilen-teresa-buecker-89594
66. Marinić 2023, https://www.esquire.de/news/gesellschaft/modern-masculinity-jagoda-marinic-ueber-maennlichkeit
67. Meuser/Neumann 2022, S. 27.
68. Ebd., S. 28.
69. BMFSFJ 2021b, S. 8, https://www.bmfsfj.de/bmfsfj/service/publikationen/vaeterreport-update-2021-186180
70. Samtleben 2019, https://doi.org/10.18723/diw_wb:2019-10-3
71. BMFSFJ 2020b, S. 49.
72. Müller/Samtleben 2022, https://doi.org/10.18723/diw_wb:2022-9-1
73. Ahnert 2023, S. 230.
74. Schutzbach 2021, S. 250.

75. BMFSFJ 2021b, S. 30, https://www.bmfsfj.de/bmfsfj/service/publikationen/vaeterreport-update-2021-186180.
76. Hans-Böckler-Stiftung 2022, https://www.boeckler.de/de/boeckler-impuls-mehr-hauptverdienerinnen-39047.htm
77. Psychologie Heute 5/2013, S. 58.
78. Klammer/Klenner 2022, S. 419.
79. Hans-Böckler-Stiftung (2022), https://www.boeckler.de/de/boeckler-impuls-mehr-hauptverdienerinnen-39047.htm; der Report selbst findet sich hier: Brehmer/Klenner/Schmidt 2022, https://www.boeckler.de/de/faust-detail.htm?sync_id=HBS-008229
80. BMFSFJ 2018, S. 31, https://www.bmfsfj.de/resource/blob/127268/2098ed4343ad836b2f0534146ce59028/vaeterreport-2018-data.pdf
81. Schröder 2018, https://doi.org/10.1515/zfsoz-2018-1004
82. Ahnert 2023, S. 59.
83. Burkemann 2022.
84. Bücker 2023, S. 86.
85. BMFSFJ 2018, S. 22, https://www.bmfsfj.de/resource/blob/127268/2098ed4343ad836b2f0534146ce59028/vaeterreport-2018-data.pdf
86. BMFSFJ 2021a, S. 139, https://www.bmfsfj.de/resource/blob/163108/ceb1abd3901f50a0dc484d899881a223/familienreport-2020-familie-heute-daten-fakten-trends-data.pdf
87. BMFSFJ 2016, https://www.bmfsfj.de/resource/blob/113474/cfb3b8047964183010cc5c9e2ae48c2b/dauerhaft-ungleich-berufsspezifische-lebenserwerbseinkommen-von-fauen-und-maennern-in-deutschland-data.pdf
88. Bertelsmann Stiftung 2020, https://dx.doi.org/10.11586/2019055
89. BMFSFJ 2011, https://www.bmfsfj.de/resource/blob/93950/422daf61f3dd6d0b08b06dd44d2a7fb7/gender-pension-gap-data.pdf
90. Bertelsmann Stiftung 2020, https://dx.doi.org/10.11586/2019055
91. Müller/Samtleben 2022, https://doi.org/10.18723/diw_wb:2022-9-1
92. Wippermann 2018, S. 7, https://www.delta-sozialforschung.de/cms/upload/news/frauen-in-teilzeit.pdf
93. BMFSFJ 2022, S. 20, https://www.bmfsfj.de/resource/blob/160276/07bc7f5964d25456ac870fec86eb47a2/kinder-haushalt-pflege-wer-kuemmert-sich-dossier-sorgearbeit-deutsch-data.pdf
94. Müller/Samtleben 2022, https://doi.org/10.18723/diw_wb:2022-9-1
95. BMAS 2009, https://www.erfolgsfaktor-familie.de/fileadmin/ef/data/mediathek/BMAS_Teilzeit_maennerbroschuere.pdf

96. BMAS 2019, https://www.bmas.de/SharedDocs/Downloads/DE/Publikationen/a263-teilzeit-alles-was-recht-ist.pdf?__blob=publicationFile&v=1
97. BMFSFJ 2019b, https://www.bmfsfj.de/bmfsfj/themen/gleichstellung/gender-care-gap/indikator-fuer-die-gleichstellung/gender-care-gap-ein-indikator-fuer-die-gleichstellung-137294
98. Nachzulesen im *ZEITmagazin*: Kreuzmann 2023, https://www.zeit.de/zeit-magazin/familie/2023-05/attachment-parenting-eltern-kinder-psychologie und auf *welt.de*: Dittmann 2020, https://www.welt.de/iconist/article215801348/Rechte-Ideologie-auf-Instagram-Sie-treffen-Muetter-da-wo-es-ihnen-weh-tut.html
99. Statistisches Bundesamt 2022c, https://www.destatis.de/DE/Presse/Pressemitteilungen/2022/03/PD22_141_22922.html
100. Statistisches Bundesamt 2023g, https://www.destatis.de/DE/Themen/Gesellschaft-Umwelt/Soziales/Elterngeld/Publikationen/Downloads-Elterngeld/statistischer-bericht-elterngeld-leistungsbezuege-j-5229210227005.html
101. König 2022, S. 439.
102. Brehm/Hübner/Schmitz 2022, https://www.bib.bund.de/Publikation/2022/pdf/15-Jahre-Elterngeld-Erfolge-aber-noch-Handlungsbedarf.pdf
103. Statistisches Bundesamt 2023f, https://www.destatis.de/DE/Presse/Pressemitteilungen/2023/03/PD23_123_22922.html
104. Bertelsmann Stiftung 2020, https://dx.doi.org/10.11586/2019055
105. Juncke/Stoll/Samtleben 2022, S. 22, https://www.prognos.com/de/projekt/vaeterfreundliche-wirtschaft
106. https://proparentsinitiative.de/#forderungen
107. Schareika 2019, https://www.wiwo.de/erfolg/beruf/begruendete-angst-oder-ausrede-auf-vorgesetzte-und-unternehmenskultur-kommt-es-an/25214146-2.html
108. Institut für Demoskopie Allensbach 2021, S. 41.
109. BMFSFJ 2023a, https://www.bmfsfj.de/bmfsfj/service/publikationen/so-sag-ich-s-meinen-vorgesetzten--75702
110. Ladge/Humberd/Baskerville Watkins/Harrington 2015, https://doi.org/10.5465/amp.2013.0078
111. elternzeit.de 2023, https://www.elternzeit.de/elternzeit-kuendigung-kuendigungsschutz/
112. Stand April 2023, Verschiebung bekannt gegeben im November 2022, tagesschau.de 2022, https://www.tagesschau.de/inland/vaterschaftsurlaub-paus-101.html

113. BMFSFJ 2017, https://www.bmfsfj.de/resource/blob/119794/b69d114cfbe2b-6c1d4e510da2d74fd8d/zweiter-gleichstellungsbericht-der-bundesregierung-bt-drucksache-data.pdf

114. Bücker 2022, https://sz-magazin.sueddeutsche.de/freie-radikale/teresa-buecker-vater-vaterschaft-urlaub-elternzeit-92153

115. Tamm 2018, http://dx.doi.org/10.2139/ssrn.3273712

116. Ebd.

117. Johansson 2010, https://www.ifau.se/globalassets/pdf/se/2010/wp10-4-The-effect-of-own-and-spousal-parental-leave-on-earnings.pdf

118. Petts/Carlson/Knoester 2019, https://doi.org/10.1017/S0047279419000928

119. Wanger 2020, https://doku.iab.de/forschungsbericht/2020/fb1620.pdf

120. Ahnert 2023, S. 70.

121. Bosch 2022, S. 240.

122. Koppetsch/Speck 2015, S. 33.

123. Ebd.

124. Urwin 2019, S. 34 f.

125. Benjamin 1990, S. 75.

126. Mierau 2019, S. 166 ff.

127. Medela (o. J.), https://www.medela.com/dam/medela-com/breastfeeding-professional/documents/general/infographics/infographic-range-of-normal-breastfeeding/infographic-range-of-normal-breastfeeding.pdf?uuid=jcr:824b9448-c5c3-43f2-b964-0a3164f412ac

128. Nina Straßner auf der re:publica 2023: Zehn Ideen für eine bessere Arbeitswelt, https://www.youtube.com/watch?v=_r2eyJzxJPs

129. Juncke/Stoll/Samtleben 2022, https://www.prognos.com/de/projekt/vaeter freundliche-wirtschaft

130. Lewis/Strong/Kellam/Kikuchi 2023, https://autonomy.work/wp-content/up loads/2023/02/The-results-are-in-The-UKs-four-day-week-pilot.pdf

131. BMFSFJ 2023b, https://www.bmfsfj.de/bmfsfj/service/publikationen/unter nehmensnetzwerk-erfolgsfaktor-familie-erfahrungen-teilen-ideen-ent wickeln--96130

132. BMFSFJ 2019a, Familienfreundliche Unternehmenskultur https://www.bmfsfj.de/resource/blob/118380/04eeda28a64064308ebb5f68cca3e8c0/familien freundliche-unternehmenskultur-data.pdf

133. BMFSFJ 2019a, S. 28, https://www.bmfsfj.de/resource/blob/118380/04eeda 28a64064308ebb5f68cca3e8c0/familienfreundliche-unternehmenskultur-data.pdf

134. Ebd., S. 16; BMFSFJ 2019, Unternehmensmonitor Familienfreundlichkeit, https://www.bmfsfj.de/resource/blob/138446/b9fd33ee4455a4f67595790080da7196/unternehmensmonitor-familienfreundlichkeit-2019-data.pdf
135. Juncke/Stoll/Samtleben 2022, S. 26 ff., https://www.prognos.com/de/projekt/vaeterfreundliche-wirtschaft
136. Juncke/Stoll/Samtleben 2022, S. 12, https://www.prognos.com/de/projekt/vaeterfreundliche-wirtschaft
137. Mierau 2023, S. 215.
138. Statista 2023b, https://de.statista.com/statistik/daten/studie/1112607/umfrage/maennliche-bevoelkerung-in-deutschland-nach-altersgruppen/
139. Juncke/Stoll/Samtleben 2022, S. 38, https://www.prognos.com/de/projekt/vaeterfreundliche-wirtschaft
140. Michael Lukas Moeller, Die Wahrheit beginnt zu zweit © 1992, Rowohlt Verlag GmbH, Hamburg.
141. Insta-Story von @mia_latkovic vom 12.5.2023.
142. Spiegel Online 2016, https://www.spiegel.de/politik/deutschland/sigmar-gabriel-nimmt-sich-fuer-kranke-tochter-frei-a-1076329.html
143. rp-online.de 2022, https://rp-online.de/panorama/ausland/japans-umweltminister-shinjiro-koizumi-geht-in-elternzeit_aid-48386319
144. Kölling 2020, https://www.nzz.ch/international/erster-japanischer-minister-nimmt-vaterschaftsurlaub-ld.1534772
145. https://www.instagram.com/reel/CXwcDwBgpJj
146. Müller 2018, https://www.tagblatt.ch/panorama/psychologie-liebe-frauen-so-funktionieren-maennerfreundschaften-ld.931245
147. Ahnert 2023, S. 108.
148. Bertelsmann Stiftung 2016, https://www.bertelsmann-stiftung.de/de/presse/pressemitteilungen/pressemitteilung/pid/wachsene-armut-alleinerziehender-geht-zu-lasten-der-kinder/
149. Ahnert 2023, S. 104 f.
150. Statista 2023c, https://de.statista.com/statistik/daten/studie/198921/umfrage/erwerbstaetigenquote-in-deutschland-und-eu-nach-geschlecht/
151. https://www.instagram.com/reel/CnU6A3auMN6/?
152. https://youtu.be/4bfvSzNiTYM
153. https://www.instagram.com/reel/CqiNV23gYEk
154. https://www.tiktok.com/@markrosenfeldofficial/video/7199926026154151214
155. Statistisches Bundesamt (o. J.), https://www.destatis.de/Europa/DE/Thema/Bevoelkerung-Arbeit-Soziales/Arbeitsmarkt/ArbeitsmarktFrauen.html

156. Statistisches Bundesamt 2022b, https://www.destatis.de/DE/Presse/Pressemitteilungen/2022/03/PD22_N012_12.html
157. Koppetsch/Speck 2015, S. 182.
158. Ebd., S. 35.
159. Statistisches Bundesamt 2023e, https://www.destatis.de/DE/Presse/Pressemitteilungen/2023/01/PD23_036_621.html
160. BMFSFJ 2009, https://www.bmfsfj.de/resource/blob/93658/c1757c72aacc7f34f2d0e96d5414aee2/entgeltungleichheit-dossier-data.pdf
161. Statistisches Bundesamt 2023c, https://www.destatis.de/Europa/DE/Thema/Bevoelkerung-Arbeit-Soziales/Arbeitsmarkt/Frauenanteil_Fuehrungsetagen.html
162. BMFSFJ 2020a, https://www.bmfsfj.de/bmfsfj/themen/gleichstellung/gleichstellung-und-teilhabe/frauen-und-politik/frauen-und-politik-80454
163. Brandt 2019, https://de.statista.com/infografik/15389/suizidraten-ausgewaehlter-laender/
164. Statista 2021a, https://de.statista.com/statistik/daten/studie/785642/umfrage/anzahl-der-wohnungslosen-maenner-frauen-und-kinder-in-deutschland/
165. Statistisches Bundesamt 2023a, https://www.destatis.de/DE/Themen/Gesellschaft-Umwelt/Bevoelkerung/Sterbefaelle-Lebenserwartung/sterbetafel.html
166. Theunert 2020, S. 118/119.
167. https://www.gesetze-im-internet.de/gg/art_3.html
168. Tazi-Preve 2017, S. 121.
169. Mecklenbrauck/Böckmann 2017, S. 47.
170. Baum 2022, https://www.zeit.de/2022/40/work-life-balance-mutter-care-arbeit-beruf
171. Giesselmann 2018, https://doi.org/10.18723/diw_wb:2018-35-1
172. Mayer 2021, https://www.sueddeutsche.de/panorama/frauen-corona-burn-out-muettergenesungswerk-1.5487452
173. Schutzbach 2021, S. 207.
174. Conaboy 2022, S. 302.
175. Z. B. Weinberg 2020, https://www.parship.de/ratgeber/suchen/kriterien-der-partnerwahl/
176. Müller-Münch 2013, S. 150.
177. Koppetsch/Speck 2015, S. 44.
178. Koppetsch/Speck 2015, S. 63.
179. Ebd., S. 45.
180. Shell Jugendstudie (2019), S. 25, https://www.shell.de/about-us/initiatives/shell-youth-study/_jcr_content/root/main/containersection-0/simple/simple/

call_to_action/links/item0.stream/1642665739154/4a002dff58a7a9540cb9e83ee0a37a0ed8a0fd55/shell-youth-study-summary-2019-de.pdf

181. Oppenheim 2019, https://www.businessinsider.com/unmarried-childless-women-are-happiest-expert-says-2019-5?r=US&IR=T

182. Catuz 2019, http://purpurr.at/moderne-vater-papamonat-vaterkarenz/

183. Meuser/Neumann 2022, S. 32.

184. Schutzbach 2021, S. 206.

185. Zykunov 2022.

186. AllBright Stiftung 2022, https://www.allbright-stiftung.de/fakten

187. https://youtu.be/zi8ShAosqzI

188. https://twitter.com/Iniurancemaster/status/1645869873765949440

189. List 1959, S. 151.

190. Dolderer/Holme/Jetzak/Tietge 2016, S. 203.

191. Höyng 2020, S. 78.

192. Emendörfer 2023, https://www.rnd.de/politik/altersarmut-rund-18-prozent-der-rentner-rutschen-unter-die-armutsgrenze-UE74DTBNYBBZDBLCDJ2CG6M5GE.html

193. Bertelsmann Stiftung 2020, https://dx.doi.org/10.11586/2019055

194. Statista 2023e, https://de.statista.com/statistik/daten/studie/76211/umfrage/scheidungsquote-von-1960-bis-2008/

195. Statista 2023d, https://de.statista.com/statistik/daten/studie/597825/umfrage/umfrage-zu-verschiedenen-ansichten-zum-thema-heirat-und-ehe/

196. Landeshauptstadt Hannover 2020, https://www.hannover.de/content/download/838362/file/LHH_Flyer_Verliebt_20210_web.pdf

197. Schoener 2022, https://www.zeit.de/2020/25/franziska-giffey-corona-krise-familienministerin-kritik

198. BMFSFJ 2019c, https://www.bmfsfj.de/bmfsfj/service/publikationen/unternehmensmonitor-familienfreundlichkeit-2019-138444?view=

199. Statistisches Bundesamt 2014, https://www.statistischebibliothek.de/mir/servlets/MCRFileNodeServlet/DEHeft_derivate_00014974/2010300117004_korr29122014.pdf;jsessionid=5B65BADFE3E5F6191311ED482B769A03

200. Statistisches Bundesamt 2022a, https://www.destatis.de/DE/Themen/Gesellschaft-Umwelt/Bevoelkerung/Haushalte-Familien/Publikationen/Downloads-Haushalte/haushalte-familien-2010300217004.pdf?__blob=publicationFile

201. Bregman 2023, S. 195.

Quellennachweise zu den Fußnoten

a. Luz 2018, https://www.docdroid.net/N46Ea3o/copy-of-am-i-a-lesbian-masterdoc-pdf

b. http://www.coabode.org/programs/program/

c. Beblo 2001, S. 99 ff.

d. McClelland/Sliwa 2022, https://doi.org/10.1111/phpr.12929

e. Statistisches Bundesamt 2022b, https://www.destatis.de/DE/Presse/Pressemitteilungen/2022/03/PD22_N012 _12.html.

f. Brehm/Hübner/Schmitz 2022, https://www.bib.bund.de/Publikation/2022/pdf/15-Jahre-Elterngeld-Erfolge-aber-noch-Handlungsbedarf.pdf.

g. Europäische Kommission 2023, https://ec.europa.eu/social/main.jsp?catId=1123&intPageId=4704&langId=de

h. BMFSFJ 2021b, https://www.bmfsfj.de/bmfsfj/service/publikationen/vaeter report-update-2021-186180

i. Nelles 2022, https://www.lag-vaeterarbeit.nrw/2022/10/13/vaeter-im-system-geburtshilfe-gedanken-zu-einer-neuen-einordnung/

j. Kaminsky 2019, https://www.bpb.de/themen/deutschlandarchiv/286988/verordnete-emanzipation/

k. Deggerich/Klovert/Röhlig/Stanek 2021, https://www.spiegel.de/familie/fami lie-heute-worunter-moderne-vaeter-leiden-a-e9875cbb-4c83-4ae1-9003-a6445ad70835.